Inconsciente-multiplicidade

FUNDAÇÃO EDITORA DA UNESP

Presidente do Conselho Curador
Marcos Macari

Diretor-Presidente
José Castilho Marques Neto

Editor Executivo
Jézio Hernani Bomfim Gutierre

Conselho Editorial Acadêmico
Antonio Celso Ferreira
Cláudio Antonio Rabello Coelho
Elizabeth Berwerth Stucchi
Kester Carrara
Maria do Rosário Longo Mortatti
Maria Encarnação Beltrão Sposito
Maria Heloísa Martins Dias
Mario Fernando Bolognesi
Paulo José Brando Santilli
Roberto André Kraenkel

Editores Assistentes
Anderson Nobara
Denise Katchuian Dognini
Dida Bessana

HÉLIO REBELLO CARDOSO JR.
(ORG.)
ROBERTO DUARTE SANTANA
(COLAB.)

Inconsciente-multiplicidade
Conceito, problemas e práticas segundo Deleuze e Guattari

© 2007 Editora UNESP

Direitos de publicação reservados à:
Fundação Editora da UNESP (FEU)
Praça da Sé, 108
01001-900 – São Paulo – SP
Tel.: (0xx11) 3242-7171
Fax: (0xx11) 3242-7172
www.editoraunesp.com.br
feu@editora.unesp.br

CIP – Brasil. Catalogação na fonte
Sindicato Nacional dos Editores de Livros, RJ

C262i

Cardoso Junior, Hélio Rebello
    Inconsciente-multiplicidade: conceito, problemas e práticas segundo Delleuze e Guattari / Hélio Rebello Cardoso Jr. – São Paulo: Editora UNESP, 2007.

    ISBN 978-85-7139-774-3

    1. Delleuze, Gilles, 1925-1995.   2. Guattari, Felix, 1930-1992. 3. Inconsciente (Psicologia).   I. Título.

07-1760.   CDD: 154.2
                                                                   CDU: 159.923.2

Este livro é publicado pelo projeto *Edição de Textos de Docentes e Pós-Graduados da UNESP* – Pró-Reitoria de Pós-Graduação da UNESP (PROPG) / Fundação Editora da UNESP (FEU)

Editora afiliada:

Asociación de Editoriales Universitarias de América Latina y el Caribe

Associação Brasileira de Editoras Universitárias

SUMÁRIO

Apresentação   7

1   Teoria das multiplicidades e conceito de inconsciente no pensamento de Gilles Deleuze   11
Hélio Rebello Cardoso Jr.

2   O funcionamento das multiplicidades no inconsciente espinosista de *Mil platôs*   43
Cíntia Vieira da Silva

3   Alguns pontos de debate com o conceito freudiano de inconsciente em *O anti-Édipo*   77
Roberto Duarte Santana Nascimento

4   Psiquiatria materialista de Deleuze, Guattari e Reich   113
Viviane Rezende de Oliveira

5   Alguns pontos de debate com o conceito freudiano de inconsciente em *Apresentação de Sacher-Masoch*   137
Marília Pinto Petrechen

6 Um novo modo de conceber o desenvolvimento infantil: discussão de Deleuze e Guattari ao desenvolvimento infantil proposto pela teoria de Melanie Klein   153
Dayse Paulo da Silva

7 Paradigma ético-estético-político e suas implicações para a infância: uma reflexão acerca de alguns casos clínicos da psicanálise infantil   189
Renata Pimenta Domingues

8 O conceito de inconsciente no pensamento de Gilles Deleuze e Félix Guattari e sua relação com a literatura de Henry Miller   229
Clara Roberta Novaes Raimundo

9 Corporeizar a vida: uma conexão entre os conceitos de corpo e Corpo sem Órgãos e o exercício da prática na teoria e na vida   261
Fernando Hiromi Yonezawa

APRESENTAÇÃO

Os textos reunidos neste livro organizam-se em torno de uma certa trajetória que procura expor aspectos do *inconsciente* tomado como *multiplicidade*. Por isso, é apropriado denominar o objeto que estará em foco de *inconsciente-multiplicidade*. Tal expressão não se deve a uma gratuidade qualquer, já que *inconsciente* e *multiplicidade* são conceitos que, pertencentes às tradições filosófica e científica, surgem com uma feição inovadora na obra de Gilles Deleuze e Félix Guattari. Com efeito, a novidade não se refere apenas a cada um desses conceitos considerados individualmente, como também à sua proximidade e interferência mútua. O presente livro procurará, justamente, trazer à tona alguns aspectos desse campo de intensas ressonâncias conceituais.

A explicitação dos componentes do *inconsciente-multiplicidade* contém a trajetória de desvinculação progressiva do pensamento de Deleuze e Guattari com relação às teorias do inconsciente vigentes. Por meio do conceito de *multiplicidade*, o conceito de *inconsciente* alcança uma autonomia que o põe em uma linha de formação que não fora cogitada pelos seus criadores. Em especial, temos as idéias centrais de que o inconsciente é imanente e, logo, não transcendente, de que ele é produtivo e, portanto, não reprodutivo, de que é histórico e, por isso, não enclausurado em sua interioridade. É óbvio

8 HÉLIO REBELLO CARDOSO JR.

que a nova compleição do *inconsciente-multiplicidade* também se refletiria na clínica, tendo como foco a *esquizoanálise*, segundo expressão de Deleuze e Guattari.

Como dizíamos, é esse itinerário de autonomia de um pensamento acerca do *inconsciente* que os artigos aqui coligidos procurarão obviar, sem descuidar de suas conseqüências práticas para a clínica. Sendo assim, já podemos apresentar tais artigos na ordem em que aparecerão no decorrer do livro, muito embora tal ordenação não signifique que a leitura de um determinado artigo seja o prerrequisito para a do subseqüente.

Os textos de Hélio Rebello Cardoso Jr., "Teoria das multiplicidades e conceito de inconsciente no pensamento de Gilles Deleuze", e de Cíntia Vieira da Silva, "O funcionamento das multiplicidades no inconsciente espinosista de *Mil platôs*", são os que apresentam a maior envergadura em termos temáticos. O primeiro delineia os principais elementos do encontro entre os conceitos de *inconsciente* e *multiplicidade*. O segundo texto mostra que a autonomia do *inconsciente-multiplicidade* é alcançada, em boa medida, pelo pensamento de Espinosa. Em razão de sua amplitude, esses dois artigos são, respectivamente, o primeiro e o segundo da coletânea, posto que eles implicam uma circunvizinhança na qual os demais artigos se irradiarão.

De fato, de acordo com seu ponto de irradiação, os demais artigos podem ser considerados em dois grupos.

O primeiro grupo organiza-se em torno do debate com certas teorias acerca do inconsciente. Assim, temos, pela ordem, o texto de Roberto Duarte Santana Nascimento, "Alguns pontos de debate com o conceito freudiano de inconsciente em *O anti-Édipo*", que revisita alguns textos de Sigmund Freud, especialmente utilizados por Deleuze e Guattari, a fim de conferir, em detalhe, o modo pelo qual estes autores tomam para si problemas do texto alheio, tais como o delírio, o incesto e o instinto de morte, no intuito de construir o *inconsciente-multiplicidade*. Por sua vez, Viviane Rezende de Oliveira, com "Psiquiatria materialista de Deleuze, Guattari e Reich", procura demonstrar o viés materialista central do *inconsciente-multiplicidade*, por meio da exposição de certas passagens da obra de Wilhelm

Reich, principalmente acerca da relação entre produção desejante e produção social e sua importância para a petição Deleuze-guattariana acerca da "desedipianização do inconsciente". Já, Marília Pinto Petrechen, em "Alguns pontos de debate com o conceito freudiano de inconsciente em *Apresentação de Sacher-Masoch*", avança e especifica o debate com a psicanálise de Freud, ao mostrar de que modo Deleuze trata de desarticular a famosa unidade sadomasoquista, para redefinir o vínculo do *inconsciente-multiplicidade* com o prazer e com a dor. Em "Um novo modo de conceber o desenvolvimento infantil: discussão de Deleuze e Guattari ao desenvolvimento infantil proposto pela teoria de Melanie Klein", Dayse Paulo da Silva analisa, com certa minúcia, como Deleuze extrai da concepção de Melanie Klein acerca do inconsciente uma nova dinâmica dos objetos parciais e uma nova configuração para as posições esquizoparanóide e depressiva, as quais acabam por indicar a definição do *inconsciente-multiplicidade* como "Corpo sem Órgãos", segundo expressão cunhada por Deleuze e Guattari.

Esse é o primeiro grupo de artigos que se situa no entorno definido pelos artigos de abertura.

O segundo grupo reúne textos voltados para aspectos práticos do *inconsciente-multiplicidade*, compondo uma certa pragmática conhecida como *esquizoanálise*. Com isso, temos, pela ordem, o artigo "Paradigma ético-estético-político e suas implicações para a infância: uma reflexão acerca de alguns casos clínicos da psicanálise infantil", no qual Renata Pimenta Domingues averigua os instrumentos para a construção de uma clínica da infância nos quadros do *inconsciente-multiplicidade*, com destaque para o mapeamento (de trajetos e devires) do inconsciente infantil e para uma retomada de famosos casos de crianças em situação de análise (Arpard e Hans). Em "O conceito de inconsciente no pensamento de Gilles Deleuze e Félix Guattari e a sua relação com a literatura de Henry Miller", Clara Roberta Novaes Raimundo, com base na literatura de Henry Miller, esclarece que o *inconsciente-multiplicidade* não se nutre apenas de fontes filosóficas ou científicas, pelo contrário, certas expressões da arte trazem consigo uma concepção e uma prática avançadas

10 HÉLIO REBELLO CARDOSO JR.

com relação ao inconsciente, de modo que, muitas vezes, um artista sabe mais de desejo do que profissionais do conglomerado *psi*. Por seu turno, Fernando Hiromi Yonezawa, com o texto "Corporeizar a vida: uma conexão entre os conceitos de corpo e corpo sem órgãos e o exercício da prática na psicologia e na vida", explicita de que modo a concepção de corpo é importante para o *inconsciente-multiplicidade*, basicamente no que toca a uma redefinição da noção de sintoma psicológico e para o dimensionamento do binômio saber-poder, nos quais a *esquizoanálise* se envolve, por força de sua inserção prática, com uma "micropolítica" do corpo.

Para finalizar esta apresentação, cumpre informar que os nove textos reunidos nesta coletânea são derivados de pesquisas desenvolvidas por seus respectivos autores. Com exceção do primeiro texto, os demais têm como fonte projetos de pesquisa financiados pela Fundação de Amparo à Pesquisa do Estado de São Paulo (Fapesp) e pelo Conselho Nacional de Desenvolvimento Científico e Tecnológico (CNPq, apenas o de Clara Roberta Novaes Raimundo), o que constitui um importante crivo da produção apresentada neste livro. Além disso, os autores formam entre si, desde 2001, um grupo de pesquisas dedicado ao estudo do conceito de inconsciente no pensamento de Deleuze e Guattari. Com exceção de Cíntia Vieira da Silva, Hélio Rebello Cardoso Jr. foi orientador de todos os autores participantes.

Hélio Rebello Cardoso Jr.

1
TEORIA DAS MULTIPLICIDADES E CONCEITO DE INCONSCIENTE NO PENSAMENTO DE GILLES DELEUZE

Hélio Rebello Cardoso Jr.[*]

Inconsciente e multiplicidade: linhas de força

Há, no pensamento de Deleuze, um conceito inovador de *inconsciente*, haurido não apenas à sua interlocução com a psicanálise, em *Apresentação de Sacher-Masoch* (1983b) e *Capitalisme e schizophrénie*: *L'anti-Oedipe* (1972, com Félix Guattari), como também a seus estudos nietzschianos, nos quais se indica que os conceitos de Nietzsche são categorias do inconsciente (Deleuze, 1983b); espinosistas, onde o inconsciente aparece como correlato da construção de uma filosofia da imanência (idem, 1981); e leibnizianos, onde o inconsciente é associado a uma teoria da percepção e da individuação que tem por base a monadologia (idem, 1988).

Há igualmente, em sua obra, o desenvolvimento de um conceito de *multiplicidade* figurando em uma teoria das multiplicidades que procura fornecer ao múltiplo uma definição substantiva em contra-

---

[*] O autor é professor de Filosofia da Unesp de Assis. Desde 2002, dirige uma série de projetos junto à Fapesp, em torno do tema "Estudos do conceito de inconsciente no pensamento de Gilles Deleuze e Félix Guattari", e o grupo de pesquisas certificado junto ao Diretório de Grupos do CNPq, "Deleuze/ Guattari e Foucault: elos e ressonâncias".

posição às versões correntes do par uno-múltiplo, nas quais o múltiplo figura como predicado do uno, como veremos mais adiante. Seria oportuno, portanto, estabelecermos os pontos de junção desses elos de seu pensamento a fim de observarmos a conseqüência e o alcance de um conceito de *inconsciente* concebido como *multiplicidade*.

O encontro do problema do inconsciente com a questão da multiplicidade consiste em uma linha de força importante em sua filosofia, de modo que podemos denominar esse conceito de *inconsciente-multiplicidade* a fim de rastrear sua criação e descrever seus principais elementos.

O próprio Deleuze (1990, p.186) afirma, em uma entrevista, que "a filosofia consiste sempre em inventar conceitos". Foi exatamente isso que fez em toda a sua trajetória como filósofo. No entanto, admite nessa mesma oportunidade que a prática de criar conceitos, em sua obra, pode ser subdividida, *grosso modo*, em três fases.

Na primeira fase, que se estende de 1952 a 1969, dedica-se a estudos de história da filosofia, em que aborda importantes autores e temas da tradição filosófica. Deleuze então não se contenta em reproduzir as idéias dos filósofos, extrai delas conceitos surpreendentes. Nessa mesma fase, encontram-se também os livros *Diferença e repetição* (1972) e *Lógica do sentido* (1969), que, sem serem exatamente estudos de história da filosofia, mais uma vez se voltam para a tradição filosófica com o intuito de desenvolver, respectivamente, um conceito de "diferença" e um conceito de "acontecimento". Esse período de sua obra forneceria a Deleuze uma rubrica distintiva dentro do pensamento contemporâneo, a saber, a de ser um dos proponentes de uma filosofia da diferença.

Na fase seguinte, trata-se, como afirma, de *"uma* filosofia", um pensamento com marca própria, balizado pelos livros, em co-autoria com Félix Guattari, *O anti-Édipo* (1972) e *Mil platôs* (1980).

Já na terceira fase, Deleuze dedica-se à "pintura e ao cinema", "mas", acrescenta, "são livros de filosofia", pois a criação de conceitos envolve "perceptos" e "afectos". Nela incluem-se mesmo livros que, dedicados à história da filosofia, como *Espinosa: filosofia prática* (1981), *Foucault* (1986), *A dobra: Leibniz e o barroco* (1988) e

O que é a filosofia (1991), não abandonam a tarefa de criar conceitos, mas, desta feita, e na companhia desses pensadores, ensinam a percorrer o concreto em suas linhas e devires, pois "sempre há interesse, nas análises do conceito, de partir de situações bem concretas, e não de antecedentes filosóficos, nem mesmo dos problemas enquanto tais" (Deleuze, 1993a, p. 8).

A *multiplicidade* é apresentada como conceito no livro dedicado a Bergson de 1966, livro da primeira fase de sua filosofia. Então, Deleuze procura definir tipos de multiplicidade, tendo em vista a teoria físico-matemática de Riemann e o tratamento filosófico que lhes confere Bergson. Trata-se, portanto, de uma aliança filosófica com Bergson, e outra, de feição transdisciplinar, com a ciência. Por sua vez, o nascimento do conceito de multiplicidade em sua relação com a física relativista e com a filosofia da duração de Bergson, nas quais fica em destaque sua acepção temporal, não esgota a teoria deleuziana das multiplicidades.

Com base nessa primeira tomada panorâmica do conceito de *multiplicidade*, os problemas filosóficos explicitados arraigam-se e irradiam-se por toda sua obra, em todas as suas fases. O que se comprova, portanto, é que não é exagerado afirmar que há, no pensamento de Deleuze, uma *teoria das multiplicidades*. Afirmamos também que esta, por sua vez, envolve o conceito deleuziano de inconsciente.

Deleuze terá aberto três frentes para o estudo das multiplicidades. A primeira delas reativa um conceito de multiplicidade em relação às suas versões filosóficas e científicas, principalmente com uma tipologia inovadora para esse conceito (Deleuze, 1968a, p.8, 23-4, 31-3 e 41-2; 1969, p.144-8; 1972, p.235-8, 315 e 358; 1986, p.23 e 124; 1990, p.130; Deleuze & Guattari, 1980, p.14 e 45-6). A segunda realiza ampla prospecção de um tema caro à história da filosofia, qual seja, o das versões do par "uno-múltiplo", a fim de propor um "pensamento do múltiplo" ou pensamento das multiplicidades (Deleuze, 1969, p.302-7; 1972, p.45-52, 69-71, 153-4, 165-8, 189, 229-31, 340-1 e 349-55; 1976, p.26, 34-7, 57, 104-10, 187-8 e 193-6; 1977, p.1-4, 18-9, 25-8, 86-8 e 119-23; 1983a, p.19-23). A terceira frente aberta por Deleuze, nesse âmbito, diz respeito a uma *pragmática* que se dissemina pela teoria das multiplicidades, isto é, a maneira como podemos recolher, nas coisas, um "acontecimento" que as determina como "multiplicidades concretas" (Deleuze, 1969, p.69-73, 79, 174-7, 188, 205 e 211; 1972, p.243-7, 272 e 376-80). Com base nessas três frentes, torna-se possível descrever determinados componentes que constituem a *teoria das multiplicidades*. Pode-se entender igualmente uma importante e intrigante afirmação de Deleuze (1996, p.179), para quem "a filosofia é a teoria das multiplicidades". Tal tarefa, porém, somente seria levada a cabo por meio de uma longa incursão, tanto à temática presente na obra de Deleuze, que abrange os mais variados campos de conhecimento, quanto àqueles pensadores, filósofos ou não, que se tornaram seus aliados. Em virtude dos limites do presente estudo, que converge para o conceito de *inconsciente*, fiquemos, tendo em vista a trajetória já sintetizada, apenas com o problema filosófico que distingue a teoria das multiplicidades e, simultaneamente, a conduz à questão do inconsciente. Trata-se do problema da *imanência*.

O problema das multiplicidades exige um pensamento da imanência, o que o coloca em consonância, *grosso modo*, com um dos caracteres da filosofia contemporânea. Deleuze, no entanto, acrescenta que as multiplicidades requerem uma "imanência pura", em contraste com os pensamentos cujas imagens se baseiam seja em algum tipo de transcendência seja numa "imanência imanente a alguma coisa". Configura-se, desse modo, a inserção de Deleuze na história recente da filosofia, pois, ao mesmo tempo que se posta com base numa pretensa contemporaneidade filosófica, dela se esquiva, uma vez que aí encontra determinados imanentismos que repõem a transcendência na maneira como a imanência é delegada a fatores privilegiados. Esse ponto de vista enviesado da história da filosofia, de fato, constitui uma abertura própria do pensamento das multiplicidades, em que as referências históricas não são suficientes. Tanto é assim, que Deleuze busca constituir o "campo de imanência das multiplicidades" basicamente com o auxílio de Espinosa, incluindo sua herança escolástico-medieval, e de Leibniz, incluindo sua proximidade à matemática, sem por isso identificar sua tarefa filosófica à desses pensadores (Deleuze, 1968b, p.44, 96-7, 150-69, 195-6 e 212-3; 1981, p.22, 54, 73, 125 e 148; 1988, p.5, 55-68 e 173; 1990, p.199-201; 1995a, p.3-7; Deleuze & Guattari, 1980, p.27-9, 325-6 e 330).

Pela constituição do campo de imanência das multiplicidades, era possível instalar e desenvolver a composição do conceito deleuziano de multiplicidade. Essa etapa pôde ser cumprida por meio do estudo daqueles que seriam, segundo Deleuze, os proponentes de um conceito de multiplicidade. Entre eles, destacam-se o filósofo Bergson e o físico-matemático Riemann, como já assinalamos. Contudo, esse estudo não se realiza sem que deparemos, em Deleuze, com a proposição de uma tipologia peculiar e inovadora para esse conceito, ou seja, a análise do funcionamento dos regimes "atual" e "virtual" das multiplicidades. De um modo geral, poderíamos dizer que Deleuze ampliou o campo de imanência das multiplicidades além da caracterização outorgada a este pela Teoria da Relatividade e pela filosofia bergsoniana da duração, sem contar as conseqüências daí advindas para a tipologia das multiplicidades estabelecida por Husserl. De fato, Deleuze procura fornecer ao conceito de multiplicidade um alcance ontológico. A partir daí, a multiplicidade torna-se substantiva, definindo um ser que se diz univocamente da diferenciação (Deleuze, 1968a, p.8, 27-36, 43-4, 49-54, 72-9, 83-91, 94-5, 101 e 104; 1972, p.96-108, 109-19, 120-3, 145-7, 151, 311-2, 349-55, 363 e 377-80; 1976, p.57-9 e 183-91; 1980, p.93-4 e 121; 1993b, p.40-9).

Com a conversão do pensamento, em um campo de imanência, ao apelo das multiplicidades, bem como com a novidade anunciada pelo conceito de multiplicidade, Deleuze teria concluído, de certo modo, seu corpo-a-corpo com a história da filosofia, especialmente quanto à questão do par uno-múltiplo. Demarcando os limites dessa etapa de seu pensamento, o próprio Deleuze (1995b, p.8) afirma que, em *Mil platôs*, em parceria com Félix Guattari, teria realizado "uma teoria das multiplicidades por elas mesmas, no ponto em que o múltiplo passa ao estado de substantivo", isto é, quando o múlti-

16 HÉLIO REBELLO CARDOSO JR.

plo não é mais um predicado ou adjetivo que qualifica uma substância una. Realização esta, aliás, já proposta em *Diferença e repetição* (Deleuze, 1972, p.235-8 e 315).

Pois bem, mas qual seria o ponto de contato da teoria das multiplicidades com um conceito de inconsciente no pensamento de Deleuze?

A teoria deleuziana das multiplicidades aponta diretamente para um conceito renovado de *inconsciente* por meio do apelo imanentista das multiplicidades, pois, de acordo com Deleuze (1981, p.43), em um de seus livros dedicados a Espinosa, "a imanência é o próprio inconsciente. A *alegria* ética é o correlato da *afirmação* especulativa". Na filosofia de Deleuze, com efeito, um dos primeiros objetos a receber o tratamento destinado às multiplicidades foi o *inconsciente*, em *O anti-Édipo* (Deleuze & Guattari, 1972) e *Mil platôs* (Deleuze & Guattari, 1980). Pode-se dizer, também, que o inconsciente foi um dos temas que receberam tratamento abrangente no conjunto da obra de Deleuze, além de sua abordagem demarcar o que há de mais profícuo em sua parceria com Guattari. A propósito, Deleuze (1990, p.197) reconhece em Guattari o agente que fez seu pensamento desviar-se da psicanálise. Esse tratamento reafirma a definição tópica que o inconsciente já vinha recebendo, com Nietzsche e Espinosa, como também expande seu alcance para outras temáticas, como a História, a Economia, a Semiótica, em razão do incremento da própria teoria das multiplicidades, de modo que Deleuze, segundo Orlandi (1995, p.155-7), aponta a importância das "multiplicidades-em-devir" para a "defesa de um modo mais complexo de constituição do inconsciente".

Segundo os autores, particularmente nas páginas de *O anti-Édipo*, o objetivo seria propor uma "psiquiatria materialista" ou "esquizoanálise", cuja tese mais geral seria conceber a produção do real como um campo de fluxos que atravessam simultaneamente a "produção desejante" e a "produção social" (Deleuze & Guattari, 1972, p.29-30). Somente uma psiquiatria em bases materialistas seria capaz de conceber o inconsciente como multiplicidade. O que mais se salienta nessa proposição inicial é o fato de atribuir-se ao desejo uma instância produtiva que o coloca ao lado da sociedade que dispõe, por seu turno, de seu próprio regime de produção. Trata-se de saber, então, como ambos os regimes de produção se concatenam na produção do real, isto é, como as posições do desejo investem o campo social. A envergadura dessa tese já aponta para uma resolução local do problema filosófico da imanência como componente de uma teoria das multiplicidades. Afinal, como se dá a imanência entre o inconsciente e a sociedade?

Inicialmente, parece não haver nenhuma novidade em se estabelecer um elo entre o inconsciente e a sociedade, pois tal tese foi desenvolvida no campo de estudos freudiano-marxista. A fim de abordarmos esse problema, cumpre sabermos, previamente, se há um alcance programático na proposição de uma psiquiatria materialista. Quer dizer, é preciso observar seu confronto básico com outros posicionamentos teóricos que reivindicam o conhecimento do inconsciente (psiquiatria, psicanálise, antipsiquiatria). No que diz respeito ao nível mais genérico do enfrentamento que Deleuze e Guattari mantêm com outros representantes do conhecimento sobre o inconsciente, pode-se dizer que o foco de sua atenção se volta incisivamente contra a *edipianização do inconsciente*. E isso, justamente porque ambos detectam que Édipo, nas várias modalidades de sua aparição, representa um obstáculo à psiquiatria materialista. O Édipo não seria, como o deseja a psicanálise, uma figura universal. Pelo contrário, ele é resultado da história universal, vale dizer, é um elemento da sociedade capitalista na medida em que a produção social e a produção desejante apresentam aí uma zona de confluência determinada. Como tal, Édipo ocupa, no interior do capitalismo, uma função que já era cumprida por outros elementos em formações sociais anteriores. Trata-se de bloquear, de reterritorializar os fluxos do desejo que passam a percorrer o campo social capitalista, destituindo o caráter múltiplo do inconsciente (idem, p.201-7 e 313-24).

Como, no entanto, esses fluxos são exatamente canalizados pela operação de Édipo? Essa pergunta é importante, pois, se Édipo desempenha um papel no conhecimento do inconsciente relacionado com uma certa função social, então torna-se pertinente não somente saber o motivo de sua aparição histórica, como também entender a variedade dessa aparição. Ora, Deleuze e Guattari percebem que há várias modalidades de incidência de Édipo e que todas elas, de uma maneira ou de outra, são presas do "postulado familialista". Dessa forma, o rebatimento dos fluxos do desejo na sociedade capitalista tem a ver com a posição que a figura de Édipo ocupa como mediador entre o indivíduo e o mundo, passando pela família.

Esse mapeamento da peregrinação de Édipo em relação à família visa rejeitar duas posições básicas na definição do inconsciente, que encontram justamente nesse deslocamento a confirmação ou um novo fundamento para o postulado familialista. O posicionamento de Deleuze e Guattari rejeita, nas posições freudianas, a solução de continuidade que visa adaptar o complexo de Édipo tanto às neuroses quanto às psicoses, como se bastasse mudar seu ponto de aplicação. Eles rejeitam, igualmente, nas posições lacanianas, o isomorfismo (ordem simbólica) entre a estrutura do inconsciente e a estrutura da linguagem.

Além disso, a psiquiatria materialista proposta não se contenta com as correntes psicanalíticas que simplesmente sonegam Édipo. Assim, por exemplo, a antipsiquiatria de Laing, apesar de tratar da gênese social da psicose e de pregar a dissolução do "ego normal", recairia no postulado familialista ao advogar em sua terapia o "reconhecimento das pessoas" e o "entendimento sincero entre pais" (idem, p.432). Quer dizer, a antipsiquiatria somente consegue manter as diferenças do desejo enquanto elas passam pelo crivo do reconhecimento pessoal, ou seja, a liberação do ego não preexistiria a um acordo que as próprias pessoas pactuam. Mesmo os ensinamentos de Lacan, que indicam ser o objeto de desejo "não-humano", são desviados pelo lacanismo de modo que a interpretação estrutural do inconsciente é remodelada por uma edipianização que se expressa pela ordem simbólica do falus-significante (idem, p.86-7). Jung, que renegava a edipianização do inconsciente, vincula-o a uma representação simbólica relacionada com arquétipos, a partir dos quais os fatores atuais se distribuem em cascata e analogicamente (idem, p.152-3 e 358).

Reich, por sua vez, tendo seu próprio projeto de psiquiatria materialista, e por isso bastante próximo de Deleuze e Guattari, teria comprometido seu intento ao enfatizar em demasia, afirmam os autores, o elo ideológico entre a psicanálise e o capitalismo. Para eles, o elo entre a psicanálise e o capitalismo possui uma função econômica bem mais presente do que admitia Reich, pois

> a psicanálise depende diretamente de um mecanismo econômico pelo qual os fluxos descodificados do desejo, tal como eles são tomados na axiomática capitalista, devem necessariamente ser rebatidos sobre um campo familial onde se efetua a aplicação dessa axiomática. (Deleuze & Guattari, 1972, p.432)

Deleuze e Guattari observaram que não se tratava de entender a sociedade como possuindo um regime de produção que se superporia ideologicamente ao desejo, mas procurar caracterizar este último como dispondo de um regime de produção autônomo que se engrenaria funcionalmente com a produção social, muito embora, como Reich, valham-se da crítica marxista ao capitalismo, e articulem-na a um determinado tratamento da teoria freudiana da psicanálise para desenvolver suas posições.

Ora, se Deleuze e Guattari se vinculam a um determinado uso dos pensamentos de Marx e de Freud, cumpre saber de que maneira original eles estabeleceriam uma aliança entre ambos, de modo que daí resultasse uma noção de inconsciente, que, em consonância com o pensamento teórico e prático das multiplicidades, conseguisse preencher os requisitos de uma psiquiatria materialista.

O principal componente de uma concepção do *inconsciente* definido como *multiplicidade* é um conceito renovado de desejo, pois este é definido por uma "imanência produtiva" que articula produção desejante e produção social. O desejo, para Deleuze e Guattari, não é definido pela necessidade nem pela falta. O desejo identifica-se à produção do real. Por isso, o que interessa são os regimes de seu funcionamento, o processo pelo qual ele faz coexistir os elementos mais díspares ou distantes. A realidade desses encontros poderá ser mais

20 HÉLIO REBELLO CARDOSO JR.

bem compreendida descrevendo-se os mecanismos de operação das máquinas desejantes, segundo o funcionamento das sínteses conectiva, conjuntiva e disjuntiva, que foram observadas como elementos da teoria das multiplicidades em outra parte (Cardoso Jr., 1996, p.232-3).

As máquinas desejantes não são uma metáfora, mas descrevem o próprio processo de produção do real para um inconsciente tido como multiplicidade. Dá-se que, a cada modalidade de seu funcionamento, correspondem três sínteses de elementos concretos que são operadas, respectivamente, sobre fluxos (síntese conectiva), sobre códigos (síntese disjuntiva) e sobre resíduos (síntese conjuntiva ou subjetiva). As conexões são indiferentes às associações de fluxos, as disjunções não são mediadas por um princípio de organização dos códigos, as próprias conjunções que formam o sujeito são "passagens" das máquinas desejantes. Esses caracteres indicam que os cortes são unicamente definidos pela sua produtividade. Quer dizer, eles não são levados à produção por nenhuma instância unificadora que lhes impingisse o modo de funcionamento do exterior. Ao mesmo tempo, os cortes não são a mera fragmentação ou dispersão (o múltiplo), ou seja, o estilhaçamento de um todo que careceria de redefinição e reorganização. Os cortes são "reuniões" do múltiplo.

O que define o uno como produzido pelo múltiplo e não como instância unificadora, e o múltiplo não como fragmento, mas como reunião do heterogêneo, senão o conceito de multiplicidade?

Essa caracterização do inconsciente como multiplicidade é ainda por demais abstrata. Em se tratando das máquinas desejantes, precisamos saber com o auxílio de Deleuze e Guattari que tipo de maquinação entre suas sínteses produtivas vem caracterizar uma multiplicidade como tal, e, em primeiro lugar, caracterizá-la como campo de imanência. Pode-se dizer, resumidamente, que o conjunto das sínteses define o inconsciente como um campo de imanência, onde não há lugar para o uno transcendente.

E não fica só aí. As sínteses como concretude das máquinas redobram o conceito de multiplicidade em sua definição mais geral. Isso porque, como tivemos oportunidade de assinalar, o conceito de multiplicidade nunca descreve uma totalidade; pelo contrário, as totalidades são efeitos de multiplicidades que não totalizam ou são "totalidades ao lado" (idem, p.18-20). Da mesma forma, as sínteses são reuniões de fragmentos, de diferenças, cujo único elo é a própria diferença (idem, p.25-8; cf. I/1.3.1., 1.3.2.). Como asseveram Deleuze & Guattari (1972, p.58):

> como produzir, e pensar, fragmentos que tenham entre eles relações de diferença enquanto tal, sem referência a uma totalidade original mesmo perdida, nem a uma totalidade resultante mesmo a vir? *Somente a categoria de multiplicidade, empregada como substantivo e ultrapassando tanto o múltiplo quanto o uno, ultrapassando a relação predicativa do Uno e do múltiplo, é capaz de dar conta da produção desejante: a produção desejante é multiplicidade pura.* (Grifos nossos)

Acrescentamos ainda que a produção desejante funciona efetivamente por meio do regime de imanência de suas sínteses no inconsciente. A descrição dessas sínteses é essencial para a definição do inconsciente como multiplicidade.

Com a questão da imanência, já apontamos para um problema conceitual que especifica o objetivo geral deste projeto de estudos, ou seja, a definição de um conceito de *inconsciente* como *multiplicidade*. Sendo assim, precisamos definir certos elementos do inconsciente-multiplicidade que determinem os problemas até aqui suscitados.

Multiplicidades e produção desejante

Conforme se observou anteriormente, a denominada "psiquiatria materialista" apresenta, pelo lado dos estudos deleuzianos dedicados ao inconsciente, uma delimitação que parte da concepção produtiva do desejo. Sendo assim, ao se falar do funcionamento do inconsciente, é possível tratá-lo quanto às sínteses de produção realizadas por "máquinas desejantes". Resta-nos, portanto, como primeiro elemento, observar de que modo essa produtividade do in-

22 HÉLIO REBELLO CARDOSO JR.

consciente efetiva o estatuto teórico das multiplicidades. Um importante ponto de contato entre a teoria das multiplicidades e o conceito de inconsciente, nesses termos, é determinar de que maneira as sínteses das multiplicidades operam no regime de funcionamento do inconsciente.

Os problemas básicos das sínteses são o estatuto filosófico da "divergência" (quais os elementos em divergência?) e a consistência dessas sínteses (quais as relações na divergência?) para o funcionamento do inconsciente-multiplicidade. Ambos são problemas de ordem lógica correlacionados à pesquisa ontológica contida no conceito de multiplicidade e catalisadores da imanência no pensamento das multiplicidades. Vejamos por quê.

Deleuze procura dar à "divergência" um estatuto positivo e autônomo capaz de caracterizar uma "síntese disjuntiva", a qual, segundo o estatuto das multiplicidades, passa a ser propulsora de sínteses "conjuntiva" e "conectiva". A novidade, então, é de que maneira a disjunção adquire esse alcance. Os principais pontos dessa questão podem ser indicados com base num intenso diálogo que Deleuze mantém com Leibniz, ao procurar prospectar o problema leibniziano dos "mundos possíveis" baseado em um conceito de diferença. Para Leibniz, os pontos de vista não se estabelecem *sobre* as coisas, pois cada coisa é *um* ponto de vista. Uma coisa somente se abriria para outra se os pontos de vista que elas são convergissem para algo, por exemplo, os pontos de vista sobre um mundo possível onde os acontecimentos são compossíveis. Aí a diferença das coisas estaria presa à continuidade dos pontos de vista, de modo que sua totalização seria a própria expressão do mundo (convergência dos pontos de vista). Justamente, o inconsciente não pode estar limitado a uma totalização dessa ordem.

Para Deleuze, no entanto, os pontos de vista não só se afirmam como diferenças, como há afirmação dos acontecimentos incompossíveis ou séries divergentes entre os pontos de vista, entre os quais se estabelecem relações diferenciais, de modo que cada ponto de vista é, ele próprio, *um* mundo. A diferença dos pontos de vista é antes de tudo finita, mas, para que ela não seja suprimida pela contradição

(Hegel), nem falseada pelo possível (Leibniz), é necessário que seja afirmada a "distância positiva ou infinitiva" que os relaciona como diferença. Somente assim, afirma Deleuze (1969, p.203): "a divergência cessa de ser um princípio de exclusão, a disjunção cessa de ser um meio de separação, o incompossível é agora um meio de comunicação". O inconsciente-multiplicidade deve funcionar segundo uma síntese disjuntiva que inclui a conexão do divergente.

De fato, a disjunção somente se autonomiza se a divergência conquista uma certa positividade. Justamente a autonomia de sua afirmação permite que a disjunção ganhe o caráter de uma verdadeira "síntese disjuntiva". A partir de então, a disjunção não mais se presta ao papel de mero "procedimento de análise" para que uma síntese conjuntiva possa selecionar os predicados que lhes servem, sejam eles contraditórios ou possíveis, de acordo com a exclusão do divergente. Na verdade, a emergência da síntese disjuntiva modifica o caráter da conjunção e da conexão que passam a dela decorrer. Para que a disjunção perfaça uma verdadeira síntese, seu princípio lógico deve estar calcado na divergência; um princípio que, enfim, torna as sínteses disjuntiva, conjuntiva e conectiva, *sínteses das multiplicidades*. É que, com a positividade da divergência, a conjunção torna-se "inclusiva", isto é, deixa de ser um critério de exclusão, sendo por isso um antídoto do uno transcendente, um princípio de construção da imanência para o inconsciente, a qual, como observamos anteriormente, é definidora das multiplicidades.

Segundo Deleuze, ainda em referência ao registro leibniziano, a "síntese conectiva", que garantia a continuidade e prolongamento das séries convergentes, passa à coordenação ou adição das séries divergentes sintetizadas pela disjunção afirmativa, de modo que o inconsciente escapa à "forma do mundo" possível. Com isso, simultaneamente, os prolongamentos e as continuidades da conexão deixam de confirmar a "síntese conjuntiva" que constrói uma única série pela "forma do eu", ou seja, por meio de um ponto de vista ou individualidade que, tomado em sua integridade como ponto de vista *sobre* algo, iria convergir para um mundo possível. Logo, a síntese conjuntiva somente representa o *eu* enquanto ele se confunde com a disjunção e é capaz de contrair séries divergentes, da mesma forma que o prolongamento entre séries, na síntese conectiva, deriva da continuidade entre séries divergentes, isto é, da "afirmação da disjunção" ou da "distância infinitiva" entre as diferenças-relações diferenciais.

A "forma do mundo" e a "forma do eu", nas multiplicidades, estão sob os auspícios da síntese disjuntiva, de modo que a concepção e o funcionamento do inconsciente ficam livres de dois grandes balizadores, a saber, o confronto entre o princípio do prazer e do princípio da realidade, como formas definidoras de mundos (o do desejo e o real) que se auto-excluem, e o "eu" como forma de unificação. Ora, sendo o inconsciente uma multiplicidade, deve haver uma versão das sínteses das multiplicidades que indique o funcionamento das máquinas desejantes.

Em primeiro lugar, as máquinas desejantes, que definem o funcionamento do inconsciente como multiplicidade, relacionam-se com um "fluxo material contínuo", ou seja, a continuidade pura da matéria. Na verdade, uma máquina, embora operando um corte, faz parte do fluxo material contínuo que ela própria corta. É que, nesse nível, as máquinas estão em perpétua conexão umas em relação às outras. Quando uma máquina se conecta à outra, ela supõe que esta produz um fluxo que é, então, cortado. Já uma terceira máquina que se conectasse à primeira delas a tomaria como um fluxo. E assim por diante. As máquinas formam assim uma *síntese conectiva* em que as funções de fluxo e corte se intercambiam infinitamente. No limite, como afirmam os autores, "toda máquina é máquina de máquina", pois, "longe de se opor à continuidade, o corte a condiciona, ele implica ou define o que ele corta como continuidade ideal" (Deleuze & Guattari, 1972, p.44).

Em segundo lugar, toda máquina, ou seja, os cortes de fluxos da síntese conectiva, possui um código que nela fica estocado. O código inscreve todas as conexões de fluxos que uma máquina realiza ao se associar. Ora, como a continuidade do fluxo de matéria é infinita, do ponto de vista do código de cada máquina, esse fluxo é tratado como um suporte indiferente. Os códigos acolhem registros, informações e transmissões de todos os fluxos que passam por uma máquina, e operam a partir deles uma *síntese disjuntiva*. As disjunções, ou seja, os elementos de cada fluxo reunidos pelo código, aparecem juntas sem que haja nenhuma exclusão e sem que se possa regrá-las a partir de um princípio que se postaria alhures como fator organizador das disjunções – imanência de disjunção ou "imanência pura".

Dessa forma, passa a funcionar um tipo diverso de corte do descrito anteriormente. Enquanto na síntese conectiva tratava-se de cortes que selecionam o fluxo contínuo, aqui, no que toca os códigos, os cortes estão relacionados a "cadeias heterogêneas" formadas por "segmentos" ou "estoques móveis" que não cessam de se destacar e de serem emitidos em todas as direções.

Em terceiro lugar, segundo Deleuze e Guattari, as máquinas desejantes são formadas por uma modalidade de corte que produz o sujeito como peça adjacente à máquina. O sujeito está ao lado da máquina, ele é apenas o receptáculo dos "restos" ou "resíduos" dos demais cortes. Quer dizer, o sujeito é variação dos estados pelos quais passa a máquina e que são preenchidos pela seleção de fluxos ou pelo estoque de códigos operados pelas sínteses conectiva e disjuntiva. Por isso, também, os cortes residuais são o lugar de uma *síntese conjuntiva* de fluxos e códigos (idem, p.48).

A maneira como, nas sínteses do inconsciente, a divergência torna-se um princípio é a decorrência necessária de um conceito de *inconsciente* entendido como *multiplicidade*. O funcionamento das sínteses no inconsciente confere-lhe uma imanência própria às multiplicidades, perfazendo a ambiência para que o desejo seja definido por sua produtividade.

Um outro aspecto que precisa ser elucidado, e ao qual já nos referimos, pode ser enunciado como um dos postulados do inconsciente-multiplicidade, qual seja, a identidade entre produção social e produção desejante. Ora, a identidade entre a produção desejante e a produção social, necessária à caracterização deleuziana do inconsciente, não coloca o problema de como conciliar a interioridade do inconsciente com a exterioridade do mundo social?

Supostamente, essa dualidade parece ameaçar a definição do inconsciente como multiplicidade, pois aí o regime de imanência pa-

26 HÉLIO REBELLO CARDOSO JR.

rece se esgotar e sua rendição a alguma transcendência parece iminente. Se essa ameaça se tornasse real, o esforço de definição do plano de imanência do inconsciente seria desperdiçado. Ora, afirmar que o desejo está próximo das condições de existência significa que ele não é uma instância isolada, prisioneira de um mundo à parte. Não obstante, precisamos lançar mão de outros recursos da teoria deleuziana das multiplicidades a fim de que o problema do relacionamento do inconsciente com o campo social fique esclarecido, e que enfim determinem-se as características dos *regimes de produção próprios ao inconsciente*, sem que se perca o princípio de afirmação da disjunção.

O que é exterior ao inconsciente não deve ser entendido como um mundo à parte, afinal o mundo não é para o desejo uma exterioridade que viria falsear a imanência das sínteses imanentes do inconsciente. O desejo é o percurso do sujeito e dos objetos do inconsciente pelo mundo. O mundo *faz problema* para o inconsciente, ativando assim a imanência das multiplicidades. O desejo não está enclausurado em uma interioridade subjetiva, porque o inconsciente é uma "dobra" do "lado de fora" (campo social) que constitui o "lado de dentro". Na verdade, essa noção, segundo Deleuze, é formulada por Leibniz e envolve uma solução para o relacionamento do exterior-matéria com o interior-alma, sem admitir uma interioridade que estaria circunscrita, fechando-se ao exterior, e sem postular uma abertura entre exterior e interior, onde ambos sejam considerados como mundos estanques entre os quais haveria certas mediações (projeções, introjeções). Pelo contrário, matéria e alma, ou, se quisermos, sociedade e inconsciente, estão dobradas sobre si mesmas e pertencem a um mesmo mundo, muito embora como dobras apresentem uma certa distinção que se baseia na maneira de distribuição, seja por realização na matéria seja por atualização da alma, de relações diferenciais que demarcam os interstícios das dobras (Cardoso Jr., 1996, p.102-5 e 117-9).

A noção de dobra é, portanto, oportuna para a caracterização do inconsciente como multiplicidade, pois ela desfaz uma série de dualismos na consideração da relação do desejo com o campo social.

INCONSCIENTE-MULTIPLICIDADE **27**

Essa articulação no pensamento de Deleuze permite, inclusive, entender por que ele esteve à procura de uma explicação para o inconsciente que partisse da matéria.

Uma outra maneira de exprimir a imanência entre produção desejante e produção social é procurarmos entender, com os autores, o modo de articulação das máquinas desejantes com as máquinas sociais. Vejamos sucintamente esse problema.

A produção desejante e a produção social articulam-se indiferentemente quanto à sua natureza e quanto às suas produções respectivas, do ponto de vista de seu funcionamento. Isso não quer dizer que elas não operem segundo *regimes* diversos. De fato, os regimes dizem respeito tão-somente à diferença de grandeza das massas gregárias do campo social e das forças elementares do inconsciente. Daí, a questão é que a estratificação ou, ao contrário, a pulverização do desejo nas passagens entre regimes pode nos informar sobre o modo determinado de encontro (*coexistência*) das máquinas. A coextensividade do inconsciente com o campo social, que é a forma pela qual o princípio de imanência estende sua abrangência, não leva a *coexistência* à imobilidade. De fato, o importante é assinalar que a produção do real se diversifica na mesma medida em que a imanência se realiza, pois, como afirmam Deleuze & Guattari (1980, p.49), "a distinção não é absolutamente a do exterior e a do interior, sempre relativas ou mutáveis, intercambiáveis, mas as dos tipos de multiplicidades que coexistem, se penetram, mudam de lugar".

As sínteses do inconsciente-multiplicidade, então, diversificam-se como *regimes de produção* em razão de sua articulação imanente com o campo social. A imanência das multiplicidades, tornando *coextensivos* e *coexistentes* sociedade e inconsciente, leva-nos a uma questão: se tudo no inconsciente é produtividade, parece que a instância reflexionante do pensamento – a *representação* – foi daí banida. E, sem representação, de que modo teríamos acesso ao inconsciente, como se estabeleceria um meio intrínseco pelo qual poderíamos pensá-lo? Tal questão pode ser, no entanto, reelaborada sob o ponto de vista da teoria das multiplicidades. Podemos indagar se a positividade do inconsciente, em seus regimes

28 HÉLIO REBELLO CARDOSO JR.

de produção, não envolve também a constituição do negativo como produção da *representação*. Afinal, não seria condizente que a representação figurasse como alheia ou indiferente às sínteses do inconsciente. Tratemos desse aspecto em mais um dos elementos do inconsciente-multiplicidade.

Multiplicidades e representação inconsciente

Uma resolução para esse problema filosófico pode ser encaminhada, resumidamente, se entendermos que, sendo a disjunção um propulsor de produtividade das sínteses do inconsciente-multiplicidade, nelas, a divergência é afirmada como positividade – "disjunção inclusiva", como foi apontado. Dessa forma, o negativo é um derivado da positividade da divergência, uma decorrência, nas sínteses, da afirmação da disjunção. Esclareçamos essa proposição quanto ao *caráter da representação*, antes de tudo, para a teoria das multiplicidades, o que facilitará em seguida sua transposição para a *representação inconsciente*.

Toda imagem do pensamento gera um mecanismo de representação como operação constituinte de uma determinada filosofia. De fato, existem várias modalidades pelas quais uma representação pode ser concebida operacionalmente a fim de efetivar uma imagem do pensamento. Em vista disso, torna-se pertinente a seguinte indagação: há representação na teoria deleuziana das multiplicidades?

Deleuze não trata a representação como uma noção descartável, embora saiba que ela se arraigou naquelas filosofias marcadas por certas imagens do pensamento. Nessas filosofias, a representação é tomada como um elemento indispensável para o exercício do pensamento, abrangendo até mesmo aspectos ontológicos. A teoria das multiplicidades não refuga a representação, ela também é um elemento importante do pensamento sem imagem, isto é, de uma filosofia da imanência pura. Mas, embora presente, essa noção aparece aí de tal modo transfigurada que já não desempenha a função que lhe consagra a história da filosofia. A esse respeito, Deleuze observa que, mesmo nessa história da filosofia em que a representação se tornou hegemônica e garantia do pensamento, ela surge com ênfases e usos bastante diversos, sendo possível, portanto, demarcar os principais momentos que constituiriam uma história da representação. Basicamente, a representação começa com uma ilusão que diz respeito à maneira de entender sua constituição. Entendamos, portanto, o que é uma *ilusão* da representação para a teoria deleuzeana das multiplicidades, a fim de tratarmos da representação em um inconsciente-multiplicidade.

Tudo começa com a noção de "problema" que Deleuze transforma em um verdadeiro conceito e em um dos instrumentos de seu método filosófico. As idéias dizem respeito a relações diferenciais, isto é, entre diferenças/singularidades, as quais, no conceito de multiplicidade, dão conta de um *problema* filosófico – a afirmação da disjunção. Os casos de solução de um *problema*, a fim de que se mantenha a tensão diferencial dos elementos de qualquer multiplicidade, precisam trazer consigo a existência dos problemas. Ou seja, não deve haver uma correspondência quantitativa problema/soluções, de modo que as singularidades que marcam um problema pudessem ser avaliadas tão-somente no âmbito do campo extensivo das soluções oferecidas.

Ora, uma ilusão, nesse caso, ocorre sempre que o condicionamento do problema lhe é extrínseco, isto é, define-se pelo campo de sua resolubilidade (proposições efetivamente enunciáveis) ou define-se pelo campo de sua ocorrência probabilística (Cardoso Jr., 1996, p.58-9). Sendo assim, a representação, considerando-se seu uso ilusório, pode fazer as vezes de uma universalidade abstrata que, abarcando o campo de resolubilidade de um problema, elide as relações diferenciais no campo problemático. A representação, tomada como um problema filosófico, terá de se livrar dessa maneira de falsear a substância múltipla pelo recurso ao universal (uno), a fim de servir à teoria das multiplicidades (Mengue, 1994, p.38). Para utilizar uma formulação espinosista apropriada, pode-se dizer que o conceito é uma "idéia adequada" ou problemática que exprime a sua própria causa, por isso "é certo que as idéias *representam* qualquer coisa, mas, precisamente, elas representam apenas porque elas *exprimem* sua própria causa" (Deleuze, 1968b, p.124).

Para um determinado inconsciente-multiplicidade, a representação é um efeito, uma solução, o negativo da produção ou do problemático, que não esgota nem o princípio de produção do real nem a instância dos problemas (Buydens, 1990, p.135). A ilusão, portanto, seria tomar a representação sem a expressão de sua causa. Mas, inversamente, a representação não pode ser tomada como um engodo em que o pensamento incorreria, visto que toda representação vem acompanhada de uma positividade ou causa, embora esta possa não estar expressa na própria representação. A ilusão, de fato, é encarar a representação como condição diretora do pensamento, como uma imagem, e não como um efeito do pensar, pois, como esclarece Deleuze (1968b, p.135): "sob seu primeiro aspecto, a idéia inadequada é falsa; mas, sob o segundo, ela contém qualquer coisa de positivo, portanto qualquer coisa de verdadeiro". É o "uso ativo" da representação. Toda representação, enfim, envolve uma maneira de perceber – um "percepto" ou "signo" – que justamente a encaminha à sua causa.

Para repormos o argumento inicial desta parte, podemos dizer que, no uso ilusório da representação, esta última como "negativo da produção" é alçada à condição de negatividade produtiva, interferindo ou tomando o lugar da positividade da divergência. Averigüemos, então, como desdobramento desse objetivo argumento, certos elementos pregnantes, uma vez pressuposto que um inconsciente-multiplicidade manteria a positividade de sua instância problemática em seu campo de resolubilidade.

As representações, como afirmam Deleuze & Guattari (1980, p.267), são as resultantes do desejo e das formas que adquirem as sínteses das multiplicidades como campo problemático do inconsciente. Essa distinção da *representação inconsciente*, segundo a teoria das multiplicidades, demarca na operação representacional uma reversibilidade que nos permite explorar, no inconsciente, outras regiões do mundo que permaneciam na obscuridade, em razão do caráter seletivo do corpo entendido como campo de resolubilidade do inconsciente – uso ativo da representação inconsciente. É curioso, vale ressaltar, que Deleuze não considera a representação como um componente da consciência. A representação pode ser ilusória, mas, ao mesmo tempo, ela não é um equívoco do pensamento, pois, apesar de sua negatividade, ela continua sendo um acesso para o mundo. As representações somente se tornam perigosas quando elas passam a forçar o inconsciente, e o mundo de multidões que o habita, a uma seletividade de que o corpo só usufrui em relação à diferencial do inconsciente. Por isso, é importante igualmente voltarmos nossa atenção para os casos concretos de um uso ilusório da representação.

Se a *representação inconsciente* faz parte do acoplamento entre instância problemática e campo de resolubilidade, esse mesmo acoplamento precisa ser tratado do ponto de vista das maquinações, no inconsciente-multiplicidade, que tornam imanente a produção desejante e a produção social. Daí poderemos caracterizar em pormenor o mecanismo de representação inconsciente.

O papel das máquinas sociais é a canalização dos fluxos do desejo. Máquinas sociais e máquinas desejantes articulam-se como campo de resolubilidade e instância problemática; por isso, sua operação envolve necessariamente uma forma de representação. Não obstante, como vimos anteriormente, a produção das máquinas sociais varia em suas apresentações históricas. Por isso, alertam Deleuze & Guattari (1972, p.217), "se a representação é sempre uma repressão-recalcamento da produção desejante, o é, no entanto, de maneiras muito diversas, segundo a formação social considerada". Nesse sentido é que temos de adentrar uma história das representações aplicada ao inconsciente, tendo em vista que o nexo marxista de uma "psiquiatria materialista" atinge a definição do inconsciente concebido como multiplicidade, permitindo a caracterização das *representações "primitiva"*, *"despótica"* e *"capitalista"*. Para o inconsciente-multiplicidade, o principal efeito dessa análise histórica das *representações inconscientes* é apresentar Édipo como *representação do inconsciente* cujo caráter não dispõe de universalidade.

Resolução espistemológica da representação: inconsciente e psicanálise

No tocante ao tópico anterior, teremos observado as representações associando-se historicamente aos modos de produção do inconsciente. A partir daí, precisamos saber de que maneira a psicanálise incorpora a representação inconsciente capitalista e fornece sua versão específica dentro de um campo de saber – a *psicanálise* –, resultando em uma *representação* (Mengue, 1994, p.184-5). Trata-se de averiguar o deslocamento da representação com base em um *limiar epistemológico*.

A psicanálise considera que o processo de personificação resume toda a história de constituição do inconsciente tendo como base a história familiar. Dessa forma, a *representação inconsciente* (Édipo) retroage sobre as sínteses imanentes e atribui ao domínio das disjunções inclusivas uma personificação que é, de fato, uma derivação de relações diferenciais no inconsciente. Nesse caso, Édipo não é apenas uma representação, mas, igualmente, presa de um ardil. Quer dizer, Édipo torna-se um artifício para restringir as disjunções ao triângulo familiar. Se o *eu* não se submete a essa triangulação/exclusão, se não há castração, pende sobre sua cabeça a ameaça da diferenciação desordenada como perda do *eu* e da indistinção caótica como despersonificação (Cardoso Jr., 1996, p.172-4 e 257-63). Não obstante, a teoria das multiplicidades nos indica que as relações diferenciais não se esgotam com as seleções do processo de personificação, posto que as "pessoas globais" não preexistem, nem simbolicamente, à sua própria formação. Como já dizia Deleuze, o que o inconsciente representa não são as paixões ou ações subjetivas que se efetuam, mas algo de uma natureza completamente diferente.

A psicanálise se propõe a resolver Édipo, ultrapassando a autoridade do pai, mas isso à custa de uma interdição no triângulo familiar, que, então, dissemina-se por todo o campo social como referência a partir da qual se observam as relações nos mais diversos níveis da sociedade. Daí, portanto, a esquizoanálise: "se propõe a desedipianizar o inconsciente, para atingir os verdadeiros problemas" postos pelas máquinas desejantes, inserindo nelas a produção e liberando-as de seu bloqueio ao nível social – psicanálise materialista (Deleuze & Guattari, 1972, p.97). A operação edipiana, seja qual for a tiragem de sua edição psicanalítica, triangula o inconsciente, miniaturizando o mundo em uma rede de identidades, para, em seguida, utilizar essa miniatura para explicar o próprio mundo.

Édipo é, então, na situação abordada anteriormente, universalizado como operação do inconsciente – o *Édipo psicanalítico*. Mas essa universalização tem como base a transformação de um efeito do inconsciente, a *representação*, em seu *representante* legítimo. Para que essa operação fosse bem-sucedida, por conseguinte, o negativo/representação, que é um efeito da positividade do desejo, precisaria assumir uma posição global. Essa posição, que toma a representação como representante, interpreta o negativo *do* desejo como falta *no* desejo, de modo que a figura do pai aparece como ausente da cena edipiana originária ou ela é o lugar vazio – "invariante estrutural" – como foraclusão simbólica que percorre as variações imaginárias. A edipianização do inconsciente corresponde, portanto, a uma negação/efeito que foi universalizada e tomou o lugar da positividade/desejo, que, assim recodificado, ganha livre acesso para passar da produção desejante à produção social sob os auspícios da representação capitalista. A esse respeito, afirmam Deleuze & Guattari (1972, p.204):

> o que é recalcado não é, antes de qualquer coisa, a representação edipiana. O que é recalcado é a produção desejante. O que, dessa produção, não passa na produção ou na reprodução social [...] O que passa, ao contrário, da produção desejante à produção social forma um investimento sexual direto dessa produção, sem nenhum recalcamento do caráter sexual e dos afectos correspondentes, e sobretudo sua referência a uma representação edipiana que se suporia originalmente recalcada ou estruturalmente foracluída.

Deleuze chama a atenção para o uso que a psicanálise faz da representação inconsciente, por meio de sua versão edipiana, como uma

34 HÉLIO REBELLO CARDOSO JR.

herança do idealismo que se tornou um "idealismo da psicanálise" e que compreende

> todo um sistema de rebatimentos, de reduções na teoria e na prática analíticas: redução da produção desejante a um sistema de representações inconscientes, e a formas de causação, de expressão e de compreensão correspondentes; redução das usinas do inconsciente a uma cena de teatro, Édipo, Hamlet; redução dos investimentos sociais da libido a investimentos familiais, rebatimento do desejo sobre coordenadas familiais, ainda Édipo. (Deleuze & Guattari, 1990, p.29)

Ora, se o alegado *idealismo da psicanálise* possui tal alcance capaz de deixar sua marca em todo o instrumental analítico, vale a pena indicar suas raízes na própria filosofia idealista, em razão de uma crítica sob o ponto de vista de uma teoria das multiplicidades. Em contraposição a esse *idealismo da psicanálise*, seria possível constituir uma pragmática capaz de responder à navegação do inconsciente?

A resposta a essa questão conduz-nos a mais um dos componentes da *teoria das multiplicidades*, a saber, a noção de *signo* (Cardoso Jr., 1996, p.56-62), cujo alcance pode fornecer as bases para uma *semiótica da representação inconsciente capitalista* apta a constituir um instrumental aplicado à análise dos deslocamentos do conceito de inconsciente pela representação inconsciente capitalista. Édipo não dispõe de universalidade, pois é uma representação. Por isso mesmo, sua ocorrência precisa ser remetida à sua causa, por meio de seus "perceptos" ou "signos". Deleuze aponta para certa semiótica do inconsciente. Vejamos, então, o que é um "signo" para o conceito de multiplicidade-inconsciente, atendendo a uma solicitação da noção de representação como componente desse conceito.

Os *signos*, definidos genericamente, são os elementos de nosso encontro com o mundo. Eles nos obrigam, com sua violência, a pensar. Em todas as situações vividas, encontramo-nos com signos que nos solicitam a ir além do sentido dos objetos ou da verdade do sujeito, a não ser que nos contentemos com os objetos identitários do senso comum ou com a verdade reconhecida do bom senso (Deleuze, 1976, p.24-5). O pensamento, então, é função do pluralismo dos signos, justamente porque os signos nos fazem conhecer o múltiplo. Se, por um lado, os signos são os objetos de um pensamento pluralista do múltiplo, por outro, eles são também uma *multiplicidade*. De fato, Deleuze retomará a teoria dos signos de acordo com uma demanda variada ao longo de sua obra. Em primeiro lugar, como um modo de lidar com a representação sob o ponto de vista das multiplicidades, o que já obvia a importância que sua análise oferece à problemática do inconsciente.

O traço distintivo desse tratamento do signo incide, em primeiro lugar, sobre a lingüística, pois trata-se de observar o signo como uma materialidade inteligível, ultrapassando com isso a pressuposição de que a linguagem opera por meio de constantes ou universais. Por exemplo, o conceito deleuziano de signo desarticula o dualismo significante-significado, que é um dos parâmetros para compreensão do signo lingüisticamente definido. Ora, por que um conceito de inconsciente concebido como multiplicidade demanda uma *semiótica* baseada numa noção renovada de signo?

O desejo é um acontecimento. Ele possui um devir que precisa de condições históricas para atualizar-se. O desejo, portanto, possui uma história que corresponde às maneiras de atualização de sua virtualidade no campo social. Édipo é o resultado dessa história como representação dos investimentos do desejo sobre o campo social. Tal questão diz respeito a uma *"semiótica* concreta" que observa os signos da representação em regimes que levam em conta as migrações da própria representação. Deleuze e Guattari constantemente afirmam que o problema do inconsciente não é um problema de sentido, mas de uso e produção. A pergunta para o inconsciente não é "o que isso significa?", a qual está sempre a pressupor uma interpretação que remete o funcionamento do inconsciente à imitação de um modelo. A pergunta que se dirige às manifestações, aos signos do inconsciente, é "como isso funciona?", quer dizer, como a partir de sua produtividade o inconsciente consegue constituir sua originalidade e ao mesmo tempo se conectar com elementos que, no campo social, funcionam como correias de transmissão, incluindo mesmo suas falhas e enguiços.

36 HÉLIO REBELLO CARDOSO JR.

O tratamento clássico do inconsciente, que procedia como se os signos indicassem o lugar a partir do qual se produzira um sentido recalcado, induzia à busca de um significado revelador – "signo significado". Já um tratamento semio-lingüístico do inconsciente – um "neo-idealismo" –, segundo Deleuze, operava por uma espécie de transcendência que também transfigura a imanência produtiva dos regimes de multiplicidades. Neste último caso, os signos, como manifestações do acontecimento-desejo, assumem respectivamente características que os identificam como um "signo significante". O inconsciente não aparece como produção do real, mas como "produção de fantasmas" para o qual o signo não corresponde à potência do desejo, mas a uma lei que regra a falta. Além disso, o inconsciente reflete signos de um "eu narcísico" ou pessoa global que, em vez de experimentar imanentemente em suas passagens, atém-se a inscrever no campo social uma ampliação do domínio edipiano da família, reconstituindo em maior escala sua triangulação (Deleuze & Guattari, 1972, p.368-9; Guattari & Rolnik, 1993, p.45-66).

Todos os avatares do "signo significado" e do "signo significante" são questões pragmáticas para uma *semiótica* do inconsciente definido como multiplicidade, pois, se as sínteses do inconsciente são sínteses das multiplicidades, como observamos, os signos não têm "outro estatuto senão o de serem elementos dispersos de máquinas desejantes igualmente dispersas" (Deleuze & Guattari, 1972, p.368-9). E, dizem-nos Deleuze & Parnet (1977, p.136), por não entender os signos do inconsciente como elementos da materialidade do inconsciente, "a psicanálise por si mesma é incapaz de analisar os regimes de signos".

Inconsciente-multiplicidade e clínica

O inconsciente, segundo Deleuze e Guattari, envolve, como já apontamos anteriormente, uma produção de signos que lhe é própria. Tal produção sígnea deve, portanto, estar de acordo com o caráter maquínico do desejo. Porém, como se pode analisar concretamente o regime de signos do inconsciente? Tal pergunta torna-se seminal quando se deseja saber o que é um *sintoma* para uma clínica inspirada na noção deleuze-guattariana de inconsciente.

Antes de qualquer coisa, como já sabemos, se o inconsciente é um "sistema de cortes", em constante movimento e maquinação, e não um depósito mais ou menos recôndito, mais ou menos interiorizado, de imagens e representações memorialistas de caráter edípico, então o que o define é a potência do encontro com o exterior, o encontro com outros corpos. Ora, o inconsciente é o próprio corpo juntamente com encontros realizados por este. Os encontros de corpos são as próprias maquinações inconscientes do desejo, na medida em que estas, como vimos, disseminam-se pelos meios sociais. Os regimes de signos do inconsciente, por conseguinte, são produzidos no encontro de corpos. O que é, entretanto, um corpo, tendo em vista a sua participação no regime de produção do inconsciente?

Para Deleuze e Guattari, o corpo é uma *usina do desejo*, são suas conexões, como se relaciona, como produz, é o mundo que ele perfaz, atual ou virtualmente, no que diz respeito à sua capacidade de afetar e de ser afetado (Orlandi, 2002, p.4). Do ponto de vista do inconsciente, assim, o corpo é mais do que um organismo, pois inclui também um *corpo dos encontros* que não estão previstos pelo direcionamento das funções orgânicas. Este é um ponto que merece destaque, a saber, a saúde do inconsciente não é apenas a do corpo, mas uma saúde do corpo dos encontros denominado por Deleuze e Guattari de "Corpo sem Órgãos" (CsO), na medida em que não é possível desejar sem construir um CsO (Deleuze & Guattari, 1980, p.13).

Sendo o inconsciente uma expressão de nossa relação com os corpos, com o *fora*, então, o modo mais imediato pelo qual essa relação se expressa é o corpo, que nada mais é do que "um conjunto de válvulas, represas, comportas, taças, ou vasos comunicantes" (idem, p.20). Quando dizemos, de modo um tanto cru, que o corpo é um corpo das relações, isso significa que o corpo envolve, então, o encontro com as coisas, ficando subentendido que uma coisa pode ser um outro corpo, orgânico ou inorgânico, uma idéia, uma imagem

38 HÉLIO REBELLO CARDOSO JR.

etc. Uma boa questão a esse respeito pode ser formulada da seguinte maneira: se o CsO não é o organismo, qual é sua relação com ele, no que se refere à sua dependência mútua e quanto ao limite e à potência de afecção? Para aguçarmos essa indagação, podemos perguntar com Gil (2002, p.139): o corpo é já um CsO ou há um CsO do próprio corpo (Deleuze & Guattari, 1980, p.30)?

Além disso, precisamos saber se esses CsOs podem sofrer de alguma doença. Quando um CsO adoece?

Deleuze & Guattari (1980, p.43) afirmam que é possível a construção de corpos sem orgãos doentios, como o corpo fascista, o paranóico, o psicótico, o neurótico ou o canceroso. Tais corpos doentes são marcados por um amortecimento ou fixação no processo maquínico de produção do inconsciente. Em Deleuze e Guattari, uma doença não é definida em relação a uma anormalidade funcional, já que a saúde é justamente o potencial de afecção de um corpo, seus encontros. Uma doença é a impossibilidade de que nas conexões do desejo se realizem novos encontros, havendo, portanto, um endurecimento, bloqueio ou interrupção da fluidez dos processos maquínicos desejantes. Em poucas palavras, o adoecer do inconsciente é o cessar da produção de novos CsOs ou ainda a reprodução de um único CsO. Ora,

> É que para Deleuze e Guattari o que está em jogo é sempre a possibilidade de estarmos em conexão com os processos desterritorializantes que se constituem como possibilidade de construção de novos territórios existenciais, deslocados das estratificações normalizadoras e fixistas. São tais estratificações que produziriam a cada vez os sintomas. (Lopes, 1996, p.106)

Sendo assim, um sintoma estabelece-se mais em função do processo desejante do qual ele é signo, em que pese sua configuração histórica, do que se refere a um organismo cujas funções estão comprometidas.

De acordo com Deleuze e Guattari, os processos desejantes tornam-se patológicos pela fixação de suas conexões, em razão de uma certa economia do desejo vigente na sociedade capitalista. O processo desejante *capitalístico* é marcado pela desterritorialização e aceleração de fluxos de toda ordem (econômicos, sociais, subjetivos) que colocam o indivíduo num estado contínuo de erosão e perda de identidade. No entanto, essa aceleração dos fluxos dá-se de modo que a subjetividade erodida não tenha tempo de reterritorializar-se, a fim de constituir territórios singulares onde possa nutrir processos de subjetivação, a partir dos quais possa iniciar novas desterritorializações. Sendo assim, os movimentos desterritorializantes, na sociedade capitalista, enfraquecem a potência de encontro dos corpos, ficando o inconsciente, por isso, à mercê de "equivalentes gerais" que correspondem ao capital no que diz respeito aos fluxos de caráter histórico-social e a Édipo, especificamente quanto a processos de constituição de subjetividades. As patologias da subjetividade, nesse sentido, estão relacionadas com a interrupção de uma certa ordenação promovida por equivalentes gerais que *axiomatizam* os movimentos de desterritorialização e reterritorialização, que caracterizam os processos desejantes tanto em nível social quanto subjetivo.

Deleuze e Guattari têm o cuidado e a perspicácia de traduzir os processos patológicos da subjetividade, características de uma sociedade capitalista, tendo em vista uma sintomatologia correlativa à concepção do inconsciente como multiplicidade. O corpo psicótico, por exemplo, é aquele que se fixou numa infinita desterritorialização, foge sem parar das normas e dos valores transcendentes, sem reterritorializar-se jamais. O psicótico foge, dentre outras referências, de Édipo e por isso "não pára de migrar [...] ele se lança cada vez mais longe na desterritorialização" (Deleuze & Guattari, 1980, p.53). Por sua vez, o corpo neurótico é que se fixou nos territórios reconhecidos, é aquele que se ancorou em torno de Édipo. Ao passo que os psicóticos não suportam a edipianização, os neuróticos "a suportam e até se contentam com ela" (Lopes, 1996, p.91).

O CsO, definido por sua potência de afecção e de conexão, na mesma medida em que é um *corpo dos encontros*, como o definimos, cria territórios singulares aos quais corresponde uma produção de signos também singular. Todas as conexões desejantes do inconsciente são marcadas pelos territórios e seus signos. Ora, essa mesma afirmativa é válida para os processos anteriormente descritos, característicos de CsOs doentios. Os territórios que esses CsOs fazem são marcados pelos signos de desaceleração, interrupção, bloqueio ou fixação de seu fluxo desejante. Certamente podemos denominar os signos produzidos em territorialidades psicóticas ou neuróticas de *sintomas,* desde que sigamos para tanto as considerações feitas por Guattari.

Um *sintoma* é um "ponto de singularidade", diz Guattari, uma aresta que altera a textura lisa (imanente) dos processos do inconsciente. E como tal continua sendo um lugar de conexão. Por isso, longe de ser patologizado, deve ser tomado como elemento do trabalho clínico. Um sintoma é um ponto de passagem que pode tornar-se lugar de novas conexões e encontros, em vez de ser tomado como um signo de disfunção que deve ser neutralizado para que então uma cura se configure (Guattari, 2003, p.13). Um sintoma é um signo de que uma singularidade quer afirmar-se e fazer valer sua potência conectiva no encontro com outros corpos. Uma *semiótica concreta* do inconsciente que partisse da idéia de que um sintoma é um "ponto de singularidade" permitiria traçarmos uma certa *sintomatologia,* que estivesse de acordo com a idéia de um inconsciente-multiplicidade.

Eis os quatro elementos que justificam e amparam o tema proposto como objeto de estudos do presente projeto de pesquisa. Com efeito, a proposição de um inconsciente-multiplicidade pauta-se na consecução das linhas de fuga e derivações lançadas por esses mesmos objetivos. É dentro desse quadro que os elementos aqui tratados delimitam o campo de ressonâncias dos textos que se seguem.

Referências bibliográficas

BUYDENS, M. *Sahara: l'esthétique de Gilles Deleuze.* Paris: Vrin, 1990.
CARDOSO JR., H. R. *Teoria das multiplicidades no pensamento de Gilles Deleuze.* Campinas: s.n., 1996.

INCONSCIENTE-MULTIPLICIDADE **41**

DELEUZE, G. *Le bergsonisme*. 2.ed. Paris: PUF, 1968a.

————. *Spinoza et le problème de l'expression*. Paris: Minuit, 1968b.

————. *Logique du sens*. Paris: Minuit, 1969. [Ed. bras.: *Lógica do sentido*. São Paulo: Perspectiva, 2000.]

————. *Différence et répétition*. 2.ed. Paris: PUF, 1972. [Ed. bras.: *Diferença e repetição*. São Paulo: Paz e Terra, 2006.]

————. *Proust et les signes*. 4.ed. rémaniée. Paris: PUF, 1976.

————. *Nietzsche et la philosophie*. 5.ed. Paris: PUF, 1977.

————. *Empirisme et subjectivité*. 3.ed. Paris: PUF, 1980.

————. *Spinoza: philosophie pratique*. Paris: Minuit, 1981. [Ed. bras.: *Espinosa: filosofia prática*. São Paulo: Escuta, 2002.]

————. *Nietzsche*. 6.ed. Paris: PUF, 1983a.

————. *Apresentação de Sacher-Masoch*. Trad. Jorge de Bastos. Rio de Janeiro: Taurus, 1983b.

————. *Foucault*. Paris: Minuit, 1986. [Ed. bras.: *Foucault*. São Paulo: Brasiliense, 1988.]

————. *Le pli: Leibniz et le barroque*. Paris: Minuit, 1988. [Ed. bras. *A dobra*: Leibniz e o barroco. Campinas: Papirus, 1991.]

————. *Pourparlers*. Paris: Minuit, 1990.

DELEUZE, P. Carta-prefácio. In: MARTIN, J. C. *Variation*: la *philosophie de Gilles Deleuze*. Paris: Payot & Rivages, 1993a.

————. *Critique et clinique*. Paris: Minuit, 1993b.

————. L'immanence: une vie... *Philosophie*, n.47, sept. 1995a.

————. Prefácio para a edição italiana. In: DELEUZE, G., GUATTARI, F. *Mil platôs*. Rio de Janeiro: Editora 34, 1995b. v.1.

————. L'actuel et le virtuel. In: DELEUZE, G., PARNET, C. *Dialogues*. Paris: Flammarion, 1996. (Annexe: Chapitre V).

DELEUZE. G., GUATTARI. F. *Capitalisme et schizophrénie*: l'anti-Oedipe. Paris: Minuit, 1972.

————. *Capitalisme et schizophrénie*: mille plateaux. Paris: Minuit, 1980. [Ed. bras.: *Mil platôs*. São Paulo: Editora 34, 1995-1997. 5v.]

DELEUZE, G., PARNET, C. *Dialogues*. Paris: Flammarion, 1977.

GIL, J. O corpo paradoxal. In: LINS, D., GADELHA, S. (Org.) *Nietzsche e Deleuze*. O que pode o corpo. Rio de Janeiro: Relume Dumará, 2002.

GUATTARI, F., ROLNIK, S. *Micropolítica*: cartografias do desejo. 3.ed. Petrópolis: Vozes, 1993.

LOPES, P. C. *Pragmática do desejo*: aproximações a uma teoria clínica em Gilles Deleuze e Félix Guattari. São Paulo, 1996. Tese (Doutorado) – Pontifícia Universidade Católica de São Paulo.

MENGUE, P. *Gilles Deleuze ou le système du multiple*. Paris: Kimé, 1994.

ORLANDI, L. B. L. Pulsão e campo problemático. In: MOURA, A.H. de. *As pulsões*. São Paulo: Escuta, Educ, 1995.

_____. *Corporeidades em minidesfile*. 2002. (Artigo não publicado.)

2
O FUNCIONAMENTO DAS MULTIPLICIDADES NO INCONSCIENTE ESPINOSISTA DE MIL PLATÔS

Cíntia Vieira da Silva*

Se há um movimento constante na produção textual deleuziana, é a criação conjunta não só nos livros escritos em parceria, mas também naqueles assinados apenas por Deleuze. O abundante volume de autores e obras invocados por Deleuze em seus livros não são apenas citações e referências, mas verdadeiros aliados na fabricação de conceitos. Esse procedimento é difundido a tal ponto na obra deleuziana que é difícil determinar quem são os parceiros numa determinada configuração conceitual, sob pena de diminuir a importância de um aliado em detrimento do outro. Contudo, conforme o conceito ou tema que quisermos abordar, algumas alianças acabam por mostrar-se preponderantes sobre as demais, justificando o privilégio conferido a elas em nosso comentário. É o caso, por exemplo, de Espinosa, com relação ao conceito de Corpo sem Órgãos. Ao lado de Artaud, que cunhou a expressão e, em torno dela, bramiu um verdadeiro manifesto por um novo corpo, Espinosa é o principal aliado de Deleuze e Guattari na elaboração desse conceito.

---

* A autora é doutoranda em Filosofia pela Unicamp e professora substituta no Departamento de Filosofia da Universidade Federal de Ouro Preto (Ufop). Esse texto retoma o terceiro capítulo da dissertação de mestrado da autora (Silva, 2000), a qual foi realizada com apoio da Fapesp.

44 HÉLIO REBELLO CARDOSO JR.

Para corroborar essa hipótese, convém lembrar-se da estranha pergunta feita no sexto platô de *Mil platôs*: "o grande livro sobre o CsO não seria a *Ética*?" (Deleuze & Guattari, 1995, v.3, p.14). Essa pergunta parece ser colocada como tal apenas para salientar a estranheza da idéia, já que as linhas que se seguem a ela explicam de maneira extremamente condensada a relação entre uma ontologia do ser unívoco e uma concepção do desejo como produção. Melhor dizendo, as linhas que se seguem têm como pressuposto a porosidade entre ser e pensar (considerando o desejar como a modalidade do pensar mais integrada ao corpo) e colocam o Corpo sem Órgãos, ou CsO, funcionando em ambos os registros. Com base nisso, os autores estabelecem uma série de correspondências: os indivíduos ou as essências singulares de Espinosa, definidos como graus de potência, são os diversos tipos de CsO, que são também chamados de atributos; os modos como modificações da substância são tratados como graus de uma qualidade (ou como quantidades intensivas) e identificam-se às intensidades produzidas nos Corpos sem Órgãos. Deleuze e Guattari remetem ainda à possibilidade de um CsO que seja a unidade de todos os Corpos sem Órgãos singulares, que seja a substância espinosista, o plano de imanência ou plano de Natureza.

Assim, Espinosa detém um certo privilégio dentre os vários aliados convocados na concepção de desejo elaborada em *Mil platôs* não apenas por fazer a essência do homem (e de todos os existentes em geral, se perpetrarmos um pequeno deslize semântico e estabelecermos uma equivalência entre *conatus* e desejo), mas também em função de sua maneira de pensar a imanência e de construir um plano de imanência. Além disso, a definição espinosista de indivíduo com suas três dimensões, calcada num modelo corporal, é acionada por Deleuze e Guattari ao longo de *Mil platôs* para compor uma concepção da individuação independente da idéia de forma e que não esteja cristalizada nas noções de sujeito e de objeto. Finalmente, o espinosismo constitui uma das mais radicais críticas à idéia de finalidade, mais um motivo para somar suas forças às de Artaud nessa problematização do corpo, no esforço de pensar o corpo como campo de experimentação, na medida em que ele é definido como

INCONSCIENTE-MULTIPLICIDADE **45**

um convite à interrogação de sua potência e ao alargamento cauteloso de seus limites. Nesse sentido, poderíamos dizer que o inconsciente de que tratam Deleuze e Guattari em *Mil platôs* é o corpo, mas o corpo definido como capacidade de afetar e de ser afetado, como relações e proporções de movimento e de repouso entre as infinitas partes que o compõem, um corpo que não se separa do pensamento, mas, ao contrário, dá a pensar em cada um dos encontros que experimenta. Tendo como pano de fundo a idéia de privilegiar a aliança com Espinosa, procuraremos expor o modo de funcionamento das multiplicidades, entendidas como os elementos que compõem o inconsciente-experimentação de *Mil platôs*. Uma tal apresentação do regime de produção e apreensão de multiplicidades supõe ao menos uma breve retomada das noções elaboradas na concepção desse funcionamento.

No prefácio à edição italiana de *Mil platôs* (também publicado na edição brasileira), Deleuze e Guattari expõem as principais diferenças entre os dois tomos de *Capitalismo e esquizofrenia*, ressaltando que *Mil Platôs* constitui "um passo à frente" (Deleuze & Guattari, 1995b, v.1, p.7) em relação a *O anti-Édipo*. Havia uma "ambição kantiana" (idem, p.8) em *O anti-Édipo*, pois, naquele livro, tratava-se de fazer uma crítica do inconsciente, determinando quais os usos legítimos das sínteses por meio das quais o inconsciente produzia. Tal crítica realizava-se segundo três temas principais: em primeiro lugar, tratava-se de mostrar que o inconsciente é uma instância produtiva e não representativa; em seguida, retirava-se a produção inconsciente da esfera familiar; por último, era construída uma "história mundial" tendo por objeto os fluxos e as contingências que propiciaram que estes fossem submetidos aos "códigos primitivos", às "sobrecodificações despóticas" e às "descodificações capitalistas" (idem, p.7) e suas axiomatizações. O principal alvo daquela crítica era a psicanálise, na medida em que esta realizava um uso ilegítimo das sínteses que o inconsciente operava no trato com as multiplicidades, os paralogismos que Deleuze e Guattari apontam na psicanálise.

Em *Mil platôs*, é construída "uma teoria das multiplicidades por elas mesmas", em que já não importa a distinção entre consciente e

46 HÉLIO REBELLO CARDOSO JR.

inconsciente, pensada nos moldes psicanalíticos, ou seja, o inconsciente como depósito de pensamentos que escapam à consciência – como lugar do recalcado – ou como adjetivo qualificando tais pensamentos. Além disso, torna-se desnecessário estudar as multiplicidades segundo sínteses, o que representa um ganho conceitual, já que a idéia de síntese acaba por remeter à idéia de um sujeito que as opera, ainda que tal sujeito seja passivo e parcial ou larvar, para utilizar o vocabulário empregado por Deleuze (1988) em *Diferença e repetição*. Contudo, a maneira pela qual as multiplicidades entram em um conjunto dotado de consistência, ou seja, o rizoma, guarda propriedades daquilo que, em *O anti-Édipo*, era chamado de síntese disjuntiva – modo de conexão entre elementos heterogêneos sem nenhuma intromissão de semelhança ou causalidade. As multiplicidades, consideradas como substantivas e não como predicados opostos ao Uno, são estudadas com base em seus elementos constitutivos ou princípios (singularidades), em "suas relações" ou "devires", em seu modo de individuação por hecceidade e não por constituição de sujeito, em seus espaços-tempos livres, em seu "modo de realização" por rizoma, em seu "plano de composição" e nos "vetores que as atravessam, e que constituem *territórios* e graus de *desterritorialização*" (Deleuze & Guattari, 1995b, v.1, p.8).

O caso do homem dos lobos: o desejo e as multiplicidades

Sendo assim, a última menção à psicanálise é feita exatamente para mostrar sua dificuldade para pensar uma multiplicidade, evidenciada na análise do homem dos lobos feita por Freud (1968, v.17, p.3-122). Tal dificuldade parece estranha, já que, segundo Deleuze & Guattari (1995b, v.1, p.39-40), Freud é o primeiro a estabelecer, em *O inconsciente*, a diferença entre neurose e psicose, de acordo com os diferentes modos de apreender os objetos, notando que apenas o psicótico apreenderia eroticamente uma multiplicidade como tal, ao passo que o neurótico perceberia um objeto de maneira global e já

INCONSCIENTE-MULTIPLICIDADE **47**

como perdido. No entanto, ao postular que a representação de palavra assegura a possibilidade de associação de uma multiplicidade a uma unidade (constituída pelo pai ou por um órgão sexual), Freud já estaria abrindo caminho para a invenção do significante como instância última de subsunção de multiplicidades, que lhes conferiria unidade e identidade.

Retomando, então, o caso do homem dos lobos, tal como analisado por Freud, vemos que seu elemento fundamental é um sonho relatado pelo paciente, em que aparecem os lobos que vão dar o nome pelo qual o paciente ficará conhecido por todos os estudiosos da psicanálise. Nesse sonho, o analisando, então menino, está com os olhos bem abertos diante de uma janela que se abre para uma árvore em que estão empoleirados seis ou sete lobos impressionantemente imóveis. Ao desenhar a árvore com os lobos, o paciente, já adulto, desenha cinco lobos. Diante desse relato, Freud (1968, v.17, p.34) conclui, já numa "primeira análise incompleta" do sonho, que "o lobo" é um representante do pai, ou seja, de um parágrafo para o outro, o grupo de lobos é transformado em "o lobo" sem maiores explicações. Em outras palavras, a matilha, como multiplicidade, é unificada e substituída por um elemento que não figurava no relato, o pai, o que já prenuncia a inserção da psicanálise em um regime de signos em que impera o significante.

Quanto à notável imobilidade dos lobos, ela é rapidamente interpretada como um movimento furioso. Tal interpretação torna-se possível pela postulação da existência de fenômenos de transposição no inconsciente. O que permitiria uma tal conversão entre contrários num sonho seria a inexistência de negação no inconsciente, que acarretaria a indistinção entre opostos (idem, p.82, nota 2). Como conclusão dessa interpretação sobre a imobilidade dos lobos, Freud diz que, como, na verdade, uma tal imobilidade é um movimento frenético, logo, estaria simbolizando um coito entre os pais. Freud chega até mesmo a determinar a época em que tal cena teria sido presenciada pelo paciente e a posição em que o casal teria copulado em tal ocasião, aventando a possibilidade de que o paciente tenha visto não os pais, mas algum animal, o que não faria diferença. Tal

48 HÉLIO REBELLO CARDOSO JR.

indiferença se justificaria pelo seguinte raciocínio: ainda que o homem dos lobos em sua tenra infância tivesse visto animais copulando, como a libido das crianças gira em torno dos pais, ele teria referido a cena aos pais, teria substituído os personagens do episódio que presenciara.

Por último, analisando os vários relacionamentos que o paciente, quando criança, estabelecia com seus empregados e empregadas, que virão a determinar seus relacionamentos afetivos na vida adulta, Freud supõe que tais relacionamentos são, na verdade, substitutos da relação com os pais. Contudo, a classe social das pessoas com quem esses relacionamentos aconteciam não teria nenhum papel, pois "uma criança não observa distinções sociais" (idem, p.98). Essa tese, que, de resto, é assumida por Freud sem nenhuma necessidade de argumentação ou problematização, é ferozmente combatida em *O anti-Édipo*, elaborando-se ali a idéia de que o desejo, mesmo nas crianças de mais tenra idade, investe todo o campo social, levando em conta as diferenças de classe, assim como as demais diferenciações que o perpassam.

No próprio texto de Freud, pode-se perceber que ele imagina que se possa considerar abusivas suas interpretações, pois ele afirma que não há inconveniente em o analista comunicar suas construções ao analisando, já que "elas nunca causam dano à análise se estão erradas" (idem, p.19). Para responder à suspeita de que toda a interpretação feita numa análise possa ser reputada apenas ao analista, sem que corresponda ao que efetivamente acontece ao analisando, Freud afirma que as construções em análise são feitas de maneira lenta e gradual. Além disso, muitos pontos desenvolvem-se sem interferência por parte do analista. Ademais, tudo converge para essa construção, à medida que ela vai se mostrando capaz de explicar cada detalhe do caso em questão, levando a "resultados notáveis" (idem, p.52).

Para Deleuze e Guattari, a interpretação psicanalítica, por mais que consiga subsumir todos os elementos relatados por um paciente a um mínimo de princípios explicativos, não é, no entanto, suficiente. Essa subsunção mesma é criticada, pois, em última instância, submete uma ou várias multiplicidades a uma unidade, por meio de um jogo de semelhanças e analogias. No caso do homem dos lobos, tal subsunção faz que se perca de vista a matilha e os devires que nela se cruzam.

Assim, pensando conferir a palavra ao paciente e possibilitar que este fale em seu próprio nome, pela pretensa reconstituição da história de seus conflitos edipianos, a psicanálise perde o que há de mais singular em cada caso. Pois, embora os enunciados edipianos possam fazer parte de um agenciamento de enunciação, ao serem colocados como os únicos que interessam, constituem uma máquina de rebatimento de tudo o que é dito, impossibilitando uma escuta efetiva. O nome próprio, como acesso "à mais alta singularidade na apreensão instantânea de uma singularidade genérica" (Deleuze & Guattari, 1995b, v.1, p.40), é esvaziado de sentido quando se reporta uma multiplicidade – como os lobos – a uma unidade significante (como a figura paterna).

Quando se preserva o caráter de multiplicidade dos elementos que entram em jogo no inconsciente, ou na produção desejante, não se coloca, entretanto, mais em questão o triângulo edipiano ou uma instância significante capaz de subsumir toda uma cadeia de signos. Nesse caso, encontra-se uma instância que "faz o papel de corpo pleno – Corpo sem Órgãos" (idem, v.1, p.43), sobre a qual correm multiplicidades, matilhas, multidões que constituem intensidades, afectos.[1]

Segundo um tal funcionamento, as multiplicidades conectam-se em rizoma, tendo um caráter intensivo cujo deslocamento sempre ocorre com uma mudança de natureza. Assim, o princípio métrico

---

1 De acordo com a exposição que Deleuze faz dessa noção (na aula de 24.1.1978, disponível no *site* www.webdeleuze.com), afecto, para Espinosa é um "modo de pensamento" que não procede por representações, mas é constituído pela "variação contínua" de nossa "força de existir (*vis existendi*)" ou "potência de agir (*potentia agendi*)". Tal variação vincula-se à oscilação entre um maior ou menor grau de perfeição de nossas idéias. Deleuze ressalta que afecto não deve ser confundido com afecção, que é um tipo de idéia, portanto, um "modo de pensamento" representativo que diz respeito aos efeitos dos corpos uns sobre os outros, sem se reportar às causas das modificações sofridas por eles.

50 HÉLIO REBELLO CARDOSO JR.

de tais multiplicidades está não nelas mesmas, mas "nas forças que agem sobre elas", "na libido que as constitui de dentro" (idem, v.1, p.45), já que os diversos graus de intensidade e suas mudanças são definidos pelo Corpo sem Órgãos, tomado como grau zero de intensidade, sem que, para isso, haja necessidade da intervenção de uma falta constitutiva ou de uma negação. Além desse primeiro tipo de multiplicidade molecular, que não se divide nem se desloca sem mudar de natureza, de caráter intensivo, há um outro tipo de multiplicidade em todo agenciamento: as multiplicidades extensivas, molares, unificáveis e divisíveis.

A conectividade das multiplicidades: rizoma

Abordamos anteriormente sobre o modo de conexão das multiplicidades, que é o rizoma, sem explicar detalhadamente o que isso quer dizer para os autores. Para começar, um rizoma é um sistema em que se extrai o único de uma multiplicidade a constituir, como princípio de conexão de heterogêneos que prescinde de um eixo central pelo qual os elementos se ramificam e de uma linha para a qual todas as demais convergem. Um rizoma é "um caso de sistema aberto" e permite que Deleuze (1992, p.45) pense sua própria filosofia como sistema em que os conceitos se reúnem em um conjunto referindo-se "a circunstâncias e não mais a essências". Já que um rizoma pode ser considerado como sistema, embora aberto, deve ser construído segundo alguns princípios.

Em primeiro lugar, Deleuze e Guattari apresentam o duplo princípio de conexão e heterogeneidade, segundo o qual se pode e, até mesmo, deve-se conectar qualquer ponto de um rizoma a qualquer outro. Tais pontos são constituídos por elementos de natureza diversa, heterogênea (lingüística, biológica, política, econômica etc.). Em seguida, há o princípio de multiplicidade, que a define como substantiva e, portanto, não sendo referida ao Uno nem "como sujeito" nem "como objeto", mas tendo como "determinações" apenas "grandezas, dimensões, que não podem crescer sem que ela mude de natureza". Esse "crescimento de dimensões" (Deleuze & Guattari, 1995b, v.1, p.16-7) por aumento de conexões é exatamente o que define um agenciamento, que é formado pelas linhas de crescimento do rizoma e a velocidade de deslocamento dos elementos em desterritorialização, o que supõe uma máquina "como um conjunto de pontas que se inserem no agenciamento em vias de desterritorialização, para traçar nele as variações e mutações" (idem, v.4, p.146). Há diversos tipos de linhas: as de articulação ou segmentaridade, as que compõem estratos, outras que compõem territorialidades e as linhas de fuga, que possibilitam movimentos de desestratificação e de desterritorialização. Tais linhas de fuga compõem o plano de consistência das multiplicidades.

O conjunto de linhas que forma o rizoma permite encontrar um outro princípio: o de "ruptura assignificante", segundo o qual um rizoma pode continuar a crescer mesmo se rompido num ponto, já que há outras linhas de crescimento que não estão ligadas de maneira axial umas às outras. Essa ausência de eixo leva ao princípio de cartografia, pelo qual se considera o mapa como oposto ao decalque. O decalque supõe um eixo que confere unidade orgânica a um determinado conjunto e só poderia ser aplicado ao rizoma quando já bloqueado, estratificado. Para permitir o crescimento do rizoma, seu movimento, é preciso mapeá-lo segundo suas múltiplas entradas e conexões. Assim, não se perdem de vista as linhas de fuga, e podem-se também encontrar as linhas de estratificação (subjetivação e significação) como pontos de possível bloqueio.

Para Deleuze (1992, p.181), *O anti-Édipo* já tratava da "univocidade do real", era um "espinosismo do inconsciente". Contudo, as multiplicidades eram consideradas segundo as condições de um determinado número de sínteses do inconsciente. Tal idéia de sínteses é substituída, em *Mil platôs*, pelo rizoma e por sua lógica de funcionamento, que se opõe à lógica da árvore, com seu tronco ou eixo principal, mas não "como dois modelos". Apenas a árvore constituiria um modelo transcendente. O rizoma agiria antes "como processo imanente que reverte o modelo e esboça um mapa" (Deleuze & Guattari, 1995b, v.1, p.31-2). Tal mapa, como já foi dito, deve dar conta não só das linhas de fuga de um rizoma, mas também de suas linhas de estratificação. Ao tomar o movimento como objeto, o mapa "confunde-se com seu objeto", identificando "percurso e percorrido". Nesse caso, trata-se de analisar os deslocamentos, não de procurar uma origem, e passa-se a lidar "com trajetos e devires", não "com pessoas e objetos" (Deleuze, 1997, p.73 e 75).

A estratificação como organização da terra

Para explicar o que são os estratos e como funcionam os processos de estratificação, Deleuze e Guattari fazem apelo a uma "geologia da moral". A terra ainda desestratificada seria um Corpo sem Órgãos "atravessado por matérias instáveis não formadas, por fluxos em todos os sentidos, por intensidades livres ou singularidades nômades, por partículas loucas ou transitórias", sujeitas, contudo, a processos de estratificação que imporiam uma forma às matérias, aprisionariam as intensidades, fixariam as singularidades em sistemas de ressonância e de redundância, submetendo as moléculas produzidas a "conjuntos molares", por meio de um código e de um território. Cada estrato seria expressão de um "juízo de Deus", enquanto o processo de estratificação constituiria o "sistema do julgamento de Deus", princípio ordenador funcionando por imposição de fins e funções.

Entre dois estratos, aparece uma "superfície de estratificação" que os articula voltando-se para o plano de consistência formado pelo Corpo sem Órgãos da terra, constituindo, assim, uma dupla articulação que supõe uma substância metaestável e uma forma estável. Uma das articulações colocaria em jogo, por vezes, multiplicidades moleculares, mais maleáveis, e a outra, multiplicidades molares, mais duras, sujeitas a "centragem, unificação, totalização, integração, hierarquização, finalização", constituindo, assim, uma "sobrecodificação".

Toda essa concepção de estratos, apresentada por um suposto professor Challenger, espécie de personagem conceitual, é inspirada por uma certa leitura de Hjelmslev. O interesse de Deleuze & Guattari (1995b, v.1, p.54-5) por esse lingüista é suscitado pela ruptura com a "dualidade forma-conteúdo" que ele estabelece ao supor que há tanto forma de conteúdo quanto forma de expressão, além de matéria e substância. O uso da terminologia de Hjelmslev traz o ganho de não reintroduzir sujeito ou objeto, em lugar de conteúdo, além de evitar que expressão seja confundida com forma, pois "há uma forma de expressão, mas há também uma forma de conteúdo" (Deleuze, 1977). Ao mesmo tempo, não se deve reduzir "a distinção de Hjelmslev entre conteúdo e expressão" à distinção saussuriana entre significante e significado, para salvaguardar a diferença entre "as matérias não semioticamente formadas e as substâncias semioticamente formadas" (Deleuze & Guattari, 1977, p.92 – tradução nossa), o que permitiria o estudo de semióticas assignificantes. Contudo, a diferença entre Deleuze e Guattari e Hjelmslev é que eles, além de suprimirem, na distinção hjelmsleviana, o que ainda resta da noção saussuriana de signo, dão a essa distinção uma operatoriedade mais ampla, encontrando estratos e processos de estratificação por toda parte, não apenas na linguagem.

Assim, definem matéria como "o plano de consistência ou o Corpo sem Órgãos", que seria "o corpo não formado, não organizado, não estratificado ou desestratificado". Matéria é também aquilo que passa sobre esse corpo, ou seja, "partículas submoleculares ou subatômicas, intensidades puras, singularidade livres pré-físicas ou prévitais". O conteúdo, por sua vez, seria a matéria já formada, a ser tomada em duas perspectivas: a da substância, "enquanto tais matérias foram escolhidas", selecionadas dentre outras, e a da forma, enquanto tais escolhas obedecerem a uma ordem. Já a expressão seria constituída pelas "estruturas funcionais que" devem ser também "consideradas de dois pontos de vista, o da organização de sua própria forma, e o da substância enquanto elas" constituem "compostos (forma e substância de expressão)". Segundo esse funcionamento, "as formas remetem a códigos, a processos de codificação e de descodificação", ao passo que "as substâncias como matérias formadas remetem a territorialidades, a movimentos de desterritoriali-

O processo de desterritorialização: o caso da música

Para entender melhor toda essa elaboração que pressupõe a distinção entre conteúdo e expressão, é interessante analisar o caso da música. Para Deleuze, o problema que concerne inicialmente à música é o da desterritorialização da voz, o que a torna "inseparável de um devir-mulher e de um devir-criança" (Deleuze, 1977). Tal problema é equacionado diferentemente segundo os elementos de cada agenciamento musical, por exemplo, o agenciamento que se utiliza da voz angelical do contratenor ou aquele que toma a voz mais sensual do castrato, que pareceria vir das entranhas. Mas, em ambos os casos, trata-se de provocar, por meio de artifícios próprios à música, um devir-criança molecular. Assim, a forma de conteúdo da música seria uma criança e também uma mulher desterritorializadas, ao mesmo tempo que a expressão — no caso, a voz — seria também desterritorializada para conseguir atingir os devires musicais.

A dupla articulação

Mencionamos anteriormente a existência de uma dupla articulação sem dizer, no entanto, o que precisamente ela coloca em jogo. Tal articulação seria, por um lado, a do conteúdo e, por outro, a da expressão. Embora haja distinção real entre as duas articulações, há também "isomorfismo com pressuposição recíproca" entre elas. Mas a distinção entre forma e substância é apenas "mental ou modal", já que "não se pode conceber substância sem forma". Cada face da dupla articulação é, por sua vez, também dupla, pois há trocas entre as articulações em um dado sistema de estratificação, de modo que, por exemplo, uma articulação de expressão pode fazer o papel de conteúdo para uma outra.

Dissemos que a distinção entre conteúdo e expressão era real, e não apenas modal. Assim sendo, só há signo quando a distinção entre formas de expressão e formas de conteúdo torna-se categorial e só se deve falar em regimes de signos nessas condições, caso contrário, poderia ser estabelecido um privilégio da linguagem sobre os outros tipos de estratos, correndo-se o risco de erigir o significante como primeiro em relação ao significado.

Respeitando tais condições, um regime de signos pode ser definido como "um conjunto de enunciados que surgem no campo social considerado como estrato", reportando-se a estados de força e efetuando uma máquina abstrata que regulamenta e confere unidade à composição dos estratos, enquanto os agenciamentos maquínicos relacionam tais estratos ao plano de consistência, mantendo, desse modo, o caráter duplo da articulação. Se a articulação ao plano de consistência, como virtualidade de desestratificação, for rompida, é estabelecido um sistema dual do tipo "significante-significado", ou "infra-estrutura-superestrutura", ou ainda, "matéria-espírito".

Tal plano de consistência desestratificado não é outro senão o Corpo sem Órgãos, que é também o plano de consistência construído pelo desejo, o que nos faz suspeitar que ele deve desempenhar algum papel na formação dos estratos, o que investigaremos mais adiante. Sobre o plano de consistência, haveria uma matéria constituída de "multiplicidades singulares, não segmentarizadas, feitas de *continuums* intensivos, de emissões signos-partículas" e "de conjunções de fluxos". O plano de consistência é ainda diagramatizado por máquinas abstratas.

Os estratos são formados pelo recorte do *continuum* intensivo de matéria não formada, que lhe confere substância e forma e distingue conteúdo e expressão, constituindo uma dupla articulação. Cada estrato serve de substrato a um outro. A unidade de composição de um estrato, segundo seu meio, seus elementos substanciais e traços formais (Ecúmeno), divide-se em paraestratos, por suas "formas irredutíveis e meios associados", epistratos, por suas "camadas de substâncias formadas e seus meios intermediários" (Deleuze &

56 HÉLIO REBELLO CARDOSO JR.

Guattari, 1995b, v.1, p.90). O interestrato seria constituído pelo agenciamento maquínico, que coloca em jogo o desejo, que regularia as relações entre as divisões e os estratos. Tal agenciamento seria também um metaestrato, por estar voltado para o plano de consistência, efetuando a máquina abstrata. Já o Planômeno seria a desestratificação do Ecúmeno operada pela máquina abstrata.

Multiplicidades e linguagem: a enunciação

A importância do desejo nos agenciamentos maquínicos é explicitada por Deleuze & Guattari (1995b, v.2, p.98-9) quando discutem suas diferenças em relação à teoria dos enunciados elaborada por Foucault. Segundo os autores, Foucault coloca em jogo, num primeiro momento, na *Arqueologia do saber*, dois tipos de multiplicidades, de conteúdo e expressão, que se encontram em pressuposição recíproca sem, contudo, entrarem em relação de causalidade ou correspondência. A instância que articula essas duas multiplicidades seria a de poder ou micropoderes, conforme o desenvolvimento dessa teoria em *Vigiar e punir*. O poder constituiria um diagrama abstrato que envolveria os agenciamentos coletivos. Em *História da sexualidade*, tais agenciamentos são reportados a uma máquina abstrata.

A divergência de Deleuze e Guattari com relação a Foucault refere-se, precisamente, ao papel exercido pelo poder nos agenciamentos. Para os autores, o poder é já uma dimensão estratificada dos agenciamentos que seriam, antes de mais nada, agenciamentos de desejo, a tal ponto de podermos usar desejo como nome para agenciamento (Deleuze & Parnet, 1998, p.84). As linhas de fuga seriam primeiras no diagrama ou na máquina abstrata e desempenhariam um papel positivo de criação e desterritorialização, não sendo meros "fenômenos de resistência ou de resposta" (Deleuze & Guattari, 1995b, v.2, p.99).

A teoria foucaultiana da enunciação não é, entretanto, tão distante da de Deleuze e Guattari no que se refere à dominante na lingüística, o que fica claro no quarto platô, intitulado "23 de novembro de 1923 – Postulados da lingüística", em que são discutidos os referidos postulados, dos quais os autores discordam. O primeiro deles é o que considera a linguagem como informativa e comunicativa. Para Deleuze e Guattari, a linguagem, como estrato, tem como unidade mínima ou elementar a palavra de ordem, pois "é feita", antes de mais nada, "para obedecer e fazer obedecer". Palavra de ordem é, para os autores, a "relação de toda palavra ou todo enunciado com seus pressupostos implícitos" que são "os atos de palavra que se realizam no enunciado e só podem se realizar nele".

Por sua vez, a linguagem supõe agenciamentos coletivos de enunciação, que só podem ser definidos por meio das circunstâncias de enunciação, as quais são sempre imanentes à linguagem, embora a remeta a seu fora, conferindo-lhe uma potência de desterritorialização. Tais circunstâncias são constituídas de atos sempre imanentes à linguagem e que podem ser definidos como "o conjunto das transformações incorporais" (idem, v.2, p.12, 16 e 18) que ocorrem numa sociedade aos corpos que a constituem. Por meio dessa noção de agenciamento coletivo de enunciação, que pretende ultrapassar a dicotomia "entre sujeito de enunciação e sujeito do enunciado" (Deleuze, 1992, p.33), é que Deleuze e Guattari definem estilo em literatura. O estilo não seria uma maneira pessoal de escrever – pois os enunciados são sempre produzidos por agenciamentos, não por sujeitos –, mas a capacidade de colocar a língua e a escrita numa linha de fuga, por meio de um uso menor da língua, um devir estrangeiro ou gago, que a constitui como um sistema heterogêneo, instável ou metaestável.

A proposição anterior já leva a supor um segundo postulado a ser combatido por Deleuze e Guattari: o de que haveria uma máquina abstrata da língua, que não faria apelo a nenhum fator extrínseco. Ora, os autores vão se interessar justamente pela relação da linguagem com seu fora, pelos investimentos de desejo envolvidos num agenciamento coletivo de enunciação que levam em conta o social na sua produção.

Há um terceiro postulado que procura definir constantes ou universais na língua, considerando-a como um sistema homogêneo. Mas

Deleuze e Guattari não podem concordar com tal posição, já que seu interesse é pelas multiplicidades, pelos processos de diferenciação. Assim, procuram criar condições para uma pragmática que possa estudar a língua, levando em conta suas variações e condições de enunciação.

Por último, os autores voltam-se para um postulado que acompanha de perto o anterior. Se aquele buscava a universalidade, este procura um padrão que constituiria uma língua maior, pela qual se definiriam os desvios. Ora, como os autores buscam acompanhar as variações da língua ou, pelo menos, criar um certo modo de pensar que torne tal tarefa possível, preferem tentar perceber o devir-minoritário da língua, como procedimento de criação de estilo. Pela criação de uma língua menor, a palavra de ordem pode se transformar em senha para se fugir à sentença de morte envolvida na palavra de ordem.

Dentro da língua, existe, no entanto, não só um devir-menor, mas também o funcionamento de vários tipos de regimes de signos que a relacionam com o seu fora e regem a produção de enunciados. Um regime de signos pode ser definido como toda formalização de expressão lingüística específica. Deleuze e Guattari apresentam alguns desses regimes, salientando que pode haver vários outros que não lhes tenham ocorrido.

Regime de signos como efetuação de uma máquina abstrata

O regime significante é aquele em que um signo remete sempre a outro, infinitamente, fazendo circular uma dívida também infinita. É o regime do paranóico, em que tudo está interligado. A interpretação é o mecanismo que completa o funcionamento da significância, expandindo os círculos de signos e conferindo-lhes significados. O rosto "dá a substância do significante, é ele que dá a interpretar". A rostidade é "a substância particular de expressão" que se liga à "redundância formal" do significante.

INCONSCIENTE-MULTIPLICIDADE **59**

Deleuze e Guattari resumem da seguinte maneira os principais "aspectos ou princípios" do regime significante: há uma remissão infinita de um signo a outro, em que os signos podem mudar de círculo ou série. A interpretação propicia esse salto dos signos, bem como "a expansão dos círculos", supondo a subsunção do "conjunto infinito dos signos" por um "significante maior". Tal significante tem como substância o "Rosto". Nesse regime, a linha de fuga é relegada a um papel negativo, por escapar ao significante. Tudo isso constitui um regime de trapaça.

Além desse regime, são descritos mais três: pré-significante – das sociedades ditas primitivas, que opera por código territorial, inscrevendo tudo na terra e nos corpos – e contra-significante – que opera por meio de signos numéricos que não são produzidos "por nada de exterior à marcação que" (Deleuze & Guattari, 1995b, v.2, p.65-9) os institui. Tal regime pode ser observado, por exemplo, entre nômades guerreiros.

Além disso, há o regime pós-significante, que se constitui como regime de subjetivação, por meio de uma traição perpétua de Deus para com o homem e deste para com Deus, em que ambos desviam incessantemente seus rostos um do outro. O processo de subjetivação suscitado por esse regime funciona em duas linhas: a da consciência, que implica um desdobramento em dois sujeitos (de enunciação e de enunciado), e a do amor-paixão, que funciona como "um *cogito* a dois", em que os amantes são atraídos por uma desterritorialização absoluta, um buraco negro que surge pelo rosto, como veremos mais adiante.

Tais regimes, no entanto, podem ser encontrados funcionando juntos, ou seja, há muitos casos de "semiótica mista", como o complexo de Édipo. Nesse caso, há a mistura do regime pós-significante, com o autoritarismo "da subjetivação e do profetismo, com desvio do rosto", com o regime significante e seu despotismo exercido pela interpretação, que supõe uma "irradiação do rosto" (idem, p.89 e 79). A falta de destreza da psicanálise para analisar os regimes de signos que funcionam em determinado agenciamento derivaria exatamente desse seu caráter misto, do qual não se aperceberia. Ora, o que a esquizoanálise, ou pragmática, propõe como tarefa é precisamente atingir a diagramatização da máquina abstrata com base em uma análise gerativa dos regimes de signos. Sobretudo para o estudo da literatura, o que importa é descobrir "os regimes de signos deste ou daquele autor" (Deleuze & Parnet, 1998, p.137).

Um exemplo de máquina abstrata é a de rostidade, que constitui o sistema muro branco-buraco negro. Tal sistema comporta dois eixos ou estratos: o de significância, muro branco em que se inscrevem e ricocheteiam os signos, e o de subjetivação, buraco negro da consciência e das paixões. É nesse sistema que se produz o rosto, como entidade separada do corpo e que o determina, operando uma rostificação, ou seja, uma desterritorialização do corpo seguida de uma reterritorialização deste sobre o rosto, enquanto a natureza sofre processo semelhante, ao ser entendida como paisagem.

Máquinas e desterritorialização

Deleuze e Guattari passam, então, a estudar esse processo de desterritorialização, estabelecendo seus teoremas ou "proposições maquínicas". Assim, a primeira dessas proposições trata do que já vimos na operação de rostidade, ou seja, a desterritorialização se dá sempre com, pelo menos, dois elementos e se segue de uma reterritorialização de um elemento desterritorializado sobre outro igualmente desterritorializado. Em um processo de desterritorialização, há que se distinguir entre intensidade e velocidade, pois o mais rápido não é necessariamente o mais intenso. Tal distinção é importante porque determina que o elemento desterritorializado com menor intensidade será reterritorializado sobre o mais intensamente desterritorializado.

Em seguida, há um outro teorema, que fala sobre a máquina abstrata. No caso do sistema de rostidade, ela se efetua tanto nos rostos quanto em "partes do corpo, roupas, objetos que ela rostifica seguindo uma ordem das razões" (Deleuze & Guattari, 1995b, v.3, p.40-1). Uma tal máquina abstrata liga-se a agenciamentos de poder que, por meio da rostificação, "impõem a subjetivação e a significância como sua forma de expressão determinada, em pressuposição recíproca com novos conteúdos" (idem, v.3, p.48), estabelecendo o que não se enquadra na rostidade, no sistema vindo do rosto de Cristo, como desviante.

Para construir uma linha de fuga capaz de romper o muro branco da significância e escapar ao buraco negro da subjetivação, é inútil tentar retornar a um estado anterior, por meio da recuperação de um corpo primitivo, não rostificado, submetido a uma semiótica présignificante. Seria preciso, ao contrário, conhecer bem o sistema muro branco-buraco negro, entranhar-se nesse sistema em que já nos encontramos, para sair dele em direção a algo novo por meio do encontro com um aliado que possa propiciar um devir.

Aliás, é somente quando vão tratar dos devires que Deleuze e Guattari encontram os demais teoremas de desterritorialização. O primeiro desses teoremas encontrados no décimo platô explica o caráter duplo da desterritorialização. É que há sempre duas variáveis em jogo numa desterritorialização, uma maior, de caráter molar e dominante, e outra menor, molecular e mais desterritorializada, que entram em devir ao mesmo tempo, constituindo uma "zona de vizinhança" entre elas. Essa proposição permite encontrar um novo teorema que diz respeito às forças de desterritorialização, que são passíveis de ser distinguidas como "força desterritorializante" e "força desterritorializada", pela distinção já feita entre maior e menor, molar e molecular. Assim, o elemento desterritorializante funciona como expressão, enquanto o desterritorializado desempenha "o papel relativo de conteúdo". Contudo, tal funcionamento se dá em "bloco assimétrico", com a criação de uma zona de "indiscernibilidade" entre os dois, uma espécie de equilíbrio metaestável (e, portanto, impossível de fixar de uma vez por todas) entre traços de expressão e de conteúdo, de modo que não se pode reputar ao elemento com uma certa função de conteúdo nenhum caráter de objeto ou de sujeito. O último teorema concerne à singularidade de cada agenciamento, dizendo que cada um deles tem uma força e uma velocidade de desterritorialização diferente, que é preciso calcular "se-

Multiplicidades moleculares e devires

Neste ponto, é proveitoso nos determos um pouco para definir de maneira mais acurada a idéia de devir. Em primeiro lugar, há que se considerar que um devir é sempre minoritário, tendo-se em mente que minoria não se refere necessariamente à quantidade. Quando pensamos em devir, minoria não pode mais ser um conjunto que se estabelece em função de uma maioria. Uma maioria não se define necessariamente em função de uma maior quantidade, mas pela "determinação de um estado ou de um padrão em relação ao qual as quantidades maiores tanto quanto as menores serão ditas minoritárias", supondo um "estado de dominação". Assim, maioria e minoria são definidas em função do poder que exercem e também por seu caráter molar ou molecular, não em função de estatísticas. Mais uma vez, a distinção entre molar e molecular não é de tamanho ou escala, mas refere-se ao sistema de referência, ao tipo de multiplicidade, colocado em jogo em cada caso. Uma multiplicidade molar é atravessada por linhas e segmentos, ao passo que uma multiplicidade molecular é perpassada por fluxos, que podem ser constituídos de linhas não segmentarizadas, de desejo ou de crença e quantidades intensivas.

Assim, os devires, que são, além de minoritários, moleculares, não podem estar ligados às maiorias, que formam conjuntos molares. Ora, como o homem é "a entidade molar por excelência", não só não há devir-homem, como também o devir-mulher é primeiro em relação aos outros devires, em função da "situação particular da mulher em relação ao padrão-homem" (idem, v.4, p.87-8). Para o tema do desejo, é de suma importância estudar o devir, pois, se, por um lado, "é sempre por rizoma que o desejo se move e produz" (idem, v.1, p.23), por outro, o devir é o processo do desejo. Assim, conectividade e devir definem a potência própria das multiplicidades.

Comecemos, então, pelo devir que, para os autores, teria o poder de deflagrar todos os outros – o devir-mulher –, embora o devir-criança, por ser o grau máximo de conectividade, seja imanente a todos os devires. O devir-mulher, pelo qual passam tanto homens quanto mulheres, possibilita que se escape à oposição binária entre homem e mulher para que se encontre os n pequenos sexos não-humanos, os "n sexos moleculares sobre a linha de fuga" (idem, v.4, p.71). Mas, na sexualidade, o devir-mulher, esse encontro de uma mulher molecular que não mais se define por oposição ao homem, forma um bloco de devir com o devir-animal, como no caso do guerreiro e da amazona, cujo encontro dispara uma corrida em direção a um devir-imperceptível, propiciada pela zona de indiscernibilidade entre os devires.

Pode-se atingir um devir-imperceptível, para o qual tendem todos os devires (por ser o grau máximo de desterritorialização), de muitas outras maneiras, como pela droga, por exemplo. Mas, embora o uso de uma droga possa trazer o tipo de percepção agenciado nesse devir, em que o imperceptível, ou seja, o plano de consistência, torna-se exatamente o que é percebido, há o risco de um esvaziamento do corpo, além do inconveniente de ter que recomeçar do zero a cada vez, não mantendo a experimentação fluindo no meio.

O devir e seu funcionamento

Falávamos do poder introdutório do devir-mulher sobre os demais, mas não abordamos o que possibilita que um devir aconteça e nem que elementos são colocados em jogo. Desde logo, é preciso considerar que um devir não é um caso de imitação e não envolve semelhança ou relação de proporcionalidade com uma forma. É por isso que, segundo Deleuze e Guattari, o estruturalismo não consegue captar um devir, que não pode ser percebido enquanto se raciocinar em termos de correspondência de relações, de analogia de proporcionalidade, ou seja, enquanto se buscar a razão que permita comparar uma estrutura a outra segundo uma analogia.

Um devir ocorre por meio de uma aliança, no caso do devir animal, com um elemento de uma matilha. Esse elemento é um indivíduo que atrai pela posição que ocupa em relação ao bando, posição fronteiriça, limítrofe, daí ser chamado de Anômalo. Tal aliança propicia a "instauração de uma máquina de guerra", além da "circulação de afectos impessoais", o que "constitui uma sexualidade não humana". Por meio dessa aliança, com os afectos impessoais que ela coloca em jogo, é estabelecida uma relação com a matilha, com a multiplicidade, que propicia a vacilação do eu, da identidade. Há uma transformação real ocorrendo no devir, mas isso não significa que os termos finais desse devir sejam reais, ou seja, num devir-lobo, o homem não se transforma efetivamente em lobo, mas adquire potência de lobo, afectos de lobo – enquanto o lobo adquire também outra potência –, num movimento de desterritorialização contínua que impede que haja um momento assinalável de reterritorialização.

Num devir, o que importa é a potência dos corpos, os afectos de que são capazes, segundo a leitura que Deleuze e Guattari fazem da Ética de Espinosa. Assim, considerando um corpo sobre o plano de consistência, pode-se defini-lo por seus afectos intensivos, que dão sua latitude no plano, seus elementos materiais, ou seja, seu movimento ou repouso, sua velocidade ou lentidão, o que permite saber sua longitude. Tais considerações levam Deleuze e Guattari a uma crítica definitiva da teoria dos objetos parciais, pois tal elaboração teórica desconsideraria as relações de movimento e repouso dos elementos dos órgãos, com suas aventuras, para encontrar não um Corpo sem Órgãos, percorrido por "velocidades diferenciais", mas um "corpo despedaçado", a ser unificado sob um significante.

Multiplicidades e individuação

O modo de individuação de um Corpo sem Órgãos é de hecceidade, não de sujeito, coisa ou substância. Tal modo de individuação é o dos acontecimentos, presidido por Aion, "tempo indefinido do acontecimento". Aion é o tempo como forma pura e

INCONSCIENTE-MULTIPLICIDADE **65**

vazia, liberado da figura circular que mede os ciclos da natureza e os movimentos em geral, tempo que se tornou "linha flutuante que conhece apenas velocidades", dividindo-se infinitamente em "um tarde demais e um cedo demais simultâneos". Já as individuações do tipo sujeito são regidas por Cronos, "o tempo da medida, que fixa as coisas e pessoas, desenvolve uma forma e determina um sujeito" (idem, v.4, p.12, v.3, p.37). Cronos seria, já para os estóicos, o "tempo dos corpos", enquanto Aion seria o "tempo do incorporal" (Deleuze, 1977).

Precisamente, são essas singularidades do tipo *heccidade*[2] que vão constituir os agenciamentos e ocasionar devires, sempre correndo sobre o plano de consistência do Corpo sem Órgãos, que supõe imanência, univocidade de todas as multiplicidades que nele circulam e crescimento indefinido de dimensões. No caso das individuações do tipo sujeito, não acontece o mesmo, pois supõem um plano de organização e desenvolvimento, ligado a processos de estratificação. Como no caso da tentativa de distinção entre amor e paixão, feita por Foucault, o que está em jogo não é "a constância ou inconstância", mas, precisamente, "tipos de individuação". No amor, há uma relação entre sujeitos, pessoas, ao passo que na paixão há "um campo de intensidades que individua sem sujeito". A paixão seria uma conexão com Outrem, entendido não como um "outro sujeito", mas como "expressão de um mundo possível" (Deleuze, 1992, p.143-4, 184) povoado de intensidades.

Tais intensidades, sobre o plano de consistência, entram em desestratificação crescente. Assim, seu modo de expressão, na medida em que se individuam em hecceidades, não pode ser o da significância ou subjetivação, ligados que são aos estratos. As hecceidades rompem com esses estratos, constituindo sua expressão por meio de um

---

2 Deleuze e Guattari empregam o termo hecceidade para definir um tipo de individuação que não é de uma coisa ou sujeito, sendo mais próximo do tipo de singularidade constituída por uma data, uma estação, enfim, um acontecimento. Esse termo é tomado de Duns Scot e, segundo os autores, teria sido derivado de *haec* (esta coisa), e não de *ecce* (eis aqui), embora o equívoco com esse segundo termo possa ser frutífero.

agenciamento coletivo de enunciação, suscitado por uma cadeia formada entre um artigo indefinido, que mantém o caráter impessoal das hecceidades, um nome próprio, que dá conta de sua individuação, e um verbo no infinitivo, que se reporta ao tempo do devir ou do acontecimento e exprime um processo. Isso constitui a expressão dos agenciamentos, enquanto seu conteúdo são os "devires e intensidades", as "circulações intensivas", as "multiplicidades de natureza qualquer" (Deleuze & Guattari, 1977, p.48).

Corpo sem Órgãos: experimentação e prudência

Até agora, já estudamos várias coisas acerca do funcionamento das multiplicidades, como seu modo de individuação, a maneira pela qual se conectam, os devires que experimentam. Mas quase não nos preocupamos ainda com o Corpo sem Órgãos. Já tivemos oportunidade de ver, quando estudávamos *O anti-Édipo*, que o desejo opera sempre constituindo um Corpo sem Órgãos. Contudo, em *Mil platôs*, Corpo sem Órgãos é também o nome do plano de consistência das multiplicidades, o que assegura a junção de heterogêneos num conjunto aberto, tornando-se, portanto, parte importante da elaboração conceitual de uma teoria das multiplicidades. No entanto, ele mesmo não seria tanto "uma noção, um conceito" quanto "um conjunto de práticas" (Deleuze & Guattari, 1995b, v.3, p. 186) que supõem dois momentos: a construção de um corpo sem órgãos e a colocação de algo em circulação sobre ele.

Antes de mais nada, devemos dizer que o Corpo sem Órgãos possibilita uma ruptura em relação aos estratos que ordenam as multiplicidades, como os do organismo, da significância e da subjetivação. Por isso, ele se opõe e combate o organismo como fruto do sistema do juízo distributivo de Deus, que ordena os órgãos segundo funções e finalidades, constituindo um organismo pela estratificação do corpo. Assim, a constituição de um Corpo sem Órgãos requer uma desestratificação, que deve ser feita com prudência, entendida aqui não como uma regra transcendente que determinaria um equilíbrio entre os extremos, "um repertório de virtudes medianas do bom senso" (Orlandi, 1995, p.195), mas "como dose, como regra imanente à experimentação" (Deleuze & Guattari, 1995b, v.3, p.11), como um cuidadoso vagar em cada etapa necessária à desestratificação, para evitar o risco de destruição.

Assim, tal prudência deve ser "ritmada e desenhada a cada problema vindo à pauta" na criação de um Corpo sem Órgãos e que "se imponha tanto às fluências" dele "quanto ao funcionamento dos órgãos". Isso porque o Corpo sem Órgãos é um limite imanente, ao qual nunca se chega porque, desde que se proceda cautelosamente, tal limite, como desestratificação absoluta, vai sendo alargado, posto adiante. O Corpo sem Órgãos, funcionando como limite imanente, distingue-se de Tânatos, "limite transcendente" que funcionaria "como frio delineamento espaço-temporal", em que o tempo detém a primazia, "cujo mortal ultrapassamento rompe a possibilidade de sua própria experimentação". A imanência do Corpo sem Órgãos supõe que ele funcione "como quente dinamismo espaço temporal aberto a experimentações que vão desde levezas líricas até a sua afirmação num lance final" (Orlandi, 1995, p.194 e 191), experimentações que devem ser feitas sempre, como já dissemos, com prudência.

Esta "arte interrogativa" da prudência, que deve presidir as experimentações, requer "uma complexa apreensão do problemático, pois é este que já atua na trama que tece a comunicação entre os próprios corpos sem órgãos", por meio de "trocas intensivas" que poderiam provir de "sintonias e disparidades entre os problemas por eles veiculados" (idem, p.195). A imbricação entre a constituição de um Corpo sem Órgãos e o problemático mostra como a teoria do desejo, na filosofia deleuziana, não está separada do pensamento, da construção de uma maneira de pensar que não se prenda aos pressupostos da representação e à imagem do pensamento que ela traz consigo, pois o problemático implica um uso dissonante das faculdades, que são tomadas de assalto por questões e forçadas a trabalhar sem a garantia de um bom senso ou do senso comum.

Desde *Diferença e repetição* (Deleuze, 1988), já se colocava essa "cumplicidade entre desejo e problema" (Orlandi, 1990, p.28), pois "o inconsciente" – diferentemente da consciência que pode se ver às voltas com "conflitos", "oposições" e "contradições" – "vive de problemas e diferenças" (Deleuze, 1988, p.423-4), compondo-se de díspares. Tais díspares mobilizam o desejo como "potência questionante" (Orlandi, 1990, p.29) que depara com problemas, como o da constituição de um Corpo sem Órgãos.

Além de limite, como falávamos anteriormente, o Corpo sem Órgãos é, entretanto, também o grau zero de intensidade, a "matriz intensiva", o "ovo intensivo" ou "bloco de infância contemporâneo" que permite a circulação de intensidades, constituindo um *"Spatium"* (Deleuze & Guattari, 1995b, v.3, p. 14, 27 e 13) inextenso e intensivo. O bloco de infância de que falam os autores não deve ser confundido com uma mera recordação de infância. Para compreender melhor essa idéia, é preciso ter em mente a inspiração bergsoniana de Deleuze no que se refere à memória. Partindo da idéia de que "a lembrança é contemporânea daquilo de que se lembra", que pressupõe um presente que se divide incessantemente "em duas direções, uma tendendo ao futuro, uma tendendo ao passado", torna-se possível pensar o bloco de infância como contemporâneo tanto à criança quanto ao adulto, constituindo seus "pedaços de experimentação" (Deleuze, 4.6.1973). Já a recordação de infância está sempre estruturada em padrões edipianos, porque tem a forma de "relato: o que vou contar à mamãe, o que vou contar ao papai", fornecendo um possível material para, na vida adulta, ser revelado ao analista.

Espinosa e o Corpo sem Órgãos: univocidade

Para a criação de toda essa teoria das multiplicidades, especialmente para criar um lugar onde circulam intensidades, lugar não ligado à extensão, Deleuze e Guattari se aproximam não só de Bergson, mas também de Espinosa, chegando até a dizer que a Ética é "o grande livro sobre o corpo sem órgãos". Assim, os atributos seriam "os tipos ou os gêneros de corpo sem órgãos", constituindo "substâncias" e "potências", enquanto os modos seriam as intensidades produzidas que circulariam sobre o Corpo sem Órgãos, garantindo a saída da oposição entre Uno e múltiplo pela "multiplicidade formal dos atributos que constitui como tal a unidade ontológica da substância" (Deleuze & Guattari, v.3, p.14 e 15), sua univocidade.

A univocidade do Ser já era uma inquietação da filosofia deleuziana desde, pelo menos, *Diferença e repetição*, pois apenas considerando o Ser como unívoco é que se pode escapar aos pressupostos de distribuição do Ser por analogia, postulados pelas filosofias da representação. Tal inquietação concerne não apenas à ontologia, mas também à possibilidade de construir enunciados que não sejam sufocados por uma instância transcendente – questão premente em *Mil platôs* e principal motivo de discordância dos autores em relação à psicanálise. Assim, propõem uma esquizoanálise que possa "pensar o inconsciente nos termos de uma univocidade do material", que implica pensar tal material como "multiplicidade de 'n agenciamentos'" que se conectam "ao ritmo de questões e problemas" (Orlandi, 1995, p.186).

Ora, ao considerar o ser como unívoco, pensa-se, conseqüentemente, que "não há diferença categorial entre os supostos sentidos da palavra ser" (Deleuze, 14.1.1974). Assim, coloca-se a dificuldade de saber o que constitui a diferença entre os entes, já que não se pode pensar que seja uma diferença específica, formal ou genérica. A solução desse impasse, para Deleuze, requer uma certa leitura de Espinosa, segundo a qual a univocidade do ser leve a pensar a diferença entre os seres como graus de potência; mas, na filosofia deleuziana, os diversos graus de potência devem ser considerados em relação aos agenciamentos em que os entes se colocam. Assim, o que define algo é seu grau de potência, sua capacidade de ser afetado, efetuada de acordo com o agenciamento em que entra.

Em tal perspectiva, faz-se uma distinção entre os diferentes tipos de Corpo sem Órgãos, ou atributos substanciais, cada um tendo seu "grau zero como princípio de produção (*remissio*)"; a *latitudo*, como aquilo que passa sobre o Corpo sem Órgãos, ou seja, os modos ou intensidades produzidos, e a *omnitudo*, ou plano de consistência, ou conjunto de todos os Corpos sem Órgãos, já de caráter mais conceitual. Tal conjunto, formado de limites, pode ser pensado porque cada Corpo sem Órgãos é um platô, uma "região de intensidade contínua" (Deleuze & Guattari, 1995b, v.3, p.20) capaz de estabelecer ressonância com outra.

A imanência do Corpo sem Órgãos e a recusa do prazer

Ora, o Corpo sem Órgãos, que é construído no processo do desejo, define-se como plano de consistência, que é também um plano de imanência por não supor "nenhuma dimensão suplementar ao que passa sobre ele" (Deleuze & Parnet, 1998, p.109). O plano de imanência é um meio de fluência para as multiplicidades e pressuposto, no caso da filosofia, para a construção de conceitos que não percam a velocidade infinita do pensamento, atingindo "uma consistência sem nada perder do infinito", das determinações que se esboçam e se desfazem no caos e, ao mesmo tempo, sem fazer "preposicionar" a imanência, tornando-a imanente a algo. Isso faria do conceito "um universal transcendente" e colocaria o plano como seu mero atributo. A consistência entre os conceitos no plano de imanência é obtida da mesma forma que entre as intensidades no Corpo sem Órgãos, ou seja, por vizinhança, "por conexão de seus componentes em zonas de indiscernibilidade" (Deleuze & Guattari, 1997, p.59, 62 e 119).

Assim, o desejo não pode ser medido em relação ao prazer, pois este funciona como regra extrínseca ao desejo que seria, nesse caso, tomado como excesso a ser descarregado. Além disso, como tal descarga não seria jamais definitiva, constituindo um gozo pleno, acaba-se por reportar o desejo a um ideal transcendente, na medida em que se coloca o desejo na dependência de um prazer inalcançável. Mas, exatamente, se acrescentarmos ao ideal transcendente e à regra extrínseca a introdução de uma lei negativa para o desejo, constituída pela sua imbricação a uma falta originária, teremos, segundo

Deleuze e Guattari, a tríplice operação pela qual a psicanálise aprisiona o desejo ao estabelecer uma soldagem entre desejo e prazer.[3] Seguindo semelhante raciocínio, não se explica, por exemplo, o papel da dor no masoquismo. Para Deleuze & Guattari (1995b, v.3, p.12), o masoquista constrói para si um Corpo sem Órgãos atravessado por "intensidades doloríferas", exatamente para romper o elo entre desejo e prazer, impedir a interrupção do processo desejante. Por isso, a esquizoanálise, como análise do desejo, deve investigar que Corpo sem Órgãos é constituído em cada caso, que intensidades o atravessam e que linhas o compõem ou bloqueiam sua formação.

Foi exposta aqui uma certa divergência de Deleuze e Guattari em relação a Foucault quanto à teoria dos enunciados. Mas há uma outra dificuldade de conciliação em relação a Foucault, em alguma medida ligada àquela, quanto ao papel atribuído ao prazer na filosofia foucaultiana. Para Deleuze, é impossível dar um estatuto positivo ao prazer, pois ele interrompe "o processo imanente do desejo", constituindo sempre uma reterritorialização do Corpo sem Órgãos num sujeito. Deleuze (1996, p.22-3) chega a dizer que "o prazer é o único meio para uma pessoa ou sujeito 'reencontrar-se'" no processo de desejo "que o transborda", sendo uma atualização rápida demais da virtualidade do desejo,[4] um rebatimento de sua linha de fuga.

Esquizoanálise como mapeamento de linhas

Além das linhas de fuga, há dois outros tipos de linha: de "segmentaridade dura", que supõe "segmentos bem determinados", se-

---

3 Assim, Deleuze e Guattari não aceitam nenhuma explicação para o desejo que o faça derivar de um prazer originário (ou uma vivência de satisfação primordial), rejeitando, da mesma maneira, a pressuposição de um desprazer originário (ou uma vivência de dor ou carência).

4 Essa interpretação, que considera o desejo no plano do virtual, enquanto o prazer estaria ancorado no atual, foi sugerida numa aula pelo professor Luiz Orlandi.

72 HÉLIO REBELLO CARDOSO JR.

qüências que ordenam nossa vida; uma outra linha, de segmentaridade mais flexível, constituída de "fluxos moleculares", que traçam "micro-devires" (Deleuze & Parnet, 1998, p.145), alterações. A linha de fuga que, de direito, seria primeira em relação às outras, é a que escapa aos estratos, podendo levar a um nível submolecular por microdevires.

A linha de segmentação dura liga-se a uma máquina binária, criando "oposições duais" (Deleuze & Guattari, 1995b, v.3, p.84), ou, melhor dizendo, dicotomias, por meio de "escolhas sucessivas" entre pares de opostos, marcando até aquilo que foge a esse pares – "se você não é nem branco, nem negro", então "você é mestiço" (Deleuze & Parnet, 1998, p.149-50) – segundo um código. Tal código acaba por operar uma sobrecodificação por meio de uma dimensão suplementar transcendente que aparece no plano de organização como forma e finalidade. As linhas de segmentação maleável, assim como as linhas de fuga, têm outro modo de funcionamento, ligado ao plano de consistência.

Essa análise das linhas vai enriquecer o estudo da política, do social, fornecendo elementos para que Deleuze e Guattari não mais se atenham à classificação usual da etnologia (selvagens, bárbaros e civilizados), como em *O anti-Édipo*, e pensem mais em termos do tipo de linha, que pode estar ligada a uma máquina de guerra ou a um aparelho de captura.

Assim, nos códigos primitivos, das sociedades sem Estado, encontramos linhas mais maleáveis – em que a segmentarização é circular, supondo vários centros, e em que a binarização resulta de multiplicidades com "n dimensões" – do que no aparelho de Estado, composto de linhas duras de sobrecodificação, ligadas ao regime de significância, em que a segmentaridade binária vale por si só, sem que a máquina se refira a multiplicidades, supondo apenas um centro. As linhas de fuga entram na composição de um outro tipo de agenciamento: o das máquinas de guerra nômades.

Embora o Estado possa se apropriar da máquina de guerra, ela lhe é exterior. O aparelho de Estado supõe uma divisão binária, uma dupla articulação que o constitui como estrato. Tal divisão já se mostra nas figuras, opostas e complementares, do déspota e do legislador, presentes nas mitologias de fundação dos Estados, bem como nos Estados empiricamente verificáveis. Quando o Estado se apossa da máquina de guerra, o déspota passa a comandar um exército submetido às formas jurídicas impostas pelo legislador. O guerreiro, como "multiplicidade pura e sem medida", elemento de "matilha, irrupção do efêmero e potência da metamorfose", é estratificado, tornado sujeito, sedentarizado. Mas, na máquina de guerra, a guerra funciona como subterfúgio para impedir a formação do Estado, limitando as trocas, mantendo-as "no quadro das alianças" (Deleuze & Guattari, 1995b, v.3, p.89; v.5, p.11-2 e 19).

Há ainda uma ciência própria à máquina de guerra, que se constitui de maneira diferente da ciência que surge no aparelho de Estado, ligada a uma "imagem do pensamento" que funciona como "axiomática ou máquina abstrata" (Deleuze & Parnet, 1998, p.104) para o Estado. A ciência nômade, por sua vez, funciona por meio de problemas, que são verdadeiras máquinas de guerra, realizando um tipo de pensamento que não requer sujeito, mas devires e que constitui um espaço liso. O elemento mínimo dessa ciência é o díspar, que coloca variáveis em relação, constituindo uma variação contínua, em lugar de extrair delas uma constante.

Multiplicidades, espaço e tempo

O que define mais primordialmente uma máquina de guerra é a construção e ocupação de um espaço liso, que é um *"Spatium* intenso" (Deleuze & Guattari, 1995b, v.5, p.185), ocupado por afectos e não por percepções e que rompe com o organismo para construir um Corpo sem Órgãos. A esse espaço se opõe o espaço estriado, que deve ser medido para ser ocupado, que é constituído no aparelho de Estado e coloca em jogo multiplicidades métricas, extensivas, arborescentes, numéricas, dimensionais, de massa, de grandeza e de corte; ao passo que, no espaço liso, temos multiplicidades não-métricas, qualitativas, acentradas, rizomáticas, planas, direcionais, de malta, de distância e de freqüência. Na realidade, encontramos sempre mistos desses dois tipos de espaço. Contudo, importa distingui-los para que seja possível saber, em cada caso, se é um espaço inicialmente liso que sofre um processo de organização ou, ao contrário, um espaço estriado que se desestratifica.

Cada tipo de multiplicidade está associado também a temporalidades distintas. Assim, há um tempo liso ou amorfo, "comparável a uma superfície lisa" (Boulez apud Pelbart, 1998, p.89) cuja velocidade e sentido de deslocamento não podem ser percebidos, pois não há marcas para guiar a percepção. Por sua vez, há o tempo estriado ou pulsado, ocupado por marcas de referência. Da mesma maneira que o espaço estriado tem "sua superfície" fechada e, em seguida, repartida "segundo intervalos regulares", ao passo que "no espaço liso 'distribui-se' num espaço aberto", assim também ocorre com os dois tipos de tempo. Num tempo estriado, mede-se "para efetuar relações", enquanto no tempo liso trata-se de "preencher relações sem medida" (Pelbart, 1998, p.89 e 90).

Com o tempo, concluímos a exposição de todos os elementos colocados por Deleuze e Guattari para uma teoria das multiplicidades em *Mil platôs* e para uma esquizoanálise, que pretende ser uma análise das multiplicidades agenciadas maquinicamente no desejo. Essa teoria das multiplicidades parece-nos articular-se à construção de uma filosofia da diferença, empreendimento contra os postulados da representação, e implicar uma dimensão política, supondo a constituição de um modo de pensar o desejo e os enunciados que possa acolher as multiplicidades aí em jogo, sem aprisioná-las num regime de signos que lhes seja exterior.

Referências bibliográficas

DELEUZE, G. *Diferença e repetição*. Trad. Luiz B. L. Orlandi e Roberto Machado. Rio de Janeiro: Graal, 1988.

_____. *Conversações*. Trad. Peter Pál Pelbart. Rio de Janeiro: Editora 34, 1992.

_____. Desejo e prazer. Trad. Luiz B. L. Orlandi. *Cadernos de Subjetividade (São Paulo)*, Núcleo de Estudos e Pesquisas da Subjetividade PUC-SP, n. especial, jun. 1996.

_____. *Crítica e clínica.* Trad. Peter Pál Pelbart. São Paulo: Editora 34, 1997.

DELEUZE, G., GUATTARI, F. *Politique et psychanalyse.* La place du signifiant dans l'institution. Alençon: Des mots perdus, 1977.

_____. *O anti-Édipo.* Lisboa: Assírio & Alvim, 1995a.

_____. *Mil platôs.* Vários tradutores. São Paulo: Editora 34, 1995b. 5v.

_____. *O que é a filosofia.* Trad. Bento Prado Jr. e Alberto Alonso Munõz. Rio de Janeiro: Editora 34, 1997.

DELEUZE, G., PARNET, C. *Diálogos.* São Paulo: Escuta, 1998.

FREUD, S. *An infantile neurosis.* London: The Hogarth Press, 1968. v.17. (Standard edition of the complete psychological works of Sigmund Freud.)

ORLANDI, L. B. L. Articulação por reciprocidade de aberturas. In: *Primeira versão*, n° 16, Campinas: IFCH/Unicamp, 1990.

_____. Pulsão e campo problemático. In: MOURA, A. H. *As pulsões.* São Paulo: Escuta, Educ, 1995.

PELBART, P. P. *O tempo não-reconciliado.* São Paulo: Perspectiva, 1998.

SILVA, C. V. *O conceito de desejo na filosofia de Gilles Deleuze.* Campinas, 2000. Dissertação (Mestrado) – Instituto de Filosofia e Ciências Humanas, Universidade Estadual de Campinas.

3
ALGUNS PONTOS DE DEBATE COM O CONCEITO FREUDIANO DE INCONSCIENTE EM *O ANTI-ÉDIPO*

Roberto Duarte Santana Nascimento*

> *"Mas a vida, a vida, a vida,*
> *a vida só é possível*
> *reinventada"*
> (Cecília Meireles)

"Freud explica" – tal expressão, já um lugar-comum no dito popular, serve para mostrar-nos a força e o crédito dados a pressupostos psicanalíticos no imaginário ocidental. Inicialmente escandalosas e perturbadoras, as inovações teóricas de Sigmund Freud conquistaram, ao longo do século XX, a categoria de importante fonte de referência não apenas de pensadores do universo psíquico, mas também daqueles que se propõem a refletir sobre a realidade social em seus aspectos culturais, econômicos e políticos. O ato reflexivo sobre qualquer realidade, contudo, exige do pesquisador uma cons-

---

* O autor é formado em Psicologia pela Unesp e doutorando em Filosofia pela Unicamp. Esse artigo é derivado do primeiro ano do projeto "Estudo do conceito de inconsciente no pensamento de Gilles Deleuze e Félix Guattari: alguns pontos de debate com o conceito freudiano de inconsciente em *O anti-Édipo*", desenvolvido com bolsa da Fapesp, no período de março de 2002 a fevereiro de 2004.

tante análise crítica dos instrumentos de seu trabalho. Ou seja, ao mesmo tempo que se debruça sobre determinado objeto, também se faz necessário que o pesquisador problematize os pressupostos teóricos nos quais se apóia e que lhe servem como ponto de partida para a prática.

Dessa maneira, no que concerne à nossa pesquisa, a questão mais geral que suscita o problema anteriormente sintetizado é: por que o conceito de inconsciente aparece no pensamento de Deleuze e Guattari?

Com relação ao *inconsciente*, embora esse conceito tenha sido pensado ao longo de todo o trabalho de Deleuze como filósofo, é a partir de sua parceria com Félix Guattari que surgem renovações importantes na maneira de pensá-lo, sobretudo pela ruptura com noções psicanalíticas. Isso porque se experimenta, nesse período de sua obra, substituir a idéia freudiana de inconsciente representativo-simbólico pela noção de que o inconsciente é produtivo-real. A partir de *O anti-Édipo*, há uma redefinição da função do desejo, que visa lançar as bases para a efetivação de uma "psiquiatria materialista" ou "esquizoanálise", cuja tese mais geral seria propor a produção do real como um campo de fluxos que atravessam simultaneamente a "produção desejante" e a "produção social" (Deleuze & Guattari, 1995). Assim, o desejo aparece agora como elemento vinculado à produção, elemento agenciador de cortes e fluxos diversos, seguindo uma lógica esquizofrênica de produção, e não mais ligado a uma falta originária, como formulado pela psicanálise. Nesse sentido, são realizados nas páginas de *O anti-Édipo* importantes debates cujo principal alvo é o inconsciente edipiano. Por meio da discussão com alguns textos freudianos, Deleuze e Guattari revêem, naquele livro, a noção de um inconsciente meramente representativo e circunscrito ao âmbito familiar, pelo fato de tal concepção mostrar-se insuficiente para pensar as configurações do real. Sobretudo no que tange ao psiquismo e aos processos do desejo, os autores percebem que há várias modalidades de incidência de Édipo e que todas elas, de uma maneira ou de outra, são presas do "postulado familialista". Ou seja, a figura de Édipo, por meio da família, coloca-se como mediadora entre o sujeito e o mundo e, com isso, é aplicada universalmente tanto às neuroses quanto às psicoses.

Como então, poderíamos averiguar a construção do conceito de inconsciente em Deleuze e Guattari, principalmente quanto à teoria do desejo por eles proposta no livro *O anti-Édipo*? E, mais especificamente, como apreender tal construção quanto ao debate travado com a versão psicanalítica de inconsciente, levando em conta as conseqüências para a definição clínica de neurose e psicose?

Sabemos que textos como *O caso de Schreber* (Freud, 1976, v.17), *O homem dos ratos* (Freud, 1984, v.20), *Dissolução do complexo de Édipo* (Freud, 1974), *O inconsciente* (Freud, 1974b), *Inibições, sintomas e ansiedades* (Freud, 1976, v.15) e *Para além do princípio do prazer* (Freud, 1976b, v.18) são alguns dos trabalhos de Freud citados em *O anti-Édipo* e que ensejam importantes questionamentos, uma vez que, sob as condições da esquizoanálise, colocam em debate pressupostos da postura teórica e metodológica de psicólogos e analistas em geral.

Fomos em busca, então, desses diferentes momentos de discussão, a fim de observar quais elementos dos textos apontado são por Deleuze e Guattari criticados e, com base nisso, verificar como eles constroem, numa lógica diversa ao modelo psicanalítico, conceitos que retiram do inconsciente seu *status* de interioridade e de unidade e relacionam-no com a exterioridade do mundo.

Vejamos os resultados.

O caso de Schreber e *O homem dos ratos*: redução de uma trama histórico-mundial ao teatro familiar

Em *O caso de Schreber* e *O homem dos ratos*, Deleuze e Guattari discutem com Freud a respeito do caráter sócio-histórico do inconsciente.

Os autores averiguam a dificuldade de Freud em acomodar o amplo caráter histórico-mundial dos delírios de seus analisandos na estrutura edipiana da teoria psicanalítica. A instituição do incons-

80 HÉLIO REBELLO CARDOSO JR.

ciente como instância representativa de um contexto familiar e a falta de atenção dada ao caráter sociopolítico dos fenômenos analisados acarretam a ocultação da produtividade do inconsciente, conforme definimos anteriormente.

Com o fito de darmos melhor visibilidade a nossos argumentos, dividiremos o texto a seguir em duas partes. Na primeira, abordaremos como a idéia de delírio e sua relação com o inconsciente se apresentam no livro *O anti-Édipo*, e como o caráter conectivo dessa visão entra em conflito com a concepção freudiana desse fenômeno. Em seguida, na segunda parte, iremos nos deter na leitura dos dois livros de Freud estudados, procurando mostrar os momentos mais sintomáticos nos quais as indicações feitas por Deleuze e Guattari entram em dissonância com os postulados freudianos expressos em tais livros.

Delírio e inconsciente na produção da realidade

A abordagem das diferentes concepções de inconsciente encontradas no *O anti-Édipo* e nos textos de Freud leva-nos à questão do delírio nesses autores.

Deleuze e Guattari mostram-nos que qualquer realidade apresenta-se como um processo produtivo ininterrupto. Produção despida de objetivos, responsável pelo surgimento de tudo quanto existe: pensamentos, sentimentos, formas, vontades, objetos etc. E também delírio. Como, porém, podemos definir o delírio? Talvez a melhor pergunta seja: como deliramos? Como esse delírio está mergulhado na realidade e interage com seus elementos? Ou ainda: como esse delírio é um rebatimento da própria realidade?

Toda produção, inclusive a de um delírio, constitui-se, pois, num investimento de um campo social, ligado a uma ampla gama de fatores econômicos, políticos, religiosos etc. Assim, conforme os autores, o delírio também é um contato com o mundo, porque o inconsciente do delirante comunica-se com uma realidade que o transpassa por todos os lados.

Pode-se delirar com o sistema policial de uma sociedade, ou com suas manifestações políticas ou com seu "sistema de educação em geral" – como faz a personagem do filme citado em *O anti-Édipo* (Deleuze & Guattari, 1995, p.86) –; pode-se também, sem dúvida, delirar com as relações familiares. Mas cada um desses delírios traz consigo a existência simultânea de fluxos e cortes de todos esses e outros elementos. Dessa maneira, de acordo com Deleuze e Guattari, não podemos conceber a família como célula fechada ou como a cartola de um mágico a partir da qual tudo sai; não podemos conceber as produções psíquicas como a representação de um romance familiar determinado e primeiro – afinal de contas, "os investimentos sociais são anteriores aos investimentos familiares, que são apenas fruto da aplicação ou do rebatimento dos primeiros" (idem, p.286).

A idéia de representação traria em seu bojo uma concepção de inconsciente estrutural e determinado. O que se apresentaria seria a fantasia do filho, seus desejos, suas ações e paixões; tudo começaria com o filho. Quando a psicanálise reflete sobre o pai, toma este, primeiramente, também como filho em relação a outro pai, e assim sucessivamente, em uma regressão infinita. Segundo Deleuze e Guattari, essa regressão "nos encerra na simples reprodução ou geração", seja esta regressiva ou progressiva; e mesmo em relação aos "corpos orgânicos e às pessoas organizadas", também a reprodução seria a única coisa que se poderia atingir. Logo, teríamos de entender a sexualidade como algo subordinado à geração. Mas é justamente o contrário. Afirmam os autores que as coisas começam com o pai, na medida em que ele constitui um agente do campo social, que é sempre primeiro; e o único ponto de vista aceitável é o do ciclo, segundo o qual se tem um inconsciente produtivo como "sujeito de sua autoprodução, ou porque atinge a produção como sujeito da reprodução" (idem, p.287), podendo-se concluir com isso ser a geração segunda em relação à sexualidade, ou seja, ser a geração condicionada e construída por questões e problemas colocados pelo funcionamento desejante.

É esse primado dos investimentos inconscientes do campo social sobre a família que permite, em *O anti-Édipo*, a desconstrução da noção de inconsciente representativo e a defesa de seu caráter produtivo. E que também permite a Deleuze e Guattari situarem nesse domínio o que para eles constitui a "diferença essencial". Ou seja, o "delírio", afirmam, "é a matriz em geral de qualquer investimento social inconsciente. Qualquer investimento inconsciente", continuam eles, "mobiliza todo um jogo delirante de desinvestimento, de contra-investimentos, de sobre-investimentos". Existem dois pólos nesse delírio, responsáveis por dois grandes tipos de investimento social: o pólo paranóico fascizante e o pólo esquizorrevolucionário. O primeiro deles dá origem a um investimento de caráter agregativo; deseja a instituição de soberania central, buscando rebater todos os fluxos para o interior de seus limites, tornando-se a "causa final, eterna, de todas as outras formas sociais da história" (idem, p.289). Dessa maneira, o investimento paranóico efetua uma seleção de fluxos, instituindo ou conservando alguns e bloqueando a passagem de outros. É o investimento das grandes causas, dos ideais, de morais e religiões; resulta em formações molares, gregárias, expressando grandes números e ordens estatísticas.

O outro pólo é o esquizorrevolucionário, fonte de um investimento social nômade. Esse pólo representa as linhas de fuga do desejo, produz fluxos e realiza cortes por caminhos marginais, periféricos. Suas máquinas atuam por meio de conexões caóticas e imprevisíveis, e sempre no âmbito do molecular e da singularidade. Assim, embora um dos pólos organize o investimento em torno de grandes conjuntos e o outro realize seus agenciamentos por meio de microssingularidades, a diferença fundamental entre os dois pólos do delírio não deve ser tomada em termos de oposição entre magnitudes, mas deve ter como índice a liberdade ou não dos fluxos do desejo.

Deleuze e Guattari também ressaltam que o inconsciente oscila continuamente entre um e outro pólo, entre um e outro tipo de investimento. Dizem eles que é comum o acontecimento de fluxos revolucionários nos mais impenitentes arcaísmos, e também, da mesma maneira, podemos perceber formas fascistas emersas no seio de profundas revoluções.

É importante, porém, lembrar que os autores de *O anti-Édipo* aplicam os termos "paranóia" e "esquizofrenia" na definição dos pólos do delírio, levando em conta a lógica de funcionamento a partir das quais se dão os cortes e os fluxos em cada um desses pólos de investimento. De modo que, conforme dizem, já libertaram "tanto a paranóia quanto a esquizofrenia de todas as pseudo-etiologias familiares, a fim de as fazer incidir diretamente no campo social: os nomes da história e não os nomes do pai" (idem, p.32).

Assim, o delírio circunscrito ao âmbito familiar, conforme descrito pela psicanálise, seria, para Deleuze e Guattari, um "investimento social de tipo paranóico". E o Édipo, "uma dependência da paranóia" (idem, p.33), pois sua dinâmica estaria ligada ao rebatimento de toda a caótica e incessante produção inconsciente, de seus fluxos e cortes, em "imagens personalizadas", molarizadas.

A crítica de Deleuze e Guattari aos livros *O caso de Schreber* e *O homem dos ratos* incide, segundo dizem, no fato de, nesses livros, Freud ter esmagado a matriz sociopolítica do delírio, tendo colocado em seu lugar a representação de um teatro edipiano que anula a produtividade do inconsciente, pois, desde criança, o indivíduo é atravessado por uma multiplicidade de fluxos e cortes, e com eles maquina novos investimentos, visando a rupturas e continuidades.

Paranóia e neurose obsessiva: dois casos

O livro *O caso de Schreber* traz a análise clínica de um caso de paranóia, feita por Freud, a respeito da doença de Daniel Paul Schreber, conceituado jurista que, em 1903, publica as *Denkwürdigkeiten eines Nervenkranken* [*Memórias de um doente dos nervos*]. Nesse livro, Schreber relata o desenvolvimento de sua enfermidade e dos aspectos que esta apresentava em seu conteúdo. Além dos elementos descritos nessas memórias, Freud também lança mão de relatórios médicos, realizados nas clínicas em que Schreber estivera internado por conta de sua doença.

84 HÉLIO REBELLO CARDOSO JR.

São dessas fontes, então, que advêm as informações sobre o caso descrito por Freud. A primeira doença se deu no outono de 1884 e foi tratada apenas como uma crise de grave hipocondria. Restabelecido em seis meses, manteve-se bem até surgir o segundo distúrbio, em fins de outubro de 1893, pouco tempo depois de ter sido nomeado juiz presidente (*Senatspräsident*) de uma divisão do Tribunal de Apelação Saxônico, em Dresden. Dessa vez, sua crise foi mais severa, acarretando o retorno de Schreber à clínica Flechsig, onde fora tratado à época da primeira manifestação do distúrbio. O paciente apresentava torturante acesso de insônia, expressava idéias hipocondríacas, queixava-se de um amolecimento do cérebro, do qual, segundo dizia, em breve morreria. Tinha idéias de perseguição baseadas em ilusões sensórias; alto grau de hiperestesia (sensibilidade à luz); pouco mais tarde, apresentou ilusões visuais e auditivas, ao lado de distúrbios sinestésicos.

Foi justamente sobre os desdobramentos posteriores desse quadro clínico que Freud concentrou sua atenção. Gradativamente, seu delírio foi tomando caráter místico-religioso. O paciente acreditava ter a missão de redimir a humanidade e levá-la novamente a um estado de beatitude. Deus teria incumbido Schreber dessa redentora tarefa, mas teria imposto uma rígida condição para seu cumprimento: a transformação dele, Schreber, em mulher, a fim de que, "através de um processo de fecundação direta por Deus" (Freud, 1969, v.17, p. 29), surgisse uma nova humanidade. E não haveria como fugir desse destino missionário.

Em princípio, dizia-se vítima de conspirações, sobretudo por parte de seu ex-médico, o Dr. Flechsig. Mais tarde, disse, compreendeu que todos os milagres ocorridos em seu corpo faziam parte de seu longo processo de transformação em mulher. Esses milagres ocorriam a todo o momento, tanto nele como à sua volta; eram refletidos na comunicação especial que tinha com Deus, com quem diretamente se comunicava, e nos diálogos com árvores e pássaros, "resíduos miraculados de antigas almas humanas" (idem, ibid.). À medida que os anos passavam, sua "feminilidade" tornava-se mais saliente, afirmava o *Senatspräsident*. A respeito dessa transformação em mulher,

Freud destaca um sonho tido pelo paciente pouco tempo antes de sua segunda doença. Nesse sonho, Schreber havia pensado: "Afinal de contas, deve ser realmente muito bom ser mulher e submeter-se ao ato da cópula" (idem, p.36); desejo este rejeitado categoricamente em estado consciente.

No auge desses sintomas, Schreber chegou mesmo a acreditar que o mundo sucumbira, sendo substituído por outro artificial, e que ele era o único verdadeiro ser humano existente. Todavia, Schreber separava perfeitamente bem suas concepções delirantes de suas obrigações práticas na vida cotidiana. A despeito de suas doutrinas, permanecia um ótimo jurista, com talentos técnicos acima do comum, era muito bom administrador, possuindo pleno conhecimento de elementos do mundo social, político, artístico etc. Por conta disso, foi-lhe concedida alta em 1902, voltando ele a seus antigos afazeres, mesmo conservando suas concepções delirantes. Em 1907, contudo, após a morte de sua esposa, Schreber tem nova recaída. Fica internado até 1911, quando então falece.

Segundo Freud, existem duas maneiras de procurar interpretar o caso. Numa delas, deve-se partir das próprias declarações delirantes do paciente; na outra, buscam-se as causas ativadoras de sua moléstia. Freud escolhe a segunda. Para isso, ele toma como referência uma lógica edipianizante, responsável por fazer todo tipo de distúrbio nervoso e mental girar em torno de fatores sexuais ligados a contextos familiares primevos do paciente. É isso o que acontece, por exemplo, quando Freud analisa os casos do presidente Schreber e do Homem dos Ratos. Nesses casos, o mundo infantil do paciente, seus vínculos e suas vivências parentais constituem-se em fonte na qual se busca a explicação dos casos. É patente o esforço do médico vienense em acomodar na estrutura edipiana o rico delírio de Schreber. Nota-se que em certos momentos, por falta de dados, alguns fatos são deduzidos, tendo essas deduções como referência a teoria psicanalítica da "dementia paranóide" preestabelecida. Em outras situações, contudo, alguns fatos, talvez por não servirem de exemplos comprobatórios de sua teoria e, em certas situações, até por contradizê-la, são simplesmente deixados de lado pela análise freudiana. Diferentemente

86 HÉLIO REBELLO CARDOSO JR.

do ponto de vista deleuze-guattariano de inconsciente, segundo o qual o inconsciente é uma multiplicidade em conexão direta com o mundo, a concepção psicanalítica insiste em desvelar supostos caminhos que levam ao enredo de um romance familiar.

Quando analisa o Deus de Schreber, Freud, no desenvolvimento que faz de alguns elementos, não vai além de uma breve citação de sua ocorrência. A "estranha divisão" desse Deus em duas partes – embora pertençam a um mesmo Deus, são partes separadas – não é alvo de atenção mais demorada na análise que Freud faz, principalmente se levarmos em conta o caráter racial/racista dessa divisão. Assim, essa desatenção freudiana torna-se eloqüente se levarmos em conta o fato de que a "parte inferior" da divisão de Deus ligava-se, segundo o paciente, a "povos de uma raça escura", "os semitas"; ao passo que, à "parte superior", vinculava-se "povos de uma raça loura", "os arianos". Seguindo a concepção contida em *O anti-Édipo*, como não considerar esses dados de tamanha expressão no contexto histórico-social? Sob o enfoque esquizoanalítico, em vez de considerar que "nem seria razoável, em assuntos tão elevados, esperar mais do conhecimento humano" (idem, p.36), deve-se refletir sobre a natureza desses fenômenos, dispensando muita consideração ao que tais assuntos nos trazem. Deleuze e Guattari defendem que produções sociais dessa magnitude possuem forte potencial de atravessamento no inconsciente dos indivíduos, pois toda produção social é também produção desejante, sob determinadas condições, de modo que uma não existe separada da outra. Ainda mais, se levarmos em conta ser o presidente Schreber possuidor de alto cargo público e elevados dotes intelectuais, vê-se que "todo delírio é primeiramente o investimento de um campo social, econômico, político, cultural, racial e racista, pedagógico, religioso: o delirante aplica à sua família e ao seu filho um delírio que os transborda por todos os lados" (Deleuze & Guattari, 1995, p.286).

Mesmo alguns detalhes, como o fato de Schreber citar, como almas em estado de beatitude, os espíritos de Bismarck e Goethe, ou de a língua falada por Deus, a "língua básica", ser uma "espécie de alemão vigoroso, ainda que um tanto antiquado" (Freud, 1969, v.17,

INCONSCIENTE-MULTIPLICIDADE **87**

p.36), que reflete uma importante expressão cultural em qualquer sociedade, não despertam a curiosidade de Freud.

Em outras ocasiões, contudo, o contexto sócio-histórico da erudição do *Senatspräsident* é subordinado a pressupostos universalizantes que sustentam a estrutura teórica da psicanálise. Isso acontece, por exemplo, quando Freud explica o mecanismo pelo qual Schreber toma o sol como entidade masculina e não como feminina, o que seria mais esperado, posto que, em alemão, sol é um substantivo feminino, *die Sonne*. Aqui, Freud (1969, v.17, p.70) assegura que o sol nada mais é que outro símbolo sublimado do pai, e "o simbolismo ignora o gênero gramatical, pelo menos no que concerne ao alemão, pois na maioria das outras línguas o sol é masculino". Ou seja, trata-se mais uma vez de promover o encaixe do delírio ao quadro estrutural do complexo paterno.

Embora Freud (1969, v.17, p.44) considere que "as raízes de todo distúrbio nervoso e mental devam se encontrar principalmente na vida sexual do paciente", e tente "remontar o núcleo da estrutura delirante a motivos humanos familiares" (idem, p.52), não há como negar o caráter social do delírio do presidente, exemplificado em momentos como aquele em que, pela natureza das relações que mantém com Deus, Schreber pensa ter direito de evacuar sobre o mundo inteiro.

Talvez fosse importante também levar em conta que a primeira doença do presidente deu-se após sua nomeação a um elevado cargo num tribunal judiciário. É referido o estressante aumento da quantidade de afazeres oriundo das tarefas do novo cargo, mas não é discutida a intensidade de poder e expressão social que esse cargo transmite a seu titular. Dessa maneira, o fenômeno da megalomania, como destacado por Freud, vincular-se-ia ao "engrandecimento" do ego, a um apoderamento, por parte do eu, da economia libidinal, acontecimento familiar à doença paranóide. Assim,

> Na paranóia, a evidência clínica vai demonstrar que a libido, após ter sido retirada do objeto, é utilizada de modo especial. Recordar-se-á [p.88] que a maioria dos casos de paranóia exibe traços de megaloma-

88 HÉLIO REBELLO CARDOSO JR.

nia, e que a megalomania pode, por si mesma, constituir uma paranóia [...] na paranóia, a libido liberada vincula-se ao ego e é utilizada para o engrandecimento deste. (Freud, 1969, v.17, p.92)

O efeito da megalomania no inconsciente deleuziano, contudo, não se constitui necessariamente no ato de voltar-se para uma interioridade do eu, mas no empenhar-se em firmar um estado conectivo cada vez mais amplo com o mundo; por isso, o megalomaníaco deleuziano delira e cria a história, os reinados e os continentes.

Da mesma forma, notamos que, ao longo do livro, Freud esforça-se por achar o vínculo entre o núcleo familiar primitivo do paciente e os eventos e as modificações internas e externas deste. Segundo o psicanalista, o elemento dominante no caso de Schreber é o complexo paterno. Diz também que a fantasia de desejo foi o ponto em torno do qual a doença se centralizou. Para defender tais argumentos, Freud lança mão de complexos estratagemas teóricos, como o desligamento da libido em duas etapas, ao menos na maioria dos casos, em relação ao objeto amado. Com isso, "as engenhosas construções erigidas pelo delírio de Schreber, no campo da religião – a hierarquia de Deus, as almas provadas, as ante-salas do céu, o Deus inferior e o superior –" (idem, p.44) são vistas como "sublimações" de um desejo e de uma falta sexuais, familiares e primeiros.

Deleuze e Guattari salientam, todavia, que, diferentemente do que apregoa a psicanálise, "o próprio Édipo não seria nada sem a identificação dos pais aos filhos", pois "tudo começa na cabeça do pai". Mas chamam nossa atenção para o fato de que essa antecedência parental "quer dizer concretamente: os investimentos sociais são anteriores aos investimentos familiares, que são apenas fruto da aplicação ou do rebatimento dos primeiros" (Deleuze & Guattari, 1995, p.285). A falta sugerida por Freud, então, seria fruto da subordinação imposta aos objetos parciais da produção desejante a um conjunto estatístico de ordem molar, conjunto este que se apresenta como um todo e que, nesse caso, rebate as multiplicidades moleculares a "vacúolos de falta" de um código restrito e fixo – o código edipiano. Conceituar o inconsciente como instância representativa seria ne-

INCONSCIENTE-MULTIPLICIDADE **89**

gar seu vínculo com o mundo no qual está mergulhado e, assim, negar também seu caráter produtivo, defendem os autores.

Esse ponto parece ser central na divergência que Deleuze & Guattari (1995, p.308) têm com a psicanálise. Acusam a psicanálise de ter "esmagado" a realidade produtiva do desejo e, com isso, de tentar destruir a "ordem da produção", que "é ao mesmo tempo desejante e social", e de "a ter substituído pela da representação".

Assim, na reflexão que fazem sobre o caso de Schreber, localizam o delírio deste como elemento de um campo social amplo. "O pai de Schreber inventara e construíra espantosas maquinazinhas sádico-paranóicas para obrigar os filhos a portarem-se bem, como por exemplo: bonés de estrutura metálica e correias de aço." De modo que criticam Freud por não ter dado "qualquer importância a estas máquinas" (idem, p.310).

Realmente, há um amplo "conteúdo social-político" no delírio do paciente que passa incólume pela análise freudiana ao longo do livro. A citação de dados biográficos sobre o pai de Schreber é manejada por Freud de maneira que demonstre a correspondência entre as figuras do pai de Schreber, Dr. Daniel Gottlob Moritz Schreber, e Deus, tal como relatado pelo paciente. Essa correspondência asseguraria uma outra identificação mais elementar, a saber, a do pai, transfigurado em Deus, como o objeto amado e desejado a partir da catexia infantil. Assim, a imagem desse médico – "mantida viva até os dias de hoje pelas numerosas Associações Schreber que florescem especialmente na saxônia", de alguém "fundador da ginástica terapêutica na Alemanha" (Freud, 1969, v.17, p.67), defensor de atividades ligadas à busca do "desenvolvimento harmonioso dos jovens" e da correlação entre a educação doméstica e a educação escolar, introdutor da cultura física e do trabalho manual – é vista, ao longo do livro de Freud, antes de tudo como a imagem de uma pai de família, componente de um sistema fechado de transmissão familiar, o que permite sua absorção ao mundo edipiano. O campo do delírio passa a corresponder ao campo familiar.

A crítica que se lê em *O anti-Édipo* é orientada principalmente pela noção de que o pai age sobre o inconsciente do filho, e esse agir

90 HÉLIO REBELLO CARDOSO JR.

é evidente; porém, age como "agente de máquina numa informação ou comunicação maquínicas" que ultrapassa muito o restrito âmbito familiar. Antes de se olhar para o "pai de família", afirmam os autores que se deveria olhar para uma máquina "social pedagógica geral" (Deleuze & Guattari, 1995, p.310).

Na tentativa de situar o núcleo familiar como ponto de moldagem do desenvolvimento psíquico ulterior e com o intuito de rebater prováveis críticas, relativas à identificação, pelo filho, entre seu pai e Deus, Freud atribui ao pai todo o poder do mito e da religião, invocando à família e a seus componentes uma dinâmica de deificação semelhante a dos povos da Antiguidade e de suas religiões. Por isso, Deleuze & Guattari (1995, p.310) também afirmam que "o par de produção, máquinas desejantes e campo social, foi substituído por um par de uma natureza totalmente diferente – família/mito".

Ora, como afirmamos inicialmente, a busca psicanalítica por fatores causais vinculados à universalidade edipiana constitui característica freqüente nos textos de Freud aqui estudados. De modo que a análise freudiana do *O homem dos ratos* segue o mesmo caminho.

O caso descrito nesse livro refere-se a um caso de neurose obsessiva. Trata-se da doença de um "jovem senhor de formação universitária", acometido de estranhos pensamentos e impulsos obsessivos. Entre esses, talvez o que mais chame atenção, por sua excentricidade, seja o medo de que um determinado castigo – a saber, o de se introduzir, através do ânus do castigado, pequenos ratos, a fim de que estes abram caminho pelo canal retal – fosse imposto a uma das duas pessoas que lhe eram muito caras, seu pai e a dama a quem admirava. O jovem paciente freqüentemente associava seus desejos e pensamentos de natureza sexual à possibilidade desse castigo ou de que outra coisa igualmente terrível recaísse sobre a uma dessas duas pessoas. Com base na relação afetiva que o jovem mantém com a figura de seu pai e da dama, relação esta que Freud considera o eixo central no desenvolvimento da doença nessa fase adulta do paciente, são descritos ao longo do livro diversos sintomas, emersos de sentimentos conflitivos, como amor, ódio, medo, culpa, onipotência etc.

Durante a análise desses sintomas e dos elementos que o formam, Freud, no entanto, a exemplo do caso de Schreber, volta-se mais uma vez para supostos complexos oriundos da infância do paciente. Todo acontecimento e o contexto em que cada um se deu servem, com base na análise freudiana, como esteio para o desenrolar de um teatro familiar, responsável pela moldagem e pelo desenvolvimento psíquico ulterior do indivíduo. Em *O homem dos ratos*, todo o complexo campo social no qual a doença se desenvolve é tido apenas como um cenário, secundário, segundo Freud, quando colocado frente ao drama familiar, supostamente já escrito e definido.

Mais uma vez, sobre o olhar de Freud, incide a forte crítica deleuze-guattariana, pautada pela noção de que o desejo investe antes de tudo um campo social. Segundo os autores, o campo no qual o jovem paciente de Freud encontra-se inserido mostra-se "determinado de ponta a ponta como militar"; sua neurose, afirmam Deleuze & Guattari (1995, p.321), gira

> em torno de um suplício que deriva do Oriente, como também, nesse mesmo campo, a faz ir de um pólo ao outro, sendo um constituído pela mulher rica e o outro pela mulher pobre, por meio de uma estranha comunicação inconsciente com o inconsciente do pai.

Realmente, o paciente de Freud manteve-se sempre mergulhado num ambiente militar. Suas idéias obsessivas sobre os ratos tiveram início durante o período em que realizou manobras em campo militar; lá tomou ciência, por meio de um capitão, do "horrível" castigo aplicado no Leste, pelo uso de ratos. O pai do paciente havia sido suboficial, preservara uma "atitude militar escorreita e um *penchant* por usar uma linguagem categórica"; às vezes, possuía atitude "impetuosa e violenta" e castigava severamente os filhos quando estes eram "novos e travessos" (Freud, 1984, v.11, p.203).

A questão das condições sociais também se apresenta como uma constante nesse caso de neurose obsessiva. O desejo do paciente oscilava entre desposar, por conveniência, uma mulher rica ou casar-se com a dama por quem se apaixonara, mas que era de condição social inferior. Desde cedo, a preocupação com seu futuro social vinha se impondo a ele de maneira cada vez mais intensa.

Deleuze e Guattari salientam que os fatores do campo social atravessam o inconsciente dos indivíduos primeira e inexoravelmente, produzindo realidades novas e mutáveis. Numa tentativa de manter um diálogo com a psicanálise lacaniana, lembram que Lacan coloca em debate a validade do Édipo, ao salientar a existência de um "complexo social" no qual sujeito e objeto desdobram-se à medida que sua configuração oscile entre um ou outro dos múltiplos elementos de seu contexto.

Assim, a "hesitação" do paciente "entre a dama a quem amava e a outra jovem" não deveria, na perspectiva de Deleuze e Guattari, ser "reduzida a um conflito entre a influência de seu pai e o amor que sentia pela sua dama, ou então, em outras palavras, a uma escolha conflitiva entre seu pai e seu objeto sexual" (idem, p. 238), como propõe Freud, mas deveria ser vista como produto de um intricado jogo de forças que se move muito além do limitado núcleo familiar, posto que, segundo os autores, a libido dos investimentos sexuais é a mesma que investe o campo social. Assim, um ponto fundamental, na discussão entre os autores de *O anti-Édipo* e a psicanálise, foca-se no fato de que, conforme aqueles, a libido não teria de se "dessexualizar e sublimar para investir a sociedade e seus fluxos" (Deleuze & Guattari, 1995, p.370); nossas escolhas e vivências amorosas se dariam no "cruzamento de vibrações" intensivas, ou seja, a sexualidade estaria ligada e, principalmente, seria expressão ou "índice" de determinações econômicas, culturais, políticas etc. A idéia de dessexualização e sublimação da libido teria como função manter a sexualidade no "quadro acanhado de narciso e de Édipo, do eu e da família". Com isso, toda expressão de "investimentos libidinais sexuais de dimensão social" cairia sob o jugo de um olhar patologizante, que a ligaria a causas do tipo "fixação ao narciso ou 'regressão' ao Édipo e aos estados pré-edipianos" (idem, p.369).

A ponte feita por Freud entre a natureza conflitiva da escolha encarada por seu jovem paciente e a semelhante vivência dos pais deste leva Deleuze e Guattari a lançarem uma contundente interrogação a respeito da legitimidade de Édipo: o caráter sexual-social da libido do paciente, bem como suas escolhas objetais, estaria na "simples dependência de um Édipo familiar"? Completam Deleuze & Guattari (1995, p.371): "dever-se-á salvar Édipo, custe o que custar?...". Aqui, mais uma vez, as diferenças de concepção sobre o delírio e seu conseqüente vínculo com as idéias de funcionamento do inconsciente sobressaem-se.

Com os dados expostos até aqui, pode-se visualizar melhor a crítica feita por Deleuze e Guattari ao caráter representativo do inconsciente, postulado pela teoria freudiana. Inconsciente este cuja definição apóia-se, ainda segundo os autores, na busca desejante de um objeto faltoso, oriundo das relações familiares edipianas primevas de cada indivíduo. A psicanálise estaria então, por meio de um investimento de tipo paranóico, trocando "campos, oficinas, fábricas, unidades de produção" (idem, p.310) por um "teatro" que introduz a falta e a subordina às finalidades da produção de um determinado conjunto gregário que se apresenta como *socius*.

"Dissolução do complexo de Édipo": "lei do incesto". Como matar o pai e casar com a mãe?

Dando continuidade ao exposto acima, pretendemos discutir agora, com base na leitura do artigo "Dissolução do complexo de Édipo", de Freud, alguns pontos do debate acerca da questão do objeto de proibição da lei do incesto, tratados nesse texto de 1924, ante as noções referentes a esse tema contidas em *O anti-Édipo*.

Freud começa seu texto destacando o complexo de Édipo como o "fenômeno central do período sexual da primeira infância", período este pertencente à "fase fálica". Tal complexo, dada sua importância no pensamento freudiano, suscita instigantes interrogações acerca de sua formação, economia e dissolução.

A primeira indagação de Freud em seu artigo é se o complexo de Édipo é recalcado, e por isso retorna, ou se ele é suprimido, e por isso recomeça a cada geração. Mais à frente, veremos que a psicanálise vincula a possibilidade de um ou outro desses caminhos ao desenvolvimento normal ou patológico do psiquismo do indivíduo. Quanto à idéia de que o complexo de Édipo é recalcado, ela é endossada pela hipótese, lançada por Freud, segundo a qual sua dissolução se dá como efeito de "experiências" infantis de desapontamentos "penosos"; ou seja, em determinado momento, tanto o menino como a menina vivem experiências "aflitivas" que negariam a possibilidade de satisfação dos impulsos libidinais relacionados a seus pais; essa "negação continuada" das satisfações esperadas levaria a criança a "voltar as costas" para o complexo de Édipo. A outra causa especulada por Freud (1974, p.218) sobre a dissolução do complexo de Édipo traz este complexo como "fenômeno que é determinado e estabelecido pela hereditariedade e que está fadado a findar de acordo com o programa, ao instalar-se a fase seguinte preordenada de desenvolvimento".

Com base nessas duas hipóteses, Freud encaminha-se em favor de uma terceira, na qual a concepção ontogenética torna-se compatível com a possibilidade filogenética. No desenvolvimento de sua argumentação, Freud procura demonstrar como o complexo de Édipo segue um caminho inato de dissolução e como vicissitudes acidentais influenciam, de maneira positiva ou não, essa disposição. Assim, mostra que a criança, a partir de certo estágio, desenvolve um interesse natural pela manipulação de seus órgãos genitais, bem como fala da repressão e ameaças a que tal atitude fica sujeita por aqueles que cuidam da criança. Passa então a ressaltar o medo oriundo das ameaças de castração como o principal fator da "destruição da organização genital fálica da criança". Não é mais a desilusão amorosa no relacionamento com os pais, mas a visão, no caso masculino, da "ausência" do pênis no órgão genital das mulheres que orienta o ego infantil a abandonar o complexo de Édipo, priorizando o interesse narcísico das partes do corpo. Ou seja, a criança associaria as censuras recebidas por ter voltado mais intensamente seu interesse para seus órgãos genitais, manipulando-os, aos desejos incestuosos que possuiria, e também sentiria a possibilidade de ser punida com a perda de seu pênis como algo mais próximo de sua realidade.

Surgiria então um conflito entre os desejos infantis e a proibição do incesto, a qual sinalizaria a ameaça de castração. Mais à frente, Freud volta-se para as diferenças existentes no desenvolvimento do complexo de Édipo feminino. Apesar de o complexo de Édipo evoluir de maneira mais simples nos indivíduos desse sexo, o psicanalista igualmente encontra nesse caso a existência de uma "organização fálica" e de um "complexo de castração".

Independentemente do gênero, o complexo de Édipo estaria destinado à dissolução, o que iniciaria o período de latência e orientaria a dinâmica psíquica para identificações que substituiriam as catexias de objeto infantis e para investimentos dessexualizados e sublimados no campo social. Com isso, Freud (1974, p.222) chega à conclusão de que o êxito ou não no processo de "demolição" do complexo de Édipo define uma "linha fronteiriça" entre o normal e o patológico, pois, se o ego não conseguir ir além de uma repressão dos desejos libidinais da criança, estes persistirão em "estado inconsciente" no *id* e manifestarão mais tarde seus "efeitos patogênicos".

Deleuze e Guattari, no entanto, colocam em questão toda a estrutura edipiana ao indagarem sobre o que a lei do incesto proíbe. Assim, na refutação do complexo de Édipo, não utilizam eles, como instrumento para a desconstrução desse postulado, dados etnográficos que evidenciem a validade restrita de Édipo, mas preferem concentrar-se na argumentação de que tanto o pai como a mãe são simples estímulos como outros quaisquer. Dessa maneira, o que seria recalcado ou suprimido não diz respeito apenas a um desejo incestuoso, mas refere-se a um complexo sistema de repressão social e a uma fantástica apropriação paranóica da produção desejante, de seus fluxos e cortes.

A problematização acerca do objeto da lei do incesto nos remete inevitavelmente à questão do complexo de Édipo. Sobre quais bases se estrutura, se reproduz e funciona o triângulo edipiano? Deleuze e Guattari afirmam que Reich já respondera a essa questão: Édipo seria movimentado por forças de repressão social. O problema então se volta, segundo eles, para o conhecimento de como, por um lado, o recalcamento se relaciona com a repressão social e, por outro, como

96 HÉLIO REBELLO CARDOSO JR.

o complexo de Édipo encaixa-se e serve de instrumento para esse sistema recalcamento-repressão.

A psicanálise nos diz que o recalcamento age sobre os desejos incestuosos infantis, cabendo à repressão impedir que o material anteriormente recalcado insurja na consciência. O recalque adquiriria a posição de condição *sine qua non* para o estabelecimento do mundo civilizado, para uma sociedade em que seja possível haver diferenciações e trocas. Ao passo que, da eficácia da repressão, dependeria a instalação ou não da neurose e de outras manifestações mentais.

E bastaria o fato de haver uma lei que proíba o incesto para que se pudesse constatar a preexistência do desejo incestuoso, pois não haveria necessidade de se proibir o que não é desejado. Com isso, poderíamos compreender melhor, na leitura do artigo de Freud, como a criança edipiana, ante a ameaça de castração, abriria mão da possibilidade de satisfação, seja esta ativa ou passiva, e, a partir disso, introjetaria no ego a lei, a autoridade parental, o que formaria o núcleo do superego, "que assume a severidade do pai e perpetua a proibição deste contra o incesto, defendendo assim o ego do retorno da catexia libidinal" (idem, p.221).

Deleuze e Guattari, entretanto, apresentam as seguintes questões: quem assegura que a lei do incesto age realmente contra o incesto? Por que confiarmos tão ingenuamente na lei? Tais indagações constituem os primeiros elementos por meio dos quais esses autores rompem com a lógica psicanalítica do Édipo: desejos incestuosos – ameaça de castração – dissolução (ou repressão) do complexo e formação do superego (lei).

O que a lei do incesto proíbe, dizem eles, não é o desejo de possuir a mãe e ver morto o pai. Simplesmente porque, agenciando sempre objetos parciais e não-totalizáveis, que não se fecham em junções ou imagens personalizadas, tanto o pai como a mãe se constituem em "estímulos como outros quaisquer", fazendo parte de um delírio muito mais rico, no qual transitam fluxos de muitos continentes, raças e religiões. Não há dúvida de que o desejo é reprimido e recalcado; o problema é que esse desejo não gira dentro do triângulo edipiano como pretenderia a psicanálise, mas, ao contrário, extravasa esse triângulo por todos os lados. A psicanálise conclui que, se há recalcamento, é porque existe um desejo proibido e, confiando na legitimidade da lei do incesto, chega a uma conclusão mais elementar: tal desejo é o desejo do incesto. Mas esse raciocínio, conforme Deleuze e Guattari, não passa de um paralogismo – o quarto atribuído à psicanálise, e que recebe o nome de "deslocamento" –, pois o que se estaria realmente proibindo seria a multiplicidade de devires, o movimento revolucionário de fluxos e cortes diversos. Portanto, o que a lei diz proibir seria algo de totalmente fictício e falsificado; ela estaria nos impondo uma imagem distorcida, deslocada, do desejo e nos faria acreditar que esse desejo é realmente nosso e verdadeiro. Com isso, a lei conseguiria "capturar a intenção e culpabilizar o inconsciente" (Deleuze & Guattari, 1995, p.120). O que aconteceria então é que haveria um complexo sistema de captura e repressão do desejo; esse desejo seria deslocado, ou seja, veria ser embutido em si a imagem factícia e enganadora de Édipo, e, por fim, o desejo, agora maquiado, seria apresentado ao inconsciente como incestuoso, como oriundo das relações familiares e primeiras. O Édipo constituir-se-ia então num "representado deslocado do desejo".

Se o desejo não é incestuoso, se não deseja "dormir com mãe", se tudo isso é fruto de um processo de falsificação, pode-se concluir que o verdadeiro motivo do processo de repressão não é garantir a existência de uma sociedade civilizada. Em *O anti-Édipo*, vemos que se proíbe o desejo porque ele é revolucionário, porque o desejo "pode pôr em questão a ordem estabelecida de uma sociedade [...] e nenhuma sociedade pode suportar uma posição de desejo verdadeiro sem que suas estruturas de exploração, de sujeição e de hierarquia fiquem comprometidas" (idem, p121).

Por isso, então, é que o recalcamento serve tão bem para a repressão social, pois ele captura e deforma o desejo de tal maneira que a repressão, além de parecer secundária em relação ao recalcamento, passa a ser desejada pelo inconsciente, "em nome dos interesses superiores da civilização" (idem, p.125), fazendo que os indivíduos tornem-se "dóceis" e autocontidos ante a repressão e a exploração a que são submetidos.

O fator central, pelo qual Deleuze & Guattari (1995, p.124) apresentam a atividade desejante como elemento desestruturador da ordem social estabelecida, é a introdução do desejo, por eles feita, na infra-estrutura econômica, bem como a "inserção das pulsões na produção social". Trata-se de um desdobramento marxista bastante complexo e elaborado. Basicamente, tal inserção dá ao desejo um caráter não apenas produtivo, como também revolucionário, pois o regime de produção desejante, sua conectividade ininterrupta e seu registro de diferenças puras chocam-se com o regime de produção social, com a necessidade que este tem de reprimir e rebater os fluxos do desejo para dentro dos limites de um *socius* estabelecido. O desejo torna-se produtivo por não cessar de ligar diferenças pela emissão de fluxos e pela realização de cortes; e é revolucionário pelo fato de produzir realidades, de sua produção instaurar novas materialidades no sistema dominante. Conforme os autores, Reich foi o primeiro a perceber a ligação do desejo com o campo social ao mostrar que o recalcamento do desejo atua em função da repressão social. Com isso, Reich lançaria as bases para alicerçar uma psiquiatria materialista. Contudo, afirmam eles, Reich não conseguiu perceber o desejo como elemento produtor e revolucionário da infra-estrutura, concebendo, novamente, o desejo como edipiano, separado da produção imediata.

Na repressão aos fluxos do desejo, a formação social dominante delegaria à família a função recalcante. Seria ela a responsável por deslocar o desejo, transformando-o em desejo incestuoso, e, com isso, legitimar a repressão. Dessa maneira, as coisas se passariam como se a repressão não fosse exercida pela estrutura social dominante – o *socius* –, mas sim por uma lei da ordem familiar, pela interiorização dessa lei, dada pelo complexo de castração; bem como o reprimido não seria visto como a multiplicidade desejante, mas passaria a ser, isso sim, um desejo edipiano, fruto de Édipo. O recalcamento sexual tornar-se-ia então a maneira pela qual a repressão atingiria o desejo, pois, somente pelo recalcamento da "estase da energia libidinal", é que Édipo se constituiria e o desejo seria cercado num beco sem saída, tendo de renunciar a si próprio.

Ainda sob o ponto de vista deleuzo-guattariano, falta-nos, no entanto, compreender por quais caminhos práticos o processo se dá. Primeiramente, então, a produção social precisa "inserir-se" dentro da superfície de registro do desejo, precisa "imiscuir-se" entre seus fluxos e objetos parciais. E é pela família, instância pertencente à superfície de registro social, que a produção desejante realiza esse fito. A família inscreve-se na rede genealógica do desejo, confisca o "Numen" e, a partir disso, registra todas as conexões não mais como diferenças puras, mas como organizações oriundas do romance familiar: "Faz-se como se a experiência desejante 'se' referisse aos pais, como se a família fosse a lei suprema. Submetem-se os objetos parciais à famosa lei da totalidade-unidade que atua enquanto faltante" (idem, p.126).

Por meio desta dupla operação, a saber, delegação da família como agente de recalque e deslocamento do desejo, o *socius* "lavaria suas mãos", ou seja, apareceria como separado e imparcial, paralelo a uma cultura familiar. Poder-se-ia então falar tanto num complexo de Édipo recalcado, que, vez ou outra, despistaria a repressão e retornaria, como também num complexo de Édipo reprimido, recomeçando a cada geração. Outro elemento importante que Deleuze & Guattari (1995, p.126) destacam é que, sendo Édipo um processo de repressão social, surgido da captura e do deslocamento do desejo, e que é posto a cabo desde a mais tenra idade dos indivíduos, pode-se entender que não é a psicanálise quem inventou a idéia de desejo incestuoso, pois "os sujeitos já chegam à psicanálise completamente edipianizados". Ou seja, quem chega ao divã já é um membro de uma sociedade dos assassinos do pai, já está perpassado por uma culpabilidade coletiva. O psicanalista apenas legitimaria e reforçaria um suposto saber sobre os "aspectos dinâmico, topográfico e econômico" (Freud, 1974b, p.208) do psiquismo e sobre a condição humana, impostos, todos eles, por outras forças determinantes.

"O inconsciente": o que agrega e o que não se reduz na neurose e na psicose

Prosseguimos nossa reflexão fazendo o confronto entre o pensamento de Deleuze e Guattari e o de Freud no tocante à questão do investimento desejante, bem como no que se refere à aplicação de uma e outra dessas linhas argumentativas para o entendimento da neurose e da psicose, sua origens e dinâmicas de funcionamento. Desta vez, faremos a leitura do artigo "O inconsciente", de Freud (1974b), destacando, como fizemos até agora, os pontos centrais em que esse texto serve de fonte de debate em *O anti-Édipo*.

É importante lembrar também a diferença de terminologia encontrada entre os escritos de Deleuze e Guattari e os de Freud. Assim, o que os autores de *O anti-Édipo* chamam de "psicose", no momento em que citam o texto "O inconsciente", diz respeito ao que Freud dá o nome de "esquizofrenia". Portanto, cumpre destacar que, na seção VII desse artigo, "Avaliação do inconsciente", sobre a qual Deleuze e Guattari fazem referência, não constatamos em nenhum momento o uso do termo "psicose", mas apenas "esquizofrenia". Em nosso estudo, quando a diferenciação terminológica não se mostrar indispensável, optaremos pelo termo "psicose".

Deleuze e Guattari comentam que, em "O inconsciente", Freud concebe os fenômenos da neurose e da psicose pela noção de que o inconsciente trabalha sempre com objetos totalizados, que encerram organizações e ensejam olhares estatísticos, já que as multiplicidades só poderiam ser indicadores do indiferenciado, da psicose. Na verdade, entre psicose e neurose poder-se-ia observar uma diferença no modo de apreender os objetos, "notando que apenas o psicótico apreenderia eroticamente uma multiplicidade enquanto tal", ao passo que o neurótico perceberia um objeto de "maneira global e já como perdido" (Silva, 2000, p.112). Mas, para explicar o fenômeno psicótico, a psicanálise lançaria mão do "poder de representação lingüística" que, na realidade, apenas reforçaria a idéia da existência de populações no inconsciente, posto que, em última instância, reportaria as microssingularidades psicóticas a um único significante. No entanto, em *O anti-Édipo*, lemos que a diferença entre psicose e neurose traz à tona uma diferença relacionada ao tipo de investimento desejante, diferença entre um inconsciente molar e um inconsciente molecular.

Vejamos então um breve relato de um dos casos clínicos expostos na seção VII de "O inconsciente", bem como o desenvolvimento da concepção freudiana acerca da sintomatologia psicótica e da diferença desta em relação à neurose – desenvolvimento esse que se dá ao longo de todo o artigo, mas que ganha ares conceituais em seu trecho final.

Entre os exemplos citados por Freud, está o de um paciente que se desligara dos interesses cotidianos pelo fato de acreditar que sua pele estava marcada por inúmeros "cravos" e "profundos orifícios". Dizia ele que, inicialmente, tinha bastante prazer em espremer seus cravos, pois via, nessas ocasiões, algo esguichar sempre que os espremia. No entanto, cria o paciente que, no lugar do cravo espremido, surgia uma grande "cavidade", marcando sua pele irremediavelmente. Censurava-se a ele próprio então por não haver deixado as mãos quietas. O paciente mesmo explicava esses sintomas como substituição da masturbação: o esguicho ao qual se refere estaria associado ao jorrar do líquido seminal. E a cavidade surgida seria um substituto da vagina, ou seja, o produto da punição sofrida por ele, por ter se masturbado. Conforme Freud, estaríamos diante do complexo de castração.

Apesar de tal conjunto de sintomas, do caráter físico de essas formações substitutivas se assemelharem muito a um fenômeno de neurose histérica (neurose de conversão), Freud descarta essa possibilidade logo de início. Porque, segundo ele, além de um histérico dificilmente lançar mão de um orifício tão pequeno para simbolizar a vagina, também "devemos esperar que a multiplicidade dessas pequenas cavidades o impeça de empregá-las como substituto do órgão genital feminino" (Freud, 1974b, p.228). Tratar-se-ia, isso sim, de um caso de esquizofrenia. Com base nesses pressupostos, Freud explica a diferença entre psicose e neurose de transferência (neuroses de conversão, obsessiva e de ansiedade), tomando como pressuposto a idéia de representação da palavra.

102 HÉLIO REBELLO CARDOSO JR.

A fim de melhor compreendermos a importância dada aos fenômenos lingüísticos para explicação dessas duas patologias psíquicas, devemos ter em mente três pressupostos freudianos acerca da antítese entre ego e objeto. Primeiramente, conforme a psicanálise, temos de abordar o que se denomina "apresentação consciente do objeto". Assim, teríamos de conceber essa apresentação (ou representação) como estando divida em duas outras, a saber, a "apresentação da coisa" e a "apresentação da palavra". Ou seja, a apresentação consciente de um conteúdo objetal abrangeria, respectivamente, a apresentação da catexia das imagens visuais, diretas ou não, da "memória da coisa" mais a apresentação da palavra correspondente a essa coisa, quer dizer, de suas imagens acústicas. Já a apresentação inconsciente de um objeto traria apenas a apresentação da coisa.

O segundo pressuposto relaciona-se à renúncia do objeto ante a frustração. Freud diz que, diante da impossibilidade de satisfação por meio do objeto libidinal real, o indivíduo renuncia a esse objeto, recalcando sua catexia, que passa a existir no inconsciente – em certos casos, com uma intensidade bastante expressiva. Isso faria surgir a neurose. Por causa da repressão, a libido teria de encontrar um outro objeto – um objeto substitutivo – para poder passar pela barreira repressiva que a prende no inconsciente; para isso, utilizaria como instrumento os estratagemas do deslocamento e da condensação. Esse seria o processo psíquico primário.

O terceiro pressuposto pode ser sintetizado na idéia de que, na psicose, a catexia das apresentações da palavra se mantém. Já a catexia das apresentações da coisa é retirada do objeto real e lançada no inconsciente, passando então pelos processos recalcantes descritos anteriormente. Isso impediria a representação de objeto a partir da coisa de se formar, restando à formação de sintomas expressar-se por meio de uma relação direta entre palavras, pois estas permaneceriam fortemente catexizadas no ego. Essa localização da catexia da palavra no ego poderia explicar de alguma maneira a ligação das origens e causas dos sintomas com a consciência, o que possibilitaria ao próprio paciente explicar seu caso. Já no caso da neurose, a perda do poder de nomeação recairia sobre a representação da palavra, acar-

INCONSCIENTE-MULTIPLICIDADE **103**

retando a formação sintomática por meio da relação entre objetos ou coisas. Dessa maneira, a diferença existente entre as formações substitutivas neuróticas e psicóticas estaria na "predominância do que tem a ver com as palavras (na psicose) sobre o que tem a ver com as coisas", ou ainda, "o que dita a substituição não é a semelhança entre as coisas denotadas, mas a uniformidade das palavras empregadas para expressá-las" (idem, p.229). Essa peculiaridade da formação substitutiva psicótica estaria ligada a uma importante característica desse tipo de manifestação clínica, que seria a tentativa de "recuperação" ou de "cura", desencadeada pelo paciente a fim de solucionar a perda do objeto. Destarte, essas formações levariam o sujeito ao objeto, porém, desta vez, o reencontro seria não mais com a coisa e sim com a sua "parte verbal".

Para melhor compreendermos o debate que Deleuze e Guattari travam com as concepções freudianas, é necessário retomarmos alguns elementos apresentados por nosso estudo realizado no tocante aos livros *O caso de Schreber* e *O homem dos ratos*. Aqui, discutimos inicialmente sobre a noção esquizoanalítica de delírio e, junto a ela, sobre os dois pólos desse delírio, responsáveis por dois grandes tipos de investimento social: os pólos "paranóico fascizante" e "esquizo-revolucionário". Vimos que o investimento de tipo paranóico é um investimento que lida com conjuntos, com gregariedade, cujas conexões e funcionamento remetem a uma ordem estatística. Todos os fluxos e cortes das maquinações paranóicas ganham voz apenas por meio de formas, de organizações, passíveis de reconhecimentos e classificações. É nesse sentido que se diz que o investimento de tipo paranóico tem um caráter molar e que produz macroinconsciente, angariando sempre grandes números e conjuntos de pessoas. Trabalhar com objetos totalizados, sejam eles indivíduos ou grupos, sejam unidades isoladas ou grandes massas, é característica da neurose. Quando falamos, então, do pólo paranóico, estamos tratando de investimento ou pólo neurótico, ou seja, a formação neurótica seria justamente a captura e a sujeição dos fluxos e dos cortes a grandes conjuntos, a referenciais personalizados. Vimos também que há o investimento esquizo-revolucionário, fonte de fluxos e cortes totalmente independentes de políticas, morais, fórmulas, orientações etc. Os objetos de suas maquinações são todos parciais, anteriores a qualquer tipo de especificidade; são singularidades e, por isso, pertencem ao âmbito do molecular. Assim, estamos diante do microinconsciente, do inconsciente molecular, cujas conexões determinam arranjos marginais, ligações e um caos histórico alheios a identidades. Suas produções condicionam-se unicamente ao movimento criativo do desejo. Por isso, toda conexão desejante suscita problemas que não podem ser solucionados pelas determinações ou por conjuntos do inconsciente molar ou macroinconsciente, pois a ininterrupta e escorregadia produção de diferenças do investimento esquizo-revolucionário exige sempre novas ordens de atualização, novas territorialidades. Eis o porquê de falarmos em pólo psicótico quando nos referirmos ao pólo esquizo-revolucionário ou ao inconsciente molecular. O pólo psicótico configura-se justamente pela expressão dada às linhas de fuga do desejo. Assim, a diferença entre o pólo neurótico (inconsciente molar) e o pólo psicótico (inconsciente molecular) não está ligada a questões de magnitude, tampouco se trata de discernir entre o coletivo e o individual. Ambos os pólos lidam com "coleções" ou "populações", e "todos os investimentos são coletivos" (Deleuze & Guattari, 1995, p.292); mas um incide e faz rebater os fluxos desejantes sobre estruturas molares, originando "grupos sujeitados", e o outro se dá no plano das multiplicidades, entre maquinações criativas, alheias às organizações, compondo "grupos sujeitos".

A psicanálise teria negado essa realidade das máquinas desejantes, de seus objetos parciais. Teria negado a existência do inconsciente molecular, tomando o macroinconsciente e seus objetos globais como ponto de partida da dinâmica psíquica, desmobilizando as usinas do desejo e empanando a ação de forças repressoras responsáveis pelo rebatimento de fluxos e objetos para o interior de limites molares. E talvez isso servisse para explicar o afastamento da psicanálise em relação ao processo psicótico, em favor das neuroses e perversões. Dessa maneira, Deleuze e Guattari argumentam em *O anti-Édipo* que, em "O inconsciente", Freud teria mostrado que a psicose agencia pequenas multiplicidades e que a neurose, inversamente, precisa de objetos globais; todavia, por partir de um ponto de vista paranóico, no qual micromultiplicidades são associadas a uma unidade identitária (no caso, temos a multiplicidades dos poros como representantes lingüísticos dos órgãos genitais), ele "estaria abrindo caminho para a invenção do significante como instância última de subsunção de multiplicidades, que lhe conferiria unidade e identidade" (Silva, 2000, p.113).

Quando falamos em repressão exercida pelo *socius*, não podemos deixar de lembrar a argumentação tecida por Deleuze e Guattari, segundo a qual o desejo é revolucionário e que nenhuma formação social passa por um verdadeiro investimento de desejo sem que suas bases de sustentação fiquem comprometidas. Isso explicaria a necessidade de a formação social dominante reprimir a produção inconsciente de diferenças ou de deformar e subjugar os fluxos inconscientes de tal maneira que os problemas apresentados pelo molecular aceitem as soluções vigentes como legítimas. É isso o que aconteceria quando Freud radica os delírios do paciente ao complexo de castração ou quando explica a formação psicótica invocando a permanência no ego de uma suposta catexia original, relacionando-a com o desejo de recuperar o objeto de satisfação perdido.

Com base nesse ponto de vista esquizoanalítico, poderíamos supor que o fato de alguns pacientes, tidos pela psicanálise como psicóticos, explicarem seus sintomas pela lógica de Édipo ou pelo complexo de castração, evidenciaria que estamos, na realidade, diante de um investimento neurótico, próprio do pólo paranóico, e não, como defendem esses pacientes e seus psicanalistas, diante de formações psicóticas.

"Inibições, sintomas e ansiedades" e "Para além do princípio do prazer": "instinto de morte", angústia e sexualidade

Nesta fase de nossa pesquisa, observamos a discussão que Deleuze e Guattari travam com Freud em "Inibições, sintomas e ansiedades" e "Para além do princípio do prazer". Nesses textos, Freud nos apresenta uma nova divisão da teoria das pulsões – agora opondo "instinto de morte" e "instintos sexuais" – e explica a angústia como causa do recalcamento sexual.

Como se sabe, a teoria das pulsões (instintos) constitui parte fundamental da teoria psicanalítica. Freud, em "Para além do princípio do prazer", tece algumas importantes assertivas sobre o assunto. Primeiramente, evidencia-se a substituição do duo pulsional "pulsão de conservação-pulsão sexual" pelo duo "pulsão de morte-pulsão sexual". Ou seja, Freud deixa de agrupar os instintos em grandes grupos correspondentes, de maneira geral, à distinção popular "fome e amor" e passa a integrar a pulsão de nutrição à pulsão sexual ("Eros"), colocando em seu lugar, agora, como contraponto à pulsão sexual, a noção de instinto de morte ("Thanatos").

Para melhor compreendermos a idéia de instinto de morte, é necessário, antes, investigarmos algo sobre o "princípio do prazer", também destacado por Freud em seu texto. A teoria psicanalítica supõe que o curso dos eventos mentais é dirigido de modo a evitar o desprazer e assegurar o prazer. Prazer e desprazer estariam vinculados ao grau de tensão intrapsíquica num determinado momento, de modo que somente a diminuição da tensão, pela satisfação da necessidade que a originou, recolocaria novamente o psiquismo num estado prazeroso. Contudo, satisfazer necessidades de acordo com a exigência pulsional muitas vezes se torna inconveniente e perigoso para o indivíduo; por isso, o princípio do prazer deverá ter como mediador de seus intentos no mundo o "princípio da realidade". Este se constitui de pressões, oriundas da normalidade social, que desprezam ou retardam a satisfação.

Voltando à idéia de instinto de morte, Freud nos diz que esse instinto é regido pelo princípio do prazer. É que o instinto de morte visa restabelecer uma condição primitiva em que o grau de tensão é nulo, condição de um estado inanimado, em que as forças possuem pouco ou nenhum poder desestabilizador. Pode-se dizer, então, que "um instinto é um impulso, inerente à vida orgânica, a restaurar um estado anterior de coisas, impulso que a entidade viva foi obrigada a

INCONSCIENTE-MULTIPLICIDADE **107**

abandonar sob a pressão de forças perturbadoras externas" (Freud, 1969, v.18, p.53-4). E tal repetição, a volta a esse estado, é em si mesma uma fonte de prazer.

Se existisse ou predominasse, no entanto, apenas a tendência a permanecer num estado inanimado, os seres não evoluiriam, permanecendo invariavelmente num estado elementar. Diante disso, Freud defende que a vida instintual seja formada não apenas por forças de morte, mas também por "instintos de autoconservação", que garantam sua integridade e impulsionem sua complexificação. Cada um desses instintos seria um componente do grupo dos instintos sexuais. Mas poder-se-ia questionar, nesse caso, se os instintos de conservação não estariam negando o princípio do prazer. Freud argumenta então que se trata de "instintos componentes", os quais assegurariam ao organismo seu caminho natural para a morte e evitariam maneiras de se retornar ao estado inorgânico que não sejam "imanentes ao próprio organismo". Garantiriam também, diga-se de passagem, as condições de existência da civilização.

Chama atenção o fato de que, "enquanto a base física da pulsão sexual e da pulsão de nutrição é evidente, à noção de pulsão de morte falta um fundamento material igualmente claro" (Reich, 1983, p.42), pois forças relacionadas à nutrição e à sexualidade são comuns e constantes no cotidiano dos indivíduos. No entanto, conforme Freud, não dispomos de experiência ou modelo de morte que nos dê efetivamente um conteúdo material do processo orgânico de autodestruição. No que diz respeito às patologias psíquicas, a ausência de experiência ou modelo de morte dá margem a algumas indagações levantadas pelo próprio Freud. Em relação às neuroses de transferência e às fobias, por exemplo, pode-se atestar uma possível ligação delas com o complexo de castração com base em supostas conjugações desse complexo com elementos "baseados nas experiências diárias das fezes que estão sendo separadas do corpo ou com base na perda do seio da mãe no desmame" (Freud, 1976b, v.15, p.153). Mas, já no que diz respeito às neuroses traumáticas, poder-se-ia considerar a causa como estando ligada diretamente a um medo da morte, pois o surgimento dessa doença dá-se, amiúde, após situações intensas de perigo, em que a morte tornou-se realidade iminente (a Primeira Guerra Mundial teria sido um exemplo disso; logo após o conflito, os casos de neurose traumática, segundo relato de Freud, multiplicaram-se). Com isso, poder-se-ia contestar a importância da sexualidade na etiologia dessa doença. Freud rebate essa afirmação defendendo a idéia de que o medo da morte nada mais é do que uma analogia ao medo da castração; em ambos os casos, o ego teme perder a proteção do superego e ficar ao sabor dos perigos que o ameaçam. Sendo assim, no primeiro caso, de neuroses de transferência e fobias, a ansiedade (angústia), gerada pelo temor da castração, acarretaria a repressão e o recalcamento. De maneira similar, em relação à neurose traumática, o ego reage, ante situações de perigo iminente, expressando angústia por uma possível perda do superego, que antes o protegera, a custo de exigências e leis, das "ameaças do destino". Igualmente, nesse caso, a angústia (recalcamento) aparece como causa da repressão/recalcamento.

Para Deleuze e Guattari, é, no entanto, absurdo pensar em instinto ou desejo de morte, pois o que Freud chama de instinto de morte, seria, conforme os autores, o próprio inconsciente desejante em seu movimento produtivo. Diferentemente do que apregoa a psicanálise, a morte não é desejada, mas, ao contrário, é ela quem deseja, visto que se identifica com o "motor imóvel" (o inconsciente). O que acontece é que o inconsciente, como já vimos anteriormente, forma suas máquinas desejantes a partir de objetos parciais e não totalizáveis; sendo assim o inconsciente repele toda tentativa ou tendência à organização e codificação absolutas. De modo que, sempre que o inconsciente se fragmenta, renunciando aos órgãos e estabelecendo disjunções inclusivas, estaríamos vislumbrando o modelo de morte. Morte, porém, que nunca se realiza totalmente, pois cada renúncia, cada fragmentação, engendra novos movimentos de produção, fruto da atração sobre objetos parciais para novas conexões, novos funcionamentos. Portanto, o funcionamento inconsciente teria como condição a coexistência dos movimentos de repulsão e atração; repulsão de realidades totalizadas e globais e atração de multiplicidades para novos arranjos. Como salientam Deleuze e

Guattari, não se trata de dois desejos, mas de duas peças da máquina desejante, que convertem constantemente o modelo da morte (multiplicidade) na experiência da morte (novas atrações): "Ir sempre do modelo à experiência, voltar da experiência ao modelo, é precisamente isso, esquizofrenizar a morte, que é o exercício das máquinas desejantes..." (Deleuze & Guattari, 1995, p.346).

É importante ressaltar então que, segundo *O anti-Édipo*, o desejo de morte não deve ser confundido com o desejo de retorno ao inanimado, ao inorgânico. Esta seria uma idéia falsa. A experiência da morte no inconsciente diz respeito à produção de configurações inéditas, pelo abandono do instituído, pela desterritorialização dos fluxos e pelo estabelecimento de ligações artificiais. Dessa maneira, todo sentimento, emoção e outros estados surgem como produto desse ciclo desejante de atração e repulsão. Mais ainda, o sujeito, o eu, igualmente é resultado desse processo. É um sujeito "aparente, residual, e nómada, que passa por todas as transformações correspondentes às disjunções inclusas: última peça da máquina desejante, a peça adjacente" (idem, p.345). As máquinas desejantes não morrem, mas compõem-se sempre de novos elementos. Da mesma forma, o sujeito, como peça adjacente dessas máquinas, tranforma-se a cada nova vivência, a cada novo investimento.

Segundo Deleuze e Guattari, a psicanálise, ao erigir a noção de instinto de morte, retira, entretanto, da sexualidade sua natureza motriz. No que se refere à angústia, "Thanatos" faz que ela seja concebida como causa do recalcamento, e não mais o contrário. Isso porque, na antiga divisão das pulsões em pulsão de conservação e pulsão sexual, tínhamos as necessidades ligadas à primeira (como a necessidade de nutrição), como oriundas de uma necessidade de obtenção de energia; ao passo que, em relação às pulsões sexuais, havia necessidade, provocada pelo aumento de tensão, de descarga de energia. Essa descarga constituir-se-ia na força produtiva e estruturante do psiquismo. Processos de repressão/recalcamento e retenção dessa energia causariam angústia. Com o instinto de morte, porém, a angústia é concebida como angústia de castração. Castração esta que aparece como ameaça de punição pelo desejo de retornar a formas

110 HÉLIO REBELLO CARDOSO JR.

primitivas e proibidas de satisfação – essa busca por objetos proibidos, por sua vez, teria como base a volta a estados de prazer: o instinto de morte. Nesse caso, o aparecimento da angústia seria um sinal do temor da castração; esse temor, por sua vez, geraria o recalcamento/repressão como forma de proteção.

Além da inversão entre causa e efeito na relação recalcamento-angústia, a apresentação da morte como princípio transcendente e silencioso da sexualidade, como se lê em "Inibições, sintomas e ansiedades", também retira da sexualidade a função de crítica à sociedade, pois a civilização passa a ser vista como única alternativa à barbárie; somente seus regulamentos e valores poderiam se contrapor ao instinto de morte. Deleuze & Guattari (1995, p.347) criticam a psicanálise por ela ter-se colocado "a serviço de uma pseudovida" e por fomentar uma "cultura do sentimento de culpabilidade...".

Conclusão

Desse conjunto de debates, apreendemos que, para além de uma leitura histórica e sociológica, Deleuze e Guattari têm, como uma das marcas distintivas de seu pensamento, a imanência entre desejo e exterior. Essa reconsideração pode ser observada ao mesmo tempo que se processa a compreensão do conceito de inconsciente em *O anti-Édipo*. Na verdade, a relação de Deleuze e Guattari com a psicanálise não é de simples rejeição, eles também vão em busca dos momentos de hesitação do próprio Freud, a fim de verificar se poderiam seguir uma via por ele rejeitada. E, com isso, por meio dessa verdadeira arqueologia, divisa-se um novo conceito de inconsciente, um conceito não-psicanalítico.

As questões apontadas aqui, bem como todos os outros confrontos que Deleuze e Guattari travam com a psicanálise em *O anti-Édipo*, revestem-se de especial importância, na medida em que apontam elementos muito profundos que remetem à estrutura de sustentação sobre a qual se desenvolveu o edifício teórico-prático da psicanálise. Nesse sentido, a principal mudança operada diz respeito à maneira de se conceber o desejo: trata-se de valorizar um desejo não-edipiano, pautado por um modelo de funcionamento esquizo, no qual a atividade produtiva, e não meramente expressiva, torna-se possível.

Essa nova noção de desejo, além de fazer uma crítica radical ao "desejo-falta" e à representação, tem importantes implicações para a clínica, pois coloca num plano de imanência elementos libidinais e elementos sociais. Com base nesse ponto de vista, fatores como a exploração do trabalho humano e a manutenção de sistemas repressivos do desejo, por meio do qual o *socius* garante sua continuidade, já não podem mais ser considerados como paralelos ao divã do psicanalista, mas como forças que o atravessam e o contextualizam.

Ao acusarem Édipo de haver substituído a realidade produtiva do desejo por um inconsciente representativo-simbólico, Deleuze e Guattari nos mostram que a idéia de representação fortalece posicionamentos fascistas, que sufocam e aprisionam não apenas a sexualidade, mas também, por conseqüência imediata, excluem a diferença e impossibilitam o novo. Eis por que, já em *Diferença e repetição*, Deleuze (2000) coloca o pressuposto da representação como um entrave ao desenvolvimento de uma filosofia da diferença.

Dessa maneira, afirmam os autores, de nada adiantarão as lutas e os movimentos em prol da liberdade e da mudança enquanto a sexualidade for identificada por meio de um segredo de família, pois, nesse caso, todo real movimento no sentido do novo – no qual a vida cria e se renova – passará a ser visto como regressão patogênica ao Édipo e à castração. O desejo passa a girar em torno do mesmo, num círculo vicioso.

Ao passo que a vida, ao contrário, "só é possível reinventada" (Meirelles, 2001).

Referências bibliográficas

DELEUZE, G. *Diferença e repetição*. Rio de Janeiro: Relógio D'água. 2000.

112 HÉLIO REBELLO CARDOSO JR.

DELEUZE, G., GUATTARI, F. *O anti-Édipo*. Trad. Joana Moraes Varela e Manuel Maria Carrilho. Lisboa: Assírio & Alvim, 1995.

FREUD, S. Um estudo autobiográfico. Inibições, sintomas e ansiedades, a questão da análise leiga e outros trabalhos. In: *Obras psicológicas completas de Freud*. Rio de Janeiro: Imago, 1969. v.20. (Edição Standard Brasileira).

_____. O caso de Schreber. In: *Obras psicológicas completas de Freud*. Rio de Janeiro: Imago, 1976a. v.17. (Edição Standard Brasileira).

_____. Psicologia de grupo e análise do ego. Dois verbetes de enciclopédia. Dir. Jayme Salomão, Trad. Christiano Monteiro Oiticica. In: *Pequena coleção das obras de Freud*. Rio de Janeiro: Imago, 1976b. v.15.

_____. *Os casos clínicos*: O homem dos ratos. Dir. Jayme Salomão, Trad. Carlos Alberto Pavanelli. Rio de Janeiro: Imago, 1984.

MEIRELES, C. *Cecília Meireles: os melhores poemas*. 12.ed. São Paulo: Global, 2001.

REICH, W. *Materialismo dialético e análise*. Trad. Joaquim José de Moura Ramos. 4.ed. Lisboa, São Paulo: Presença, Martins Fontes, 1983.

SILVA, C. V. *O conceito de desejo na filosofia de Gilles Deleuze*. Campinas, 2000. Dissertação (Mestrado) – Instituto de Filosofia e Ciências Humanas, Universidade Estadual de Campinas.

4
PSIQUIATRIA MATERIALISTA DE DELEUZE, GUATTARI E REICH

Viviane Rezende de Oliveira*

"A esquizo análise é ao mesmo tempo uma análise transcendental e materialista. Ela é crítica, no sentido em que efetua a crítica de Édipo, ou leva Édipo até o ponto de sua própria autocrítica. Ela se propõe a explorar um inconsciente transcendental, em vez de metafísico; material, em vez de ideológico; esquizofrênico, em vez de edipiano; não figurativo, em vez de imaginário; real, em vez de simbólico; maquinístico, em vez de estrutural; molecular, microfísico e microbiológico, em vez de molar ou gregário; produtivo, em vez de expressivo. Trata-se aqui de princípios práticos como direção de 'cura'."
(Deleuze & Guattari,1976)

---

* A autora é formada em Psicologia pela Unesp. Esse artigo é resultado de um projeto de pesquisa realizado no primeiro ano do projeto "Estudo do conceito de inconsciente no pensamento de Gilles Deleuze e Félix Guattari: alguns pontos de contato com a 'psiquiatria materialista' de Reich, a propósito do conceito de desejo, em *O anti-Édipo*", desenvolvido com bolsa da Fapesp, no período de setembro de 2002 a agosto de 2003.

Introdução

No livro *O anti-Édipo*, Deleuze & Guattari (1976), em seu diálogo com a história da filosofia, e particularmente com a psicanálise, fornecem um conceito inovador de inconsciente, em que encontramos uma maneira de relançar os principais postulados da teoria freudiana do inconsciente, basicamente pela tese de Reich, em que se especificam as relações entre desejo e campo social. O elo de Deleuze e Guattari com Reich fornece a base da "esquizoanálise" ou "psiquiatria materialista", principalmente quanto à noção de máquina desejante e quanto à crítica dos postulados psicanalíticos (Édipo).

Uma das questões que Deleuze e Guattari encontram em Reich e que atualizam para os propósitos inscritos em *O anti-Édipo* é a do investimento desejante no campo social. Eles indicam em que sentido essa idéia reichiana poderia ser reelaborada em função das relações entre "máquinas desejantes" e "máquinas sociais". Para eles, tais máquinas engrenam fluxos desejantes segundo regimes de produção diversos, perfazendo investimentos "molares" e "moleculares" do inconsciente. A noção de máquina desejante correlaciona-se, para sermos mais precisos, aos estudos reichianos acerca da "energia orgone" e da "bioenergética".

Outro tema presente na trajetória de pesquisas de Deleuze e Guattari é a submissão do inconsciente ao complexo edipiano e o bloqueio da produção desejante por meio da triangulação familiar. Tal problemática se estabelece em consonância com os estudos de Reich dedicados à repressão e ao recalcamento, em que se evidencia certa tarefa de desedipianização do inconsciente por meio da ativação do aspecto histórico-social do desejo. Em resumo, os dois elementos explicitados, quais sejam, o funcionamento das máquinas desejantes e o papel relativo do complexo de Édipo para a estruturação do inconsciente, perfazem alguns dos pilares da esquizoanálise de Deleuze e Guattari.

Sendo assim, tais problemas, a serem por nós abordados neste artigo, colocam Reich no centro do conceito deleuzo-guattariano do inconsciente. Porém, segundo Deleuze e Guattari, Reich teria comprometido seu projeto de psiquiatria materialista ao enfatizar em demasia o elo ideológico entre a psicanálise e o capitalismo. Para eles, o elo entre psicanálise e capitalismo possui uma função econômica bem mais presente do que admitia Reich. Para os autores, não se tratava de entender a sociedade como possuindo um regime de produção que se superporia ideologicamente ao desejo, mas procurar caracterizar este último como dispondo de um regime de produção autônomo que se engrenaria funcionalmente com a produção social.

Apesar desse reparo, como Reich, Deleuze e Guattari valem-se da crítica marxista ao capitalismo e articulam-na a um determinado tratamento da teoria freudiana da psicanálise para desenvolver suas posições. Com efeito, em que pese o destaque conferido por Deleuze e Guattari a Reich, sabe-se que a articulação entre o desejo e o social, basilar para a psiquiatria materialista, não se deve unicamente às teses reichianas. No entanto, o tratamento da psiquiatria de Reich é uma das condições para o entendimento e a operacionalização da esquizoanálise. Sendo assim, neste artigo pretendemos introduzir o pensamento de Deleuze, orientando a leitura para a questão específica do inconsciente em sua obra, visando a uma discussão entre as correlações teóricas dos autores Deleuze, Guattari e Reich.

Construção do conceito de inconsciente de Deleuze e Guattari, destacando-se a contribuição de Reich

A parceria de Deleuze e Guattari a respeito do conceito de inconsciente é, ao mesmo tempo, o início de um trabalho conjunto que se estenderia até a morte do último, como também um ponto de inflexão a partir do qual Deleuze afasta seu pensamento definitivamente da psicanálise.

O anti-Édipo insere-se na rubrica maior da filosofia de Deleuze, isto é, a construção de uma teoria das multiplicidades. No contato com esse movimento de um pensamento em construção, o conceito

116 HÉLIO REBELLO CARDOSO JR.

de inconsciente, da mesma forma que já vinha sendo remodelado em razão dos pensamentos de Espinosa e Nietzsche, expande-se para problemas como economia, semiótica e história.

A amplitude desse conceito, em seu debate com a história da filosofia, seria incomensurável para o estudo de psicologia, se esse mesmo conceito não estivesse calcado numa redefinição da noção de "desejo", esta, sim, presente nas teorias psicológicas e psicanalíticas que se preocupam em tematizar e definir o inconsciente como categoria.

Para Deleuze e Guattari, sobretudo em *O anti-Édipo*, a produção do real é um campo de interseção da "produção desejante" e da "produção social". Esse encontro promove o que eles denominam "psiquiatria materialista" ou "esquizoanálise". O desejo, assim como a sociedade, dispõe de uma produção que lhe é inerente. São dois regimes de produção diversos e sobre os quais tem de se saber como se combinam para formar a realidade social.

O desejo, segundo Deleuze e Guattari, não é devedor nem da necessidade nem da falta. O desejo é imanente e, por isso, se identifica à produção do real. Em razão desse caráter imanentista e produtivo, o que importa conhecer são os regimes de seu funcionamento. Deleuze e Guattari criam o conceito de "máquinas desejantes" para descrever os modos de funcionamento e produção do desejo. Quanto a esse aspecto, inicia-se o contato da psiquiatria materialista de Deleuze e Guattari com Reich, pois, como já observamos, este foi o "primeiro a colocar o problema da relação do desejo com o campo social", porque Reich "em nome do desejo fez passar um canto de vida na psicanálise" e, para tanto, "só tinha suas próprias máquinas desejantes" (Deleuze & Guattari, 1976, p.155).

Construção do conceito de desejo de Deleuze e Guattar, destacando-se a contribuição de Reich

Sem simplesmente reduzir a teoria do desejo a uma feição sociologizante, Deleuze & Guattari (1976, p.46) abrem a possibili-

INCONSCIENTE-MULTIPLICIDADE **117**

dade de pensar a dinâmica a partir de categorias que definem a conexão do desejo com o social, posto que "a produção social é unicamente a própria produção desejante em condições determinadas". A fim de precisar o caráter dessa conexão do desejo, Deleuze e Guattari atribuirão importância, entre outros elementos, à pesquisa reichiana do *Orgone*, pois ele é o elemento vital e cósmico do desejo que investe, sem sublimação, as forças produtivas e as relações de produção.

O grande problema detectado por Deleuze e Guattaria é o da edipianização do inconsciente, tese esta marcada em *O anti-Édipo*. Édipo é tomado como um impedimento a toda psiquiatria materialista. Isso porque o postulado de Édipo não teria uma validade universal, como desejaria as várias modalidades da psicanálise. Pelo contrário, a edipianização do inconsciente é resultado do modo como a teoria psicanalítica, forjada no interior do modo de produção capitalista, entende o caráter do desejo. A função de Édipo seria a de bloquear, reterritorializar os fluxos do desejo que passam a percorrer o campo social capitalista (idem, p.201-7, 313-24).

Quanto à função reterritorializante do Édipo, Deleuze e Guattari percebem que há várias modalidades de sua incidência e que todas elas, de uma maneira ou de outra, são presas ao "postulado familialista". Dessa forma, o rebatimento dos fluxos do desejo na sociedade capitalista tem a ver com a posição que a figura de Édipo ocupa como mediador entre o desejo e o mundo, passando pela família. Com efeito, afirmam Deleuze & Guattari (1976, p.154), no mesmo diapasão de Reich: "a família é o agente delegado deste recalcamento, enquanto assegura uma reprodução psicológica de massa do sistema econômico de uma sociedade". Com base nisso, os autores colocam o desejo em posição de reterritorialização repressiva, ou seja, provocando uma *"stase* da energia libidinal", para utilizar uma expressão cara a Reich.

De fato, a família cumpre uma função de reprodução dentro de um dispositivo de "recalcamento-repressão". Para Deleuze e Guattari, seguindo a trilha de Reich, é importante saber de que maneira Édipo molda-se nesse dispositivo. São os seguintes os termos

118　HÉLIO REBELLO CARDOSO JR.

de Édipo, tendo em vista o recalcamento-repressão: o que está recalcado no inconsciente identifica-se com um desejo que deseja sua própria submissão e, por isso, corresponde a um desejo de dobrar-se às forças de repressão social.

A teoria do desejo e das máquinas desejantes

Para Deleuze e Guattari, o desejo é uma instância produtiva que possui seu próprio regime de produção. É uma potência que abre possibilidades para o corpo orgânico efetuar encontros que ainda não foram feitos, produzindo, assim, novos modos de vida. Toda produção desejante se refere a um trabalho de maquinação, no qual do encontro, conexão ou acoplamento entre dois objetos quaisquer, do ponto de vista da produção que resulta desse encontro (produção desejante), temos que ambos os objetos são denominados por Deleuze e Guattari "máquinas desejantes". Considera-se o desejo a própria maquinação entre dois ou mais objetos heterogêneos, no qual o único objetivo é a produção do real ou de uma realidade qualquer, sem fins determinados *a priori*. Vejamos o porquê disso, começando pela caracterização do conceito de desejo.

O desejo está presente no processo produtivo, movimentando as máquinas desejantes, as sínteses passivas do inconsciente, os objetos parciais e seus fluxos contínuos. Deleuze e Guattari, ao conceituarem o desejo como produção, eliminam a hipótese de que o desejo esteja ligado à falta de um objeto real, tal como supõe a psicanálise. Esta interpreta o mundo e sua realidade a partir de representações, coloca o desejo ao lado da aquisição e atribui a ele um sentido de falta de objeto real. Nesse caso, supõe-se uma "essência da falta", em que o representante deste é o "ser faltante", incompleto, em busca de satisfação de seu desejo. Essa concepção adquire um caráter ideal, no qual se interpreta o mundo e sua produção a partir de uma necessidade originária. Para a psicanálise, essa falta originária está ligada à família, o que significa que as diversas relações sociais de um sujeito são interpretadas com base na relação familiar; por isso, o desejo psicanalítico trabalha em busca de um ideal e para isso apóia-se no passado.

Assim, a produção do inconsciente é tida como algo que transcende a realidade produtiva. Nesse caso, toda a produção desejante se torna produção de fantasmas, e, por detrás de toda a produção, sempre há algo a ser alcançado no âmbito do imaginário. Assim, o objeto fantasmado passa a movimentar o desejo a partir de seus próprios interesses. Portanto, Deleuze e Guattari criticam a psicanálise e a "axiomática capitalista", em que ela se efetiva por colocarem o desejo como falta. Essa noção de desejo coloca-o à mercê das necessidades. Como dizem Deleuze e Guattari, não é o desejo que se escora nas necessidades, mas sim estas que derivam do desejo. Tais necessidades são produções de desejo na realidade. A falta é produzida na sociedade e por ela, e essa falta aloja-se no desejo. Para o desejo não existe um sujeito fixo, pois sempre se produzem novas realidades e devires. Sendo assim, o desejo trabalha na imanência, isto é, investe o campo social, uma vez que este produz uma realidade histórico-social própria. Até mesmo as relações sociais repressivas são produzidas pelo desejo, e este também cria linhas de fuga sobre o que já parece determinado. Com base nessa perspectiva, "quando se inclui o desejo, como instância produtiva, em uma análise política evita-se também um certo paternalismo que consistiria em acreditar que as 'classes dominadas' agiriam contra seus interesses, conduzidas pelo poder das 'classes dominantes'" (Silva, 2000, p.67).

O desejo está disseminado no campo social, não sendo algo interior ao homem e também não é sublimável como sugere a teoria psicanalítica. O desejo faz parte do real, investe sem mascarações.

> Dizemos que o campo social é imediatamente percorrido pelo desejo, que ele é seu produto historicamente determinado e que a libido não precisa de nenhuma mediação ou sublimação, nenhuma operação psíquica, nenhuma transformação para investir as forças produtivas e as relações de produção. Não há senão o desejo e o social, e nada mais... (Deleuze & Guattari, 1976, p.46)

E a questão do inconsciente, tendo em vista essa concepção de desejo que abarca o histórico-social?

Seja qual for a realidade considerada, inclusive a dos fenômenos psíquicos, pode-se entendê-la como um campo percorrido por fluxos que tornam imanentes produção desejante e produção social. Tal realidade é produzida por máquinas desejantes que funcionam em regime de associação binária, isto é, umas são fluxos que outras vão cortar, sempre acopladas umas às outras – "seio-boca". Como são binárias, as máquinas que são fluxos para que outras as cortem podem realizar, por sua vez, cortes sobre fluxos de outras máquinas. Dessa forma, o caráter produtivo do inconsciente não possui um regime que se possa determinar independentemente das maquinações realizadas em cada caso. O processo desejante deve-se ao encontro aleatório de máquinas, que não desfrutam de uma organização *a priori* que contenha a totalização do processo.

A tentativa de unificar supõe uma repressão das máquinas desejantes: bloqueia-se o fluxo produtivo ou direciona-o para um único objetivo, suprimindo, assim, a produção. Nisso, "a produção desejante é multiplicidade pura, isto é, afirmação irredutível à unidade" (Deleuze & Guattari, 1976, p.61). Isso é o que confere o caráter produtivo das máquinas desejantes. Se a realidade é trabalho de maquinação, se o inconsciente é trabalho de máquinas desejantes, como tais máquinas funcionam?

Toda máquina se compõe como um "objeto parcial", ora com um caráter gerador de energia, ora efetuando cortes de fluxos energéticos de outra máquina, pois "todo objeto supõe a continuidade de um fluxo, todo fluxo, a fragmentação do objeto". Em decorrência disso, toda máquina desejante é "máquina de máquina" e caracteriza-se na forma de "produto-produzir". Concebe-se, então, a produção das máquinas como multiplicidade, produção esta oriunda do caráter conectivo dessas máquinas que se ligam de forma binária em todas as direções. Essa produção é da ordem do real e tem o desejo como potência imanente desse processo produtivo, "em toda parte cortes e fluxos de onde brota o desejo e que são sua produtividade, operando sempre o enxerto do produzir sobre o produto" (idem, p.20 e 55).

INCONSCIENTE-MULTIPLICIDADE **121**

O desejo assim investido é capaz de efetivar uma "psiquiatria materialista", possuindo como tarefa a introdução da produção no desejo e, ao mesmo tempo, a relação inversa do desejo investido na produção. Percebe-se uma caracterização de desejo como ativo e produtivo, possuindo um caráter efetivo. É nessa perspectiva que Deleuze e Guattari reconhecem Reich como aquele que mais avançou no sentido de elaboração da noção materialista do inconsciente. É por essa razão que o encontro entre Deleuze e Guattari e Reich se torna pertinente. Sendo assim, pode-se indicar Reich como um pesquisador que buscou trabalhar as questões psíquicas pela visão materialista dialética, em que a história é também compreendida por meio de aspectos desejantes do sujeito, em busca do entendimento da realidade histórico-social e ideológica de uma época. Portanto, Reich tenta integrar o social e o psicológico como partes de um todo, sem reduzir a psicologia, ou seja, fazendo-a observar teses sociológicas que colocassem o psíquico como mera ilustração dos condicionamentos da vida material. A psicologia materialista utilizada por Reich refere-se a uma psicologia que trabalha questões de realidade e, para isso, utiliza-se de teses marxistas. Além disso, Reich (1974, p.19) critica a psicologia de sua época caracterizando-a como burguesa, pois, para o autor, ela assume um caráter místico e condiciona as formas históricas a seus próprios desejos, "em vez de derivar o pensamento e a acção da realidade, transforma a realidade em imaginação, de modo a que ela corresponda a seus desejos".

Segundo Reich, a psicologia burguesa explica por quais motivos o pobre roubou ou entrou em greve, ao passo que, para a psicologia materialista, o problema não se encontra dessa forma, mas nas razões que impedem que tais pessoas não se revoltem diante da exploração. Portanto, percebe-se que, para Reich, a compreensão burguesa da realidade não condiz com os fatos reais da produção social. Segundo o autor, a massa não se revoltava diante de situações de exploração em nome da repressão sexual produzidas pela família e sustentadas pela Igreja e pelo Estado. Deleuze & Guattari (1976, p.43) se apropriam dessas teses materialistas para conceituar o desejo e toda a produção como partes do real: "Se o desejo produz, ele produz real. Se o desejo é produtor, só pode ser na realidade, e de realidade".

Outro tema que merece destaque nos estudos reichianos se encontra no livro *A psicologia de massa do fascismo*, em que Reich (1974) analisa as condições sociopolíticas pelas quais passava a Alemanha de 1930 e busca entender por que a grande massa operária elege Hitler como líder nacional e adere conseqüentemente ao nazismo, durante um período de crise econômica. Reich era adepto do comunismo, não se conformava com tal situação e a contrariedade da população que tinha como possibilidade, no momento de eleição, favorecer o partido de esquerda, que estaria a favor dos ideais da grande massa operária. Para essa questão, Reich verifica o movimento sexual-político e sua influência nessa escolha. O autor chega a afirmar que o povo alemão desejou viver o nazismo naquelas condições determinadas. É como se as coisas se encaminhassem nessa direção, pode-se dizer que foi o resultado da produção desejante no encontro com o social. Como até agora temos indicado características de um desejo independente e capaz de efetivar realidades diversas, seria ingênuo pensar que o povo alemão estava alienado quanto a sua própria condição. Uma vez que o desejo está difuso por todo o campo social, não sendo privilégio de alguns, demonstrando que o poder é acessível a todos, são "os investimentos do desejo que modelam o poder e o difundem" (Silva, 2000, p.66). Nesse sentido, tanto Reich como Deleuze e Guattari se apóiam no desejo para debater essa questão. Os autores concordam que o desejo investe no social a ponto de produzir uma realidade histórica nova. Reich acredita que toda a produção humana se realiza materialmente pela ação humana, eis o que se constata em *O anti-Édipo*, que toda realidade é resultado da ação no mundo e se torna possível pelo encontro aleatório de máquinas, por isso "o real não é impossível, no real, pelo contrário, tudo é possível, tudo se torna possível" (Deleuze & Guattari, 1976, p.45).

Com base nessa óptica, podem-se considerar o desejo e o campo social máquinas engendradas que produzem novas realidades a cada encontro. Nesse sentido, dizem Deleuze & Guattari (1976, p.46) que até "mesmo as forças mais repressivas e mortíferas da reprodução social são produzidas pelo desejo".

Assim, especificamente na Alemanha de 1930, encontramos um investimento social do desejo que produziu o fascismo. Por ter sido produzido pelo desejo, o fascismo foi uma realidade de um espaço e tempos determinados. É essa dinâmica que confere ao desejo um caráter ativo e produtivo, que não cessa de produzir, estando em constante movimento e construção. Sendo assim,

> Nunca Reich foi o maior pensador do que quando recusa invocar um desconhecimento ou uma ilusão das massas para explicar o fascismo, e pede uma explicação pelo desejo, em termos de desejo: não, as massas não foram enganadas, mas desejaram o fascismo nesse momento, nessas circunstâncias, e é isso que é preciso explicar, essa perversão do desejo gregário. (Deleuze & Guattari, 1976, p.47)

Para Reich, a alusão ao desejo encontra força no aspecto sexual-político do movimento operário, em que se correlaciona com problemas político gerais, inclusive utiliza-se de estudos que se constituem como uma "sociologia da vida sexual humana" e sua aplicação no campo materialista dialético. A esses estudos, Reich deu o nome de "orgonomia sexual". Nesse sentido, o autor trabalha os aspectos socioeconômicos como correlacionados à vida sexual, não separa a libido da economia, mas prova que o desejo se diversifica. Deleuze e Guattari se valeram dessa temática para circunscrever a teoria das máquinas desejantes, considerando que toda a produção está inserida em um processo e é resultado da conectividade de máquinas. Nessa perspectiva, a sociedade é resultado da própria maquinação, e a vida sexual, política e econômica de um país não são áreas diferenciadas uma das outras, mas sim processos maquínicos. Essas máquinas engendram-se em uma única e mesma realidade produtiva de fluxos e cortes, na qual uma máquina faz um corte e também constitui fluxo para outra máquina que corta, e assim sucessivamente. Então, o autor conclui que não há separação entre política e libido.

124 HÉLIO REBELLO CARDOSO JR.

Reich não estabelece correlação da economia apenas com a sexualidade, mas também analisa a família, a Igreja e o Estado como territórios nos quais o desejo está presente, marcando as pessoas e suas produções. Essa correlação auxilia Deleuze e Guattari a tomarem a sociedade como uma máquina e as instituições como ligadas para a produção dessa realidade.

Máquinas sociais e máquinas desejantes

Qualquer grupo ou sociedade é regulado por fluxos desejantes operados por códigos. Por meio desses códigos, o desejo pode se efetivar nas relações diversas. Esta é a tarefa da máquina social, codificar fluxos desejantes e provocar "reterritorializações", ou seja, novos espaços de realização do desejo.

Tais máquinas são representadas por um dado momento histórico. Por conta disso, Deleuze e Guattari as classificam em três tipos: "a territorial primitiva, a bárbara despótica e a capitalista civilizada". Cada uma delas possui uma forma particular de funcionamento, segundo um certo regime de produção, relacionando-se de diferentes formas com as máquinas desejantes.

Sendo assim, o desejo investe no social de forma ampla, acompanhando a família, a religião, a economia, a cultura e todas as instâncias possíveis para a realização de encontros. Então, essas instituições são determinadas pelo desejo. Na verdade, cada território se insere como subconjuntos em que se apresentam difusos pelo campo social, não sendo determinantes uns dos outros, mas todos determinados pelo desejo. É no social que o desejo define os estados nos quais um sujeito vive, apresentando um relacionamento que permita uma "comunicação de inconscientes". Para Deleuze e Guattari, todo o investimento social é delirante. O delírio é histórico e social e, por isso, envolve os elementos mais díspares dessa realidade, quais sejam, entre outros, elementos econômicos, políticos, culturais, educacionais, semióticos.

INCONSCIENTE-MULTIPLICIDADE **125**

Os investimentos sociais podem ser caracterizados de acordo com dois pólos do delírio: o "pólo paranóico fascizante" e o "pólo esquizorrevolucionário". Aquele tem caráter molar, isto é, representa fenômenos de massa. Seu representante é o paranóico, aquele que controla massas, "ele é o artista dos grandes conjuntos molares". Nele, poder e soberania se agregam e se centralizam, fazem que a sociedade e a história girem em torno desse objetivo, apresentando-se de forma autoritária, como exemplo Hitler. Com isso, o desejo é "abafado", não tendo espaço para a expressão das singularidades. São exemplos do investimento social baseado no pólo fascizante do delírio: as grandes idéias, formas de governo, leis morais e religiosas, enfim, normas sociais. O pólo esquizorrevolucionário, por sua vez, determina um investimento nomádico ou molecular. Trata-se do nível não-agregativo, em que se dão as ligações por meio das disjunções. Nesse nível, o desejo é caracterizado pelas linhas de fuga que tornam todo investimento revolucionário.

Para Deleuze e Guattari, o inconsciente oscila entre esses pólos. Sendo assim, mesmo uma abertura revolucionária passa por endurecimentos que levam à molaridade das formas fascistas, posto que "essas oscilações do inconsciente, essas passagens subterrâneas de um a outro tipo no investimento libidinal, freqüentemente a coexistência dos dois, formam um dos objetos principais da esquizo análise" (Deleuze & Guattari, 1976, p.352).

Esses investimentos sociais são registrados no *socius*, ou seja, o Corpo sem Órgãos da sociedade, em que se inscreve ou codifica tudo o que se produz. Os pólos do delírio inserem-se como produções do inconsciente no *socius*. Tanto a paranóia como a esquizofrenia se registram nesse corpo pleno como produção do inconsciente.

Nos dois pólos, os investimentos apresentam-se engendrados em uma coletividade, a qual Deleuze e Guattari denominam "grandes conjuntos e micromultiplicidades". Eles se distinguem radicalmente, mas mantêm uma relação na qual "um deles incide sobre as estruturas molares e subordinam as moléculas, e o outro incide sobre as multiplicidades moleculares que subordinam a si mesmo" (idem, p.356). Além desses pólos, Deleuze e Guattari também indicam que o inconsciente é uma instância que se produz pelo trabalho de três sínteses. Essas sínteses não apresentam caráter transcendente, mas sim materialistas, e inserem-se no campo social por meio de um processo específico denominado "sínteses passivas do inconsciente".

São essas esferas autônomas que investem no campo social com leis próprias de funcionamento e regimes de produção específicos.

A primeira síntese é denominada "conectiva" ou "síntese de produção". Nessa síntese, existe o funcionamento das máquinas desejantes. Estas apresentam um caráter conectivo entre os objetos parciais, fluxos contínuos e fragmentados, e uma máquina emite um fluxo que a outra corta. Essa forma de funcionar assume a condição do produto-produzir, e as conexões dos objetos parciais são perpassadas por um fluxo energético, a libido, que é a "energia de produção". Os fluxos e cortes das máquinas desejantes são produzidos por um sistema molecular.

Após esse processo, as máquinas desejantes adquirem uma nova estruturação. Assim, apresenta-se a segunda síntese passiva do inconsciente, denominada "disjuntiva de registro" ou "de inscrição". Nessa síntese, os elementos apresentam-se juntos exatamente por não pressuporem nenhuma ligação necessária e encontram-se unidos por suas diferenças. Essa característica permite múltiplas conexões, garantindo a produtividade contínua do inconsciente.

A produção da primeira síntese não é registrada da mesma forma que a segunda, pois estas têm leis diferenciadas. A primeira constitui-se por conexões produtivas, enquanto a segunda é composta por Corpo sem Órgãos que possui uma lei de distribuição, do qual fazem parte novas redes de sínteses, de caráter disjuntivo, designando um sistema diversificado de trocas possíveis.

A energia desejante, a libido, transforma-se em energia de inscrição durante a segunda síntese, denominada "numem". Tal energia percorre o Corpo sem Órgãos, atrai toda a produção e coloca a superfície para a inscrição das diferenças. A seguir, temos a terceira síntese, denominada "conjuntiva" ou "produção de consumo". Essa síntese se refere à produção de um sujeito. A superfície de inscrição forma um sujeito diferente a cada encontro aleatório de máquinas, aliado ao trabalho em conjunto das sínteses do inconsciente. Nesse caso, esse sujeito apresenta-se como um constante devir, nasce e renasce a cada encontro de máquina e a cada registro. A energia de consumo é denominada "volupta". O que ocorre no processo das três sínteses é uma transformação energética, na qual cada uma se insere de acordo com sua forma de funcionamento. Por meio dessa correlação de forças, permite-se a formação de um sujeito e de situações diversas nas quais este possa vigorar.

Qual é, no entanto, a correlação que podemos indicar com as pesquisas reichianas?

Reich, por meio de seus estudos empíricos, foi o descobridor da energia orgone. No livro *A função do orgasmo: problemas econômico-sexuais da energia biológica*, Reich (1974) expõe suas descobertas no campo da biofísica, e a mais importante é a descoberta da energia orgone, uma energia que existe em todas as matérias, vivas ou não. Essa energia é considerada biológica. Ela trabalha em um nível molecular e também é investida no social de forma abrangente, assumindo um caráter molar. Sendo assim, o autor indica os investimentos de desejo no campo social. Esses investimentos não se encerram nessa perspectiva, mas ampliam-se para a questão biológica. O orgone, segundo Reich, é uma energia vital que se encontra presente na atmosfera, bem como em todo o organismo vivo, em cada uma das células, e carrega-se através da energia presente na atmosfera por meio da respiração. Assim, a energia sexual opera no corpo todo, não se restringindo a um romance familiar, mas está presente em todo o cosmos, segundo Reich. Quanto a esse aspecto, Deleuze e Guattari retomam a idéia de que a libido e suas transformações energéticas não precisam de nenhuma sublimação, muito menos necessitam dessexualizar para investir o campo social. Quer dizer, trata-se de uma energia circulante que se dissemina em vários meios. Isto vai de encontro ao que a psicanálise afirma, a saber, que a sexualidade fica restrita a relações familiares, e, para investir em outras relações, ela precisa ser mascarada, ou seja, sublimada. Pelo contrário, a energia é física, dizem Deleuze & Guattari (1976, p.368) se apoiando em Reich: "chamamos de libido a energia própria às máquinas desejantes; e as transformações dessa energia (numen e volupta) não são nunca dessexualizações nem sublimações".

Reich coloca a sexualidade como tema central de seus estudos e a associa a diversos campos do conhecimento, tais como a psicologia, a sociologia, a política, a física, a fisiologia e também a biologia. Essas correlações denotam o caráter múltiplo dos estudos reichianos e a complexidade desses mesmos estudos.

Reich acredita que o maior prazer que uma pessoa pode obter advém de uma vida sexual plena, que permite uma total descarga de energia, promovendo a potência orgástica, presente em pessoas que conseguem se entregar livremente às relações sexuais, sem repressões e recalcamentos. Essa satisfação sexual reflete-se nas outras relações do sujeito, em que é possível verificar um indivíduo mais espontâneo em seus relacionamentos felizes e manifestando um equilíbrio energético. Ao contrário disso, pessoas que não conseguem obter prazer durante o ato sexual apresentam enfermidades psíquicas como a neurose, e estas se refletem em enfermidades físicas. Para o autor, isso se deve à energia acumulada, ocorrendo, então, um bloqueio da energia biológica vital. De acordo com suas experiências clínicas, a dificuldade das pessoas em se entregarem espontaneamente ao ato sexual se deve à repressão. Um dos responsáveis por esse processo é a família que usa um mecanismo de repressão/recalcamento pela educação.

Para Reich, a excitação sexual e a sensação de prazer são efetivadas por uma combinação entre fenômenos mecânicos e elétricos. Com o que Deleuze e Guattari concordam, porque tal tese sobre a descarga energética prova a existência dos dois pólos de investimentos libidinais do inconsciente: o nível molecular e o molar, como vimos anteriormente. Assim, a carga bioelétrica presente no orgasmo trabalha de acordo com um sistema molecular, e a carga mecânica refere-se a um sistema molar. Portanto, a energia sexual empreendida no nível molecular também toma espaços nos grandes conjuntos estatísticos. Nesse caso, Reich provou que a energia sexual não era uma metáfora, mas, sim, processos "bioelétricos concretos".

Para Deleuze e Guattari, a teoria reichiana tem sua validade por demonstrar empiricamente os dois pólos da libido e de seus investimentos macro e microinconscientes. Para esses autores, o fato de Reich associar a sexualidade a fenômenos cósmicos, matérias e partículas microscópicas é mais interessante que subordinar a sexualidade a um romance familialista.

Quanto a esse aspecto, Deleuze e Guattari afirmam que a energia da libido e suas transformações energéticas não precisam de nenhuma sublimação, muito menos necessitam dessexualizar para investir o campo social. Trata-se de uma energia circulante que se dissemina em vários meios.

Édipo é universal?

Para Deleuze e Guattari, o complexo de Édipo é universal como construção ideológica de nossa sociedade capitalista, resultado de conexões históricas. O Édipo é um produto da sociedade capitalista, pois a produção social e a produção desejante apresentam uma zona de interseção. O Édipo articula e codifica os fluxos do desejo em torno de relações familiares e, por isso, tem a função de agenciar o desejo e o mundo, tendo como referência obrigatória a família. Sendo assim, todo o funcionamento do inconsciente verte sobre o triângulo "papai, mamãe, filho". Ao contrário, para Deleuze e Guattari, o pai e a mãe são, tão-somente, portas ou pontos de passagem da criança para o mundo.

O inconsciente, segundo o definem Deleuze e Guattari, como já visto anteriormente, é resultado de encontros de máquinas, no qual o desejo não se encontra restrito a Édipo, mas está investido nas relações sociais diversas. Portanto, "o que a criança investe através da experiência infantil, o seio maternal e a estrutura familiar, já é um estado dos cortes e dos fluxos do campo social no seu conjunto" (idem, p.349). O Édipo, como o conhecemos, faz que toda a produção desejante, o trabalho das sínteses passivas do inconsciente, os investimentos libidinais sejam desfeitos em nome da família.

Assim, o Édipo torna-se um instrumento de repressão de toda a produção do inconsciente e, segundo Deleuze e Guattari, de modo algum indica uma formação do inconsciente. Nesse sentido, o Édipo não é a verdade do inconsciente, mas sim uma transcendência em nossa cultura. O Édipo apresenta-se como um "limite relativo" que só tem significação dentro de um espaço e tempo determinados, juntamente nas formas de produção e reproduções sociais da máquina capitalista.

Para Deleuze & Guattari (1976, p.148), a condição de existência de Édipo nas sociedades capitalistas depende de uma força social, a qual "foi delineada por Reich: é a repressão social, as forças da repressão social". No entanto, Deleuze e Guattari discutem a relação existente entre recalcamento e repressão e como Édipo se configura nessa relação. Para eles, existe uma ligação direta entre essas duas noções, porque, se a repressão e o recalcamento são investidos sobre os desejos incestuosos, tais desejos adquirem um certo valor e inscrevem-se nas sociedades capitalistas como valor de mercadoria. A repressão torna-se necessária para manter essa ligação entre capitalismo e psicanálise, na qual Édipo passa a ser como algo desejado e imprescindível para o desenvolvimento de uma sociedade.

Ao submeter o desejo nesse traço único da castração, Édipo, no entanto, faz que o caráter produtivo do desejo seja ignorado. Cabe a questão: Será que realmente o desejo ameaça uma sociedade porque é "desejo de deitar com a mãe"?

Para Deleuze e Guattari, Édipo é uma idéia a serviço do recalcamento com o objetivo de manter a estrutura social vigente. O desejo assim se inscreve como ser faltante, e a sociedade fica submetida ao idealismo de um objeto fantasmado. Colocar o desejo a serviço da repressão é uma justificativa social que busca por fim tornar a repressão e o recalcamento como algo desejado e necessário. Deleuze & Guattari (1976, p.54) apóiam-se em Reich ao afirmarem que a força deste foi ter mostrado como o recalcamento depende da repressão, pois esta "tem justamente necessidade do recalcamento para formar súditos dóceis e assegurar a reprodução da formação social, inclusive em estruturas repressivas".

INCONSCIENTE-MULTIPLICIDADE **131**

Nesse processo, a família participa ativamente produzindo e reproduzindo o recalcamento e a repressão social. A família, ou melhor, os pais, no processo produto-produzir para a construção da realidade, constituem-se como objetos parciais, considerados como mais um atravessamento do desejo. No entanto, com a repressão esses objetos parciais passam a ser considerados objetos totais, projetando sobre o desejo um "romance familiar", isto é, a criança irá se desenvolver somente pela relação estabelecida com a família. Nesse sentido, Édipo unifica o funcionamento dos objetos parciais, estabelecendo fluxos e centralizando-os sob sua óptica. Assim, "o agente delegado do recalcamento, ou melhor, delegado ao recalcamento é a família; a imagem desfigurada do recalcado, as pulsões incestuosas" (idem, p.155). Conclui-se então que, sem o recalcamento e a repressão, o complexo de Édipo perde seu valor, e a relação entre máquina desejante e máquina social se inscreverá de uma outra forma.

Reich (s. d.), em *A irrupção da moral sexual repressiva*, verifica que o investimento político-sexual baseado nas pesquisas de Malinowski discute a tese de que as patologias da sociedade capitalista são decorrentes da repressão social exercida quanto à satisfação da sexualidade plena. Para Reich, não há cura de neuroses sem o restabelecimento de uma vida sexual satisfatória.

Reich questionou o funcionamento da sociedade capitalista e a utilização da repressão como forma de contenção do desejo das pessoas, o que se refere a sua prática social, tornando as pessoas passivas diante da autoridade, produzindo pessoas infelizes e impotentes, submetidas a um poder maior. Reich indica ainda que, na sociedade capitalista, a felicidade e tudo quanto esteja ligado às emoções são considerados inúteis. Para ele, o fato de tomarmos consciência de tais questões abre a oportunidade de transformação social.

Pelos estudos de Malinowski, Reich busca chamar a atenção para a existência de outras formas de funcionamento social diversas das existentes em nossa sociedade. A forma social de funcionamento da sociedade capitalista tem o recalcamento sexual como origem de seu desenvolvimento, recebendo apoio da família, mas que acaba sendo reforçado também por outras instituições moralizantes, tais como a Igreja e o Estado. Essas três instituições recebem uma crítica especial de Reich, pois, para ele, tais instituições produzem e reproduzem sujeitos dóceis e assujeitados, que vivem de acordo com uma moral estabelecida. O autor coloca que a repressão social adquire um valor importante na sociedade capitalista em contato com as idéias psicanalíticas, uma vez que pontos em comum entre esses dois segmentos se encontram. Para a psicanálise, a repressão sexual é uma condição prévia para o desenvolvimento cultural, pois esta não seria possível se não houvesse a repressão do desejo da criança em deitar com o pai ou com a mãe, o incesto. Porém, essa forma de pensar é questionada por Reich (s. d., p.14) ao longo de sua trajetória, "qual o interesse da sociedade no recalcamento sexual?", e conclui que "a civilização exige a moralidade".

Na verdade, o grande interesse de Reich baseava-se em verificar, pelo trabalho prático, o real sentido político da repressão sexual registrado em um regime capitalista, expressado na vida do operário.

Em toda a sociedade, existem regras e normas de vivência que se dão em uma individualidade e também em um coletivo, portanto uma sociedade não se caracteriza como melhor que outras, mas apenas possui formas diferentes de funcionamento. Portanto, a relação da família com a criança, ou melhor, a relação dos pais com os filhos, depende de uma condição social. Isso abre espaço para questionarmos Édipo como universal; na verdade, o que Reich questiona é a relação entre família e desenvolvimento social. Para Reich, Édipo não tem origem biológica, mas é composto a partir de uma estrutura social. A análise do comportamento sexual de povos primitivos é para Reich fundamental, pois assim o autor pode correlacionar a produção social com o investimento desejante e comprovar suas hipóteses quanto à economia sexual. Os estudos de Malinowski referem-se a uma tribo primitiva localizada na Melanésia, os trobriandeses. O etnógrafo coloca em questão, por meio de suas pesquisas, a legitimidade de Édipo como valor universal. Tais questões influenciaram Reich a questionar o funcionamento da sociedade capitalista e a utilização da repressão como forma de contenção do desejo; o mais importante era verificar a relação entre família e desenvolvimento social. No que se refere aos estudos de Malinowski, chega a afirmar que o complexo de Édipo dos europeus não existe entre os trobriandeses. Portanto, Reich constata que Édipo não tem origem biológica, pois, ao considerá-lo universal, coloca indiscutivelmente esse mecanismo como algo natural, ligado ao biológico. Todas essas considerações a respeito do processo de repressão/recalcamento podem ser encontradas nas idéias de Deleuze e Guattari, pois comprovam que Édipo não tem valor universal, uma vez que Édipo é uma realidade produzida à medida que "máquinas desejantes" e "máquinas sociais" apresentam um ponto de encontro em comum. Os autores concordam, e nisso também acreditam, com o fato de que o processo de repressão/recalcamento tem um interesse mais amplo, já que ele não se restringe apenas às relações familiares, mas abrange também o social. Nesse processo, percebe-se a participação de toda uma estrutura capaz de manter essa condição, estrutura que pressupõe a família privatizada e o sistema capitalista. Assim, desenvolve-se, como uma das teses básicas da psiquiatria materialista, a idéia de que o desejo comporta um investimento social.

A coexistência entre desejo e campo social/relação da psicanálise e do capitalismo

Para a constituição de um novo conceito de inconsciente, Deleuze e Guattari utilizam-se das teses reichianas, como pudemos observar ao longo deste texto. A principal tese elaborada pelos autores é a relação existente entre desejo e campo social, elemento básico para fornecer a base da psiquiatria materialista ou esquizoanálise. Uma das tarefas da esquizoanálise é mostrar que o desejo é uma máquina que faz parte da produção e que toda produção desejante é produção social. Assim, a máquina social e a máquina desejante agenciam-se para produção de uma realidade. No entanto, Deleuze e Guattari, apesar de utilizarem os estudos de Reich, não assumiram uma postura de adoção de idéias, mas criaram conceitos próprios. Em decorrência disso, os autores criticam Reich por este não ter considerado até as últimas conseqüências a "coextensão entre desejo e campo social". Para eles, Reich foi um grande pensador quando utilizou o desejo para explicar a adesão do povo alemão ao fascismo, bem como para entender os comportamentos dos explorados e dos famintos que mantinham uma posição de exploração e de humilhação havia séculos. Enfim, mostrou a importância da relação do desejo como o social. Porém, para os autores, Reich acabou restaurando o que tentou derrubar ao colocar o desejo como algo irracional, ligado ao subjetivo e à psicanálise. Assim, Reich retorna à teoria psicanalítica, em que a produção do desejo remete a uma condição fantasmática e o objeto real existe apenas dentro de uma produção social, produção racional. Nesse sentido, "o inconsciente é reduzido a um sistema de crenças, no qual a produção social encontra-se alienada em 'crenças', supostamente 'autônomas', e que a produção desejante acha-se presa a uma representação 'supostamente inconsciente'" (Deleuze & Guattari, 1976, p.375).

Reich contentou-se em caracterizar a atuação do desejo como subjetiva e irracional, justamente por ter se distanciado da psiquiatria materialista, com a qual sonhara, por estar vinculado a conceitos derivados da concepção psicanalítica que o impediram de ver que o desejo fazia parte da infra-estrutura, que ele é produtivo. Reich acabou por encerrar o desejo dentro do dualismo entre subjetivo e objetivo, assim a psicanálise passou a ser remetida ao subjetivo definido pela ideologia. No entanto, para Deleuze e Guattari, tudo é objetivo ou subjetivo, o importante é verificarmos a "infra-estrutura econômica e seus investimentos".

Ao estabelecermos a relação entre desejo e campo social, cabe a pergunta: qual é a relação existente entre capitalismo e psicanálise?

Tanto a psicanálise como o capitalismo apresentam fluxos decodificados do desejo, que são codificados por interesses específicos. No capitalismo, o desejo é codificado sobre o lucro/mais-valia. Segundo Marx, esse processo capitalístico de produção é alienante, e assim as pessoas introjetam esse funcionamento como subjetivo e simbólico. O mesmo se dá na psicanálise, em que todo o desejo é rebatido sobre Édipo, também se apresentando como algo alienante e transcendente. Nesse sentido, os dois mecanismos possuem os mesmos fluxos decodificados do desejo. O capitalismo para existir necessita da relação entre o explorador e o explorado, já na psicanálise a relação estritamente necessária é a do triângulo "pai, mãe, ego", portanto uma mesma relação de castração e de autoridade.

De acordo com os autores, o capitalismo refere-se a um "trabalho abstrato subjetivo" e a psicanálise está relacionada à "libido abstrata subjetiva". Nessa relação, o trabalho abstrato subjetivo é representado na propriedade privada, e o desejo abstrato subjetivo pela família privatizada. Nesse sentido, pode-se supor que a forma como a sociedade está estruturada mantém o capitalismo e conseqüentemente a psicanálise, já que "o capitalismo exige e institui não apenas uma axiomática social, mas uma aplicação dessa axiomática à família privatizada" (idem, p.385). Essas duas formas de funcionamento impedem que o desejo escape ao sistema "unidade estrutural", estando reunidos num conjunto molar. Nesses dois mecanismos, o ser humano é considerado um "ser faltante". Ora de dinheiro, ora de objeto real. Assim, a grande crítica de Deleuze e Guattari a Reich resume-se no argumento de que este não teria percebido que a psicanálise depende diretamente de um mecanismo econômico para a aplicação de sua axiomática, de modo que a relação entre elas vai além da ideologia. É necessário que os fluxos decodificados do capitalismo sejam rebatidos sobre um campo familiar, para que essa axiomática seja efetivamente aplicada, pois

> a psicanálise depende diretamente de um mecanismo econômico pelo qual os fluxos decodificados do desejo, tal como eles são tomados na axiomática capitalista, devem ser necessariamente rebatidos sobre um campo familial onde se efetua a aplicação dessa axiomática. (Deleuze & Guattari, 1976, p.396)

Em resumo, Deleuze e Guattari, com base nessas teses, afirmam que o desejo produz o real e que não deixa de investir no campo social sem sublimações, já que, para os autores, não há distinção entre

136 HÉLIO REBELLO CARDOSO JR.

produção desejante e produção social. Assim, o desejo pode investir no social por meio de mecanismos repressivos, bem como criar linhas de fuga sob o que parece determinado. Assim, segundo Deleuze e Guattari, a descoberta de uma atividade de produção em geral e sem distinção, como ela aparece no capitalismo, é inseparavelmente a da economia política e da psicanálise, para além dos sistemas determinados de representação.

Referências bibliográficas

DELEUZE, G., GUATTARI, F. *O anti-Édipo*. Capitalismo e esquizofrenia. Trad. Georges Lamazière. Rio de Janeiro: Imago, 1976.

REICH, W. *A psicologia de massa do fascismo*. Porto: Escorpião, 1974.

_____. *A função do orgasmo*: problemas econômico-sexuais da energia biológica. São Paulo: Brasiliense, 1975.

_____. *A irrupção da moral sexual repressiva*. São Paulo: Martins Fontes, s. d.

SILVA, C. V. *O conceito de desejo na filosofia de Gilles Deleuze*. Campinas, 2000. Dissertação (Mestrado) – Instituto de Filosofia e Ciências Humanas, Universidade Estadual de Campinas.

5
ALGUNS PONTOS DE DEBATE COM O CONCEITO FREUDIANO DE INCONSCIENTE EM *APRESENTAÇÃO DE SACHER-MASOCH*

Marília Pinto Petrechen*

Apresentação

O estudo aqui proposto procura tratar da construção do conceito de inconsciente de Deleuze e Guattari, principalmente quanto à definição dos estilos de inconsciente (masoquista e sádico) em *Apresentação de Sacher-Masoch*, de 1967. Nesse livro, Deleuze visa discutir a chamada *entidade* sadomasoquista, argumentando que entre o sadismo e o masoquismo não há unidade nem possibilidade de reviramento de um em outro, como supõe a psicanálise.

A argumentação trabalhada por Deleuze no livro alcança as justificativas apresentadas do sadismo e do masoquismo como diferentes estilos de vivenciar o inconsciente. A observação de tais diferenças é constatada diretamente nos escritos de Sade e Masoch. Tais diferenças de estilo são necessárias para caracterizar o masoquismo, contudo não são suficientes, pois, no fundo, todas elas dependem da relação entre prazer e dor.

---

* A autora é formada em Psicologia pela Unesp. Esse artigo é derivado de projeto de sua autoria, "Estudo do conceito de inconsciente no pensamento de Gilles Deleuze e Félix Guattari: alguns pontos de debate com o conceito freudiano de inconsciente em *Apresentação de Sacher-Masoch (1967)*", que contou, para seu desenvolvimento, com bolsa da Fapesp, no período de janeiro de 2004 a dezembro de 2004.

A vinculação dos estilos de inconsciente com o par prazer/dor autoriza especificarmos o objetivo geral deste projeto, posto que se observa, por parte de Deleuze, um intenso debate não apenas para discutir a teoria psicanalítica, mas também para revolvê-la em busca de certas conexões importantes para o conceito renovado do inconsciente. Por isso, é essencial o acompanhamento desse debate com a psicanálise.

Sadismo e masoquismo como estilos diferenciados do inconsciente

Segundo Deleuze, o problema do sadismo e do masoquismo não seria o vínculo da dor com o prazer, mas o de modos diversos pelos quais nessas perversões se promove uma dessexualização da energia libidinal capaz de dar autonomia ao princípio de prazer, advindo, justamente desse ponto, a importância clínica das obras de Sade e de Masoch.

O livro *Apresentação de Sacher-Masoch* é uma apresentação de fundamentos inovadores relativos à questão do inconsciente para Deleuze. Escrito em 1967, período no qual o autor realiza seus estudos e escritos mais ligados à história da filosofia, compõe com as demais obras de Deleuze desse mesmo período a proposta que fundou uma filosofia da diferença.

Embasado na idéia de que não existe uma unidade sadomasoquista, Deleuze apresenta um conceito inovador de inconsciente organizado por "relações diferenciais". Por meio da possibilidade de que o sadismo e o masoquismo são estilos diferenciados de conceber e vivenciar o mesmo, o autor discute tal noção com as concepções do sadomasoquismo que aparecem na psicanálise com o intuito de revolver a teoria psicanalítica, para buscar certas conexões importantes para o conceito renovado de inconsciente.

A maior proposta apregoada por Deleuze em relação ao inconsciente é de que este é produtivo. Ela coloca em questão a representatividade defendida pela psicanálise, em que o inconsciente, como um depósito, representa, significa, remete, expressa (mito, tragédia, sonho, lembrança, repressão, recalque). Entretanto, Deleuze aponta que justamente pelo fato de o inconsciente ser produtivo, é que existem as possibilidades de vivenciá-lo de maneiras singulares. O que, por conseguinte, promove o aparecimento de estilos de inconsciente, como o sadismo e o masoquismo, que, como domínios diversos, experimentam energias libidinais e vínculos ao par prazer e dor diferenciados.

Para a psicanálise, há uma entidade sadomasoquista cujos caracteres são a unidade e a possibilidade de reviramento de um sádico em um masoquista. Unidade, porque, embora as expressões de ambos sejam contrárias, sadismo e masoquismo atendem à dinâmica de um mesmo princípio pulsional. Reviramento, pois o atavismo do princípio pulsional autoriza uma certa conversibilidade de seus elementos; em poucas palavras, se o sádico dirige para o exterior sua agressividade, o masoquista é aquele que a dirigiu para si, sendo ele, portanto, um sádico cujo objeto de prazer é a punição do próprio "eu".

Deleuze consegue separar dois momentos ou versões na teoria freudiana para o sadismo e o masoquismo. A primeira versão seria aquela que exprime a entidade sadomasoquista segundo a dualidade entre instintos sexuais e instintos do eu (pulsões de conservação). A segunda versão seria aquela em que a dualidade se daria entre pulsões ligadas a Eros e Tânatos. A idéia de dualidade de instintos ou pulsões, presentes nas versões freudianas, já problematizara a vigência da unidade e da possibilidade de reviramento da entidade sadomasoquista.

Isso quer dizer, então, que ambas as versões tendem a determinar uma entidade sadomasoquista que assegura a essa entidade a passagem de um elemento para o outro. É nesse momento que Deleuze questiona em qual medida as duas concepções são realmente diferentes; em qual medida também uma e outra implicam um "transformismo" freudiano; em que medida a hipótese de uma dualidade dos instintos vem, nesses dois casos, limitar esse transformismo. Em seguida, Deleuze apresenta as interpretações freudianas sobre a unidade sadomasoquista e também as múltiplas razões que o levam a concluir que o masoquismo não se deixa simplesmente definir como o sadismo revirado contra o ego.

Em uma de suas argumentações favoráveis à unidade sadomasoquista, Freud utiliza o vínculo prazer-dor como possibilidade de reviramento da pulsão sádica para a masoquista. Ele formula que o sádico que busca a dor do outro não teria a idéia de provocar a dor no outro se não tivesse sentido antes "masoquisticamente" a relação da sua dor com seu prazer.

Deleuze questiona se esse mesmo argumento pode vir abstrair "a relação prazer-dor das condições formais concretas em que ela se estabelece: considera-se a mistura prazer-dor como uma espécie de matéria neutra, comum ao sadismo e ao masoquismo. Isola-se inclusive uma relação mais particular, seu prazer-sua própria dor, que se supõe igualmente vivida, identicamente vivida pelo sádico e pelo masoquista, independentemente das formas concretas de que ela resulta nos dois casos" (Deleuze, 1983, p.50). Para o autor, tal argumentação cria problema e não se faz suficiente para assegurar o reviramento da pulsão sádica na masoquista.

Na sua segunda interpretação sobre a unidade sadomasoquista, Freud aponta que tanto o sadismo quanto o masoquismo implicam, respectivamente, que uma certa quantidade de energia libidinal seja neutralizada, dessexualizada, deslocada, posta a serviço de Tânatos (instinto de morte). Nessa noção, conforme Deleuze, não há nunca transformação direta de um instinto em outro, mas "deslocamento de uma carga energética", fenômeno este que Freud nomeia de desintricação.

Para Deleuze, essa dessexualização da energia libidinal presente no sadismo e no masoquismo é, no entanto, capaz de dar autonomia ao princípio do prazer. O autor pensa que essas duas perversões, por serem estilos diferenciados do inconsciente, promovem uma dessexualização da energia libidinal com essa capacidade. A realização pelas perversões sádicas e masoquistas da dessexualização da energia libidinal está presente tanto na concepção de Freud quanto na de Gilles Deleuze.

Enquanto Freud pensa que essa dessexualização favorece um contato com a energia de Tânatos (desintricação), Deleuze afirma que essa dessexualização, promovida pelos estilos sadismo e masoquismo, é capaz de dar autonomia ao princípio do prazer. Isso se dá pela capacidade que esses estilos têm de, ao vivenciarem o inconsciente de maneiras múltiplas, também se relacionarem com o princípio do prazer de maneira diferente, pois o prazer não se define somente pela fuga e esquiva constante da dor e do desprazer. A dor é também acoplada na busca do prazer. Destarte, há uma diferenciação da relação apregoada por Freud em *Além do princípio do prazer*, pois Deleuze introduz a noção de autonomia ao princípio do prazer, o que altera o modo de pensar a dessexualização das energias libidinais (Cf. Freud, 1967, V. XVII).

Para Deleuze, no sadismo e no masoquismo não há vínculos obscuros da dor com o prazer, a relação com a dor tanto para o sadismo como para o masoquismo é um efeito.

Deleuze afirma que a dessexualização ou a desintricação não são modos de passagem para o reviramento da perversão sádica em masoquista, pois sadismo e masoquismo, cada um, integram e possuem sua forma particular de dessexualização e ressexualização. A afinidade com a dor depende de condições formais inteiramente diversas nos dois casos. O instinto de morte não assegura o reviramento e a comunicação das duas perversões. Ele é comum ao sadismo e ao masoquismo, mas como invólucro transcendente que nunca é dado na realidade. Com relação ao instinto de morte, sadismo e masoquismo são estruturas diferentes, que revelam suas naturezas distintas.

Há, com efeito, dois tipos de dessexualização que incidem nas estruturas diferenciadas do sadismo e do masoquismo em favor de uma ressexualização perversa que confere a cada perversão uma suficiência estrutural.

No masoquismo, a morte só pode ser imaginada como um segundo nascimento, que liberta a sexualidade masoquista. A ressexualização acontece na medida em que a dessexualização do ego se constitui. Por isso, as dores do masoquista e seus castigos tão penosos adquirem um papel erótico com relação à idéia de morte. Há um processo de dessexualização que libera a sexualidade e um processo de ressexualização que confere o prazer a algo que seria proibido. A reflexão do ego na morte produz o ego ideal nas condições de independência ou autonomia do masoquismo.

No sadismo é precisamente toda uma "outra história". O instinto de morte aparece como um pensamento terrível que é demonstrado pela razão demonstrativa da linguagem de Sade, por meio das aflições e torturas às quais as vítimas são submetidas. A ressexualização do sádico se opõe a todos os pontos de vista do masoquista (Deleuze, 1983, p.139).

Quando a unidade sadomasoquista é assegurada pela psicanálise, ela "violenta" o ponto de vista etiológico dos termos sadismo e masoquismo. Dizer que a reversibilidade de um e de outro existe é "mutilar" elementos e componentes singulares e essenciais dos respectivos termos a favor de uma razão de reversibilidade. Simultaneamente, ainda, a afirmativa psicanalítica da unidade sadomasoquista agride também os termos sádico e masoquista num ponto de vista sintomatológico. A fim de provar a existência do sadomasoquismo, trata as perversões e suas formações como uma rede abstrata de encadeamentos, confunde e considera síndromes grosseiras e faz analogia vaga de efeitos. Tal pensamento pode levar a uma desconsideração dos tipos diferenciados de comportamento sexual de um sádico e de um masoquista e das especificidades que eles incluem, abstraindo duas entidades e dois mundos.

Deleuze critica a psicanálise quanto à crença numa dialética que uniu apressadamente os contrários, partindo de uma tradição pré-freudiana, quando ela poderia questioná-la.

Daí a importância clínica das obras de Sade e de Masoch. Para Deleuze (1983, p.13), "a sintomatologia é um caso de arte. As especificidades clínicas do sadismo e do masoquismo não são separáveis dos valores literários de Sade e de Masoch". O ponto de partida, então, para o questionamento dessa unidade sadomasoquista é o contato com os mundos diferentes das obras de Sade e Masoch. A leitura da obra de Masoch, com o objetivo de localizar simplesmente sua complementaridade com a obra de Sade, é extremamente injusta.

Diferentes funções de linguagem: o problema da linguagem erótica

As obras de Sade e Masoch podem ser tidas por pornológicas, uma vez que não têm a intenção pura e simples de delatar uma cena erótica. Mas unem a violência, que não fala, e erotismo, de que não se fala, montando atmosferas extremamente sensuais, usando abundantemente as palavras de ordem e descrições.

Às linguagens de Sade e Masoch, então, cabe a mesma proposta: a relação com o que toca o limite destas, já que permeiam elementos que pediriam uma espécie de "não-linguagem" (violência e erotismo).

Essencialmente, ambas as linguagens portam paradoxos. As narrações dos atos libertinos dos personagens de Sade são contadas pelo viés do carrasco. Mas isso é contraditório, uma vez que a linguagem de poder usada pelo libertino se justificaria por si só, silenciando as vítimas, sem necessidade de explicações e causas. Porém, como poderia existir exposição tão clara de uma tortura sem captar o olhar de quem é submetido a uma? A linguagem de Sade coloca-se ao lado do carrasco, identifica o leitor a este, mas simultaneamente se opõe a ele para poder contar as histórias literariamente. Da mesma forma, Masoch porta uma contradição em sua linguagem, pois a vítima, que narra as obras, tem a palavra como o carrasco que é para si mesmo.

Na obra de Sade, imperativos e descrições extrapolam seus papéis, mas ainda estão submetidos à função demonstrativa da linguagem. O libertino desenvolve enormes e prolongados raciocínios, conversa, dialoga, discute com a vítima. Teoriza e idealiza o ato violento, e a demonstração atesta e comprova tal violência pelo que é praticado pelas vítimas. Mas não como forma de educar os corpos e suas repetições, mas simplesmente como forma de demonstrar; o sádico tem uma atitude professoral. Tal raciocínio da violência o torna onipotente e solitário; ainda que outros o acompanhem, cada libertino seguirá seu pensamento única e singularmente. As funções imperativas e descritivas são então derivativas e submissas à demonstração, uma vez que a descrição se faz apenas como um veículo sensorial para ilustrar as demonstrações; e as palavras de ordem são introduções e formatos despreparados para as questões que dizem dos raciocínios e teoremas sádicos (idem, p.22). Percebemos, então, elementos pessoais e impessoais na linguagem que Sade utiliza. O elemento pessoal fala unicamente da violência como particularidade e preferência, ele é a formulação real dos teoremas sádicos. E o elemento impessoal é a idéia de razão pura imbuída nos raciocínios e teoremas sádicos, é uma demonstração que subordina o elemento pessoal, este é refletido e passa para o impessoal. As singularidades do desejo e o próprio desejo fazem parte de uma razão analítica, a Idéia de razão pura.

Na linguagem de Masoch, também existe uma função superior que, por meio da educação e persuasão, deriva as funções da descrição e das palavras imperativas. Masoch invoca um espírito dialético para além da sua integração com o romantismo. O clima pesado e a atmosfera de suspense suscitados pelo autor criam o tom necessário para a mitificação das cenas em que o masoquista sente o prazer e se realiza nele. A nudez da mulher-carrasco é preparada para surgir em condições que a mitifiquem, e nunca se faz sem uma contextualização prévia de ascensão a uma situação "supra-sensual".

Uma mesma cena, nos livros de Masoch, é representada em diversos níveis, seguindo reviramentos e desdobramentos na distribuição de papéis e da linguagem. O masoquista educa a mulher déspota para submetê-lo a suas vontades, humilhando-o e punindo-o; é uma espécie de "ilusão" criada pelo autor. O masoquista tem a função de educador e corre o risco de exercer tal função, quando a mulher-carrasco pode não "apreender o papel" ao qual foi "submetida" no contrato com sua vítima. A persuasão completa seria a ascensão ao Ideal. Existe uma imaginação dialética em Masoch, a vítima que fala por meio de seu carrasco na tentativa de atingir um ideal. "Existe toda uma ascensão que deve ser feita à base de chicotadas" (idem, p.25). Daí uma função dialética em Masoch ser mítica e persuasiva. Função animada por um espírito dialético, em que tais particularidades devem se refletir num Ideal impessoal desse espírito (idem, p.36).

Às descrições são atribuídos valores e papéis distintos nas obras de Sade e Masoch.

Em Sade, as descrições são obscenas em razão de um elemento essencialmente provocador inerente à função demonstrativa da linguagem. Quando considerados os caminhos que um sádico dispõe para conduzir sua demonstração, percebe-se a função descritiva subordinada à demonstração mais profunda. A função demonstrativa atinge seu mais alto efeito por intermédio da descrição de atos nojentos e cruéis e da repetição acelerante e condensadora dos teoremas sádicos. A função descritiva em Sade, imbuída de elementos escatológicos e obscenos, tem essencialmente fundamentação em todo o conceito do negativo e da negação para o autor (idem, p.32).

A negação em toda a sua extensão e profundidade está em jogo na obra de Sade, em dois níveis distintos: o negativo como processo parcial e a negação pura como idéia totalizante. Correspondentes a duas naturezas, uma segunda que é sujeita às próprias regras e que comporta o negativo como processo parcial de morte e de destruição e que forma o mundo da experiência, e opõe-se a esta, uma primeira natureza, que porta a negação pura, liberada das leis de criação e conservação, que é a Idéia pura de uma negação.

O Ego sádico participa da segunda natureza produzindo atos de violência na realidade, mas sempre em tentativas de acelerar, condensar a "idéia de mal" embutida na primeira natureza.

O elemento pessoal da obra de Sade, correspondente à segunda natureza, é dado na experiência pela demonstração, em tentativas de atingir a onipotência do raciocínio que carrega em si o elemento impessoal, que é "idéia do mal", que não pode ser *dado* na realidade. O sádico nega em parte o mal que é dado na experiência, pelo qual as práticas são condensadas e multiplicadas nas dores e nos sofrimentos das vítimas, numa tentativa de fixação e obtenção da primeira natureza, do mal que só é teorizado no plano das idéias, em um raciocínio solitário e onipotente.

No romantismo de Masoch, a fantasia é marcada por descrições extremamente decentes. A obscenidade não é necessária à linguagem empregada por Masoch. O masoquismo é "disfarçado" por situações que o justificam e o motivam. Toda obscenidade é denegada e suspensa na obra de Masoch, de forma que a as descrições subsistem, mas deslocadas do objeto em si para o fetiche. O suspense da atmosfera criada por Masoch é marcado pelas descrições decentes que realizam uma arte da sugestão.

A denegação é um processo em que o masoquista contesta a legalidade do que é real e dado na experiência, é uma operação que conforma o juízo especial do masoquista. Ocorre assim uma suspensão e neutralização da realidade que permitem aparecer um ideal masoquista suspenso como um fantasma, como uma nova construção. No caso do masoquista, esse processo conduz ao fetichismo. Uma parte do sujeito conhece a realidade, mas suspende esse conhecimento enquanto a outra parte se suspende no ideal. Desejo de observação científica, depois de contemplação mística (idem, p.37).

O processo de denegação masoquista leva-o à obtenção do prazer sexual, mas tal consecução é atrasada, adiada. Quando tal prazer é alcançado, ele é tocado por uma denegação que permite ao masoquista a experiência da denegação e suspensão de sua realidade, para uma abertura de um ideal a si mesmo, experimentando uma identificação com "um novo homem sem sexualidade" (idem, ibid.).

"Apatia" sádica e "frieza" masoquista: diferentes modos de empregar o fetiche

Os heróis sádicos exercem uma apatia contra todo o sentimento, denunciando-os de impedir, de condensar e precipitar o puro desejo do mal que carregam consigo. Os entusiasmos levam necessariamente à natureza segunda, dispersam o elemento puro de uma sensualidade demonstrativa e sua condensação na experiência. É uma apatia que tem como fundamento a negação do sentimento.

A frieza masoquista tem um sentido diferente, o sentimento assume um papel superior como elemento impessoal. Enquanto a sensualidade é denegada por aprisionar em imperfeições do plano da experiência, inerentes à segunda natureza. Quando denegada, a sensualidade passa a não existir mais como tal. Por isso, o masoquista renasce como um "novo homem sem sexualidade". O triunfo do frio e do gelo sobre a sensualidade é um ponto de transmutação e de latência, pelo qual a sensualidade supra-sensual passa a ser uma fonte, abrindo espaço para a frieza e a crueldade. O frio protege a supra-sensualidade e a exprime como cólera e severidade (idem, p.57).

Pertence essencialmente ao masoquismo e à arte de Masoch uma experiência da espera e do suspense. O masoquista encontra como condição indispensável para a obtenção de prazer, a espera por ele. Os acontecimentos que precedem a obtenção do prazer, a forma como o tempo torna o prazer possível, são significativos para o masoquista. O masoquista espera o prazer como algo que está essencialmente atrasado e supõe a dor como condição que o torna possível. O real é adiado, denegado para dar espaço ao fantasma. A espera é a unidade ideal-real, forma e temporalidade do fantasma. O suspense adia o fantasma, assim como espera alcançar o ideal. O fetiche então, para o masoquista, é o próprio objeto do fantasma, o "objeto fantasmado por excelência" (idem, p.79). O masoquista usa o fantasma para neutralizar o real e suspender o ideal na interioridade pura do próprio fantasma.

O sádico faz uso do fantasma para projetar o movimento irreal dos seus prazeres em personagens que não participam do seu sonho e do seu desejo (que tem por base um teorema solitário de mal, uma Idéia). O fantasma atinge uma força de projeção e de constituição da realidade, um poder de agressão e condensação da violência sobre as vítimas dos libertinos. A relação do sádico com o fetiche tenta trazer a Idéia para o plano da experiência, é uma relação fundamentada na destruição do fetiche.

A destruição do fetiche no sadismo, para Deleuze, não pode ser tida propriamente como uma crença fetichista. Foram feitas sistematizações sobre os modos sádico e masoquista de empregar o fetiche que podem ser tidas com "ocas". O fetiche para o sádico é destruído para uma projeção no real, e trata o fantasma como potente para agredir e inserir-se na realidade. Para o masoquista, a constituição do fetiche mede a força interior do fantasma, sua força de sus-

Pais e mães masoquistas e sádicos

Em congruência com a crença na unidade entre sadismo e masoquismo, e com razões que a sustentam, a psicanálise supõe que a imagem do pai seja determinante no masoquismo justamente porque ela o é no sadismo. Há inferência, pois, que por meio de inversões, encontrar-se-ia em uma perversão, o que age na outra.

Deleuze realiza uma acirrada discussão acerca das afirmações psicanalíticas referentes ao papel determinante do pai na perversão masoquista, da culpa e do medo de castração relativos a este lugar. Dessa forma, é importante salientar a crítica do autor diante do tratamento psicanalítico conferido ao papel do pai na perversão masoquista, provindo de uma interpretação apoiada em um "preconceito" sadomasoquista.

A psicanálise aponta diferentes papéis para o pai e para a mãe na perversão sádica. Há uma identificação do papel da mãe com uma natureza segunda, submetida às leis da criação, da conservação e da reprodução. As heroínas das obras de Sade têm suas atitudes dedicadas ao homem e presididas por ele. Até para exercerem certo poderio, elas imitam o homem. Contrariamente, o pai é colocado acima de todas as leis, com natureza e potência originalmente anárquicas, capaz de dissolver sua própria família e prostituí-la. No sadismo, a imagem edipiana de mulher é quebrada, convertida para um papel que a torna vítima, enquanto a filha se une ao pai como cúmplice incestuosa. Em todos os aspectos, o sadismo apresenta uma negação ativa da mãe e uma inflação do pai, que o permite estar acima de todas as leis.

Para falar dos papéis maternos e paternos na perversão masoquista, faremos uma apresentação breve das imagens de mãe existentes na literatura de Masoch, de acordo com Deleuze.

Nos romances de Masoch, há um primeiro tipo feminino, o da mãe primitiva, uterina e hetera, que não confere ao pai função alguma. O terceiro tipo é definido pela mulher edipiana e sádica, que sempre se relaciona com o homem. Neste, o homem desperta na mulher um certo sadismo, desejo de fazer sofrer, porém ele ainda ameaça torná-la vítima. O segundo tipo é o da mãe oral, que constrói para si uma supra-sensualidade, uma frieza e uma ordem rigorosa.

Essa triplicação da imagem da mãe tem como efeito transferir simbolicamente todas as funções paternas da imagem de mulher para o masoquismo. A boa mãe, também tida como a mãe oral, é idealizada. O masoquista idealiza as funções das mães ruins, em função da mãe boa. A mãe oral assume todos os ideais cabíveis a outros tipos de mulher.

O masoquista vive a ordem simbólica como intramaternal. A mãe oral é tida como ideal de mulher para o masoquismo e assume o conjunto de funções exercidas pelas outras mães (a mãe primitiva e a mãe edipiana). O movimento que o masoquista exerce constantemente é o de idealizar as funções das mães ruins, comparando-as com a boa mãe. O papel do pai é suprimido de forma que tudo se passa pela imagem da mãe. Nessa ordem estabelecida, a mãe se confunde com a lei. Considera-se então como o terceiro homem é introduzido na obra de Masoch em forma de fantasma. Exemplo do personagem do Grego em *A Vênus*. O pai anulado da ordem simbólica reaparece na forma alucinatória. Para Deleuze, o retorno alucinatório do pai marca a ameaça exterior ao mundo masoquista, perigo que pode falhar as defesas construídas pelo universo simbólico do masoquismo. O terceiro surge na literatura de Masoch também para ser neutralizado pela substituição da boa mãe. É a chance para o surgimento do "novo homem" que exercita uma prática masoquista.

Revela-se, então, entre sadismo e masoquismo uma profunda dessimetria. O masoquismo passa por um processo de uma dupla denegação: denegação positiva, ideal e magnificante da mãe (identificada com a lei) e denegação anulante do pai (expulso da ordem simbólica). Ao passo que o sádico apresenta uma negação ativa da mãe e uma inflação do pai (posto acima das leis) (idem, p.75).

A lei, a ironia e o humor masoquista e sádico

Para Deleuze, faltou atenção da psicanálise ao contrato masoquista, um aspecto formal do masoquismo que é condição primeira para a relação amorosa em Masoch. Por meio da palavra, a vítima masoquista afirma um pacto e entrega-se às punições da mulher-carrasco, conferindo o poder simbólico da lei à imagem da mãe. O masoquista exerce no contrato sua função persuasiva e educadora da mulher que escolheu como carrasco. Deveres e leis são instaurados para que se tornem mais rígidos, à medida que mais veementemente eles sejam cumpridos.

É nas instituições que os heróis de Sade exercem suas maiores atrocidades e crueldades a suas vítimas. A possessão instituída é a loucura do sadismo. O sádico precisa da instituição para exercitar suas transgressões e seus atos libertinos. Toda a estratégia sádica se exerce contra o princípio do contrato. As leis que o contrato sustenta unem as ações e as imobilizam, moralizam-nas. Enquanto o sádico deseja escapar a qualquer princípio moralizante para que, sem as leis, ele possa fundar ações déspotas e anárquicas.

A ironia sádica é a derrubada das leis pelo pensamento sádico para um princípio, uma Idéia de mal, de natureza superior. A anarquia instituída seria então destituição da lei a favor de uma "desordem", que está imbuída de um modelo superior e impessoal como revolução permanente. Os heróis sádicos são investidos de uma antitirania, instituindo, assim, uma outra linguagem à linguagem das leis pela qual o poder é usurpado com a abominável cumplicidade dos escravos e dos seus senhores.

O humor masoquista foge à lei assim como a ironia sádica, mas num movimento que desce à lei e sofre todas as suas conseqüências. A punição pelo não-cumprimento de uma lei é o que deseja o masoquista antes de sentir prazer. O sofrimento é a condição prévia para a vinda do prazer. A mesma lei que é usada para proibir e punir ordena a punição e satisfaz o desejo por meio dela. É uma escrupulosa aplicação em que se pretende mostrar o absurdo e alcançar a desordem que se admite que a lei proíba.

Conclusão

Deleuze, com base na análise freudiana da dinâmica pulsional, pretende rever as transposições do vínculo prazer-dor. Com efeito, Deleuze observa que a dinâmica pulsional possui duas versões na obra de Freud e que o vínculo prazer-dor ganha por isso apresentações diversas na constituição do inconsciente. Sem perder a perspectiva psicanalítica, Deleuze procura reproblematizar elementos que foram levantados por Freud em ambas as versões da dinâmica pulsional, indicando o trajeto para se caracterizar o sadismo e o masoquismo como "estilos" de se experimentar e constituir o inconsciente.

No que concerne aos estilos de vivenciar o inconsciente, sadismo e masoquismo, apresentamos as seguintes diferenças de estilo:

a) diferentes funções da linguagem;

b) diferentes funções de descrição;

c) diferentes formas de relação;

d) diferentes modos de empregar o fetiche;

e) diferentes papéis do pai e da mãe;

f) diferentes modos de lidar com a lei;

g) diferentes estilos propriamente ditos (ironia sádica e humor masoquista).

Deleuze não critica pura e simplesmente que a entidade sadomasoquista estabeleça um domínio inconsciente definido por um princípio único. Deleuze rastreia a obra de Freud, em uma leitura interna, vale dizer, em busca de certas oscilações da própria argumentação freudiana que lhe permitam formular questões que levem à idéia de que o sadismo e o masoquismo constituem domínios inteiramente diversos.

Já, nesse momento de seu diálogo com a psicanálise, anterior à subversão de *O anti-Édipo*, Deleuze procura desvencilhar-se de toda cláusula que remete a vida do inconsciente para um princípio *transcendental*, propondo por isso um conceito de inconsciente cujo princípio seria imanente.

Referência bibliográfica

DELEUZE, G. *Apresentação de Sacher-Masoch.* Trad. Jorge Bastos. Rio de Janeiro: Taurus, 1983.

_____. *Representação de Masoch.* In: Crítica e Clínica. São Paulo: 34, 1997, p.64-6.

DELEUZE, G., GUATTARI, F. *O Anti-Édipo.* Trad. Joana Moraes Varela e Manuel Maria Carrilho. Lisboa: Assírio & Alvim, 1995.

FREUD. S. *Para além do princípio do prazer.* In: Obras psicológicas completas de Freud (Edição Standard Brasileira), v. XVIII. Rio de Janeiro: Imago, 1969.

SACHER-MASOCH, L. V. *A Vênus das peles.* In: DELEUZE, G. Apresentação de Sacher-Masoch. Rio de Janeiro: Taurus, 1983.

SADE. *A filosofia na alcova* ou Os preceptores morais. São Paulo: Iluminuras, 1999.

6
Um novo modo de conceber o desenvolvimento infantil: discussão de Deleuze e Guattari ao desenvolvimento infantil proposto pela teoria de Melanie Klein

Dayse Paulo da Silva*

O presente artigo visa apresentar o confronto que Deleuze e Guattari fizeram durante sua obra à teoria kleiniana, especialmente em *Lógica do Sentido* e *O Anti-Édipo*, no que diz respeito às proposições de Melanie Klein sobre o desenvolvimento infantil. As explanações a seguir tentam primeiramente oferecer uma compreensão do entendimento deleuze-guattariano acerca das posições esquizoparanóide e depressiva no decorrer do desenvolvimento infantil. Posteriormente, será apresentada a concepção dos autores em relação ao inconsciente, em contraposição àquela postulada por Klein.

---

* A autora é formada em Psicologia pela Unesp e mestranda em Psicologia pela mesma universidade. Esse artigo é derivado dos projetos a que se dedicou, a saber, "Estudo do conceito de inconsciente no pensamento de Gilles Deleuze e Félix Guattari: alguns pontos de discussão com a psicanálise de Melanie Klein a propósito dos objetos parciais como elemento integrador do inconsciente" e "Estudo do conceito de inconsciente no pensamento de Gilles Deleuze e Félix Guattari: alguns pontos de discussão com a psicanálise de Melanie Klein em relação à sua concepção do brincar na aquisição e expressão da linguagem", ambos desenvolvidos com bolsa da Fapesp, no período de janeiro de 2003 a dezembro de 2004.

Desenvolvimento infantil sob a óptica dos objetos parciais na obra de Melanie Klein

Inicialmente, para efeito de entendimento, faz-se necessário explicar como Melanie Klein concebe o psiquismo infantil, para que, posteriormente, expliquemos de que forma Deleuze e Guattari fazem suas considerações acerca desse modo de pensar o desenvolvimento infantil. No decorrer de sua obra, Melanie Klein caracteriza e sistematiza as posições esquizoparanóide e depressiva.

Sendo assim, os conceitos de posição e objetos parciais são os mais importantes para o entendimento da teoria kleiniana, pois configuram todo o desenvolvimento psíquico proposto. Portanto, "posição", segundo Klein (1991), é um período do desenvolvimento que não demarca exatamente uma fase determinada, pois suas características, como veremos, mesclam-se e criam dinâmicas variáveis no decorrer desse desenvolvimento.

As posições, desse modo, são flutuações que ocorrem durante toda a vida do sujeito, em momentos de maior e menor integração egóica, de acordo com uma organização que advém das posições depressiva e esquizoparanóide, respectivamente. Além disso, essa organização conjugada é a maneira mais comum de o psiquismo estabelecer as bases da personalidade. Essa organização é empregada ante as experiências de frustração e gratificação, tendo em vista as necessidades do ego (Hinshelhood, 1992, p.421-2).

Por sua vez, os objetos parciais compõem-se como parte essencial dessas posições e as formam. Esses são, em primeiro lugar, objetos emocionais que refletem experiências de frustração e gratificação, chamados de "bons" e "maus", respectivamente. Esses objetos dizem respeito a mecanismos de projeção e introjeção que o bebê faz desde o nascimento. Tais objetos são considerados parciais, embora a parte seja tudo o que existe no objeto; apesar de possuir qualidades efêmeras, ele é completamente real para a criança.

Vamos ao detalhamento das posições descritas por Klein, tendo em vista seus caracteres definidores.

Posição esquizoparanóide

Faz-se necessária, neste momento, uma explicação acerca das posições esquizoparanóide e depressiva para a teoria kleiniana, a fim de promover um posterior confrontamento dessas concepções com as críticas deleuzianas.

A posição esquizoparanóide compreende o período do desenvolvimento infantil desde o nascimento até os três ou quatro meses de idade, quando ocorre o desmame. Segundo Melanie Klein, na posição esquizoparanóide a ansiedade é persecutória, pois os objetos maus que, projetados no mundo externo, perseguem o bebê e os mecanismos de defesa são: cisão, projeção e introjeção, onipotência, idealização, negação e identificação projetiva.

A primeira situação ameaçadora e determinante no surgimento da ansiedade persecutória para o bebê é o nascimento, uma vez que ele perde aquele estado conseguido no espaço intra-uterino: "Parece que a dor e o desconforto que ele [bebê] sofre então, assim como a perda do estado intra-uterino, são pelo bebê sentidos como um ataque por forças hostis, isto é, como perseguição" (Klein, 1991, p.86). Essa situação frustrante contrapõe-se ao prazer sentido quando o bebê suga o peito da mãe. Esse contato é, por sua vez, o estabelecimento da primeira relação objetal com esse seio "bom" que gratifica. A falta do seio e do prazer proporcionados por este faz que o ego reviva a dor e o desconforto sentidos no momento do nascimento.

Na experiência do bebê, há, portanto, duas situações antagônicas: aquelas de frustração, que se caracterizam pela sensação desagradável proporcionada pela fome; e aquelas de gratificação, em que é alimentado pela mãe e sente esse desprazer dissipar-se. Essa gratificação e frustração são sentidas primeiramente em relação ao seio da mãe, visto que este é percebido como "objeto parcial". Nesse processo, para o ego, a mãe e o bebê estão ligados por simbiose. Assim, os sentimentos de amor e ódio sentidos pelo seio materno estendem-se para o próprio corpo. Desse modo, os ataques destrutivos, proferidos aos objetos internos projetados no mundo externo, são sentidos como um ataque aos objetos bons introjetados no ego. Mas por que o seio materno é um "objeto parcial" que se cinde em objeto bom e mau – amado e odiado?

É importante ressaltar que, nesse período, o bebê não está apto cognitivamente para perceber a mãe como objeto íntegro e exterior a si próprio. O recém-nascido sente-se em relação simbiótica com esta, sendo tal qual uma parte de si mesmo. O ego, nesse primeiro momento do desenvolvimento infantil, é extremamente fragmentado, formado exclusivamente de objetos parciais bons e maus, em duas dimensões à parte. Entretanto, esse ego possui uma capacidade inata de integração, sendo esta uma expressão do instinto de vida e uma característica que compõe a posição depressiva. Essa integração depende da quantidade maior de experiências gratificantes em detrimento daquelas causadoras de frustração, ou seja, a introjeção em maior quantidade de objetos parciais bons.

Desse modo, a relação com o primeiro objeto, o seio materno, bom e mau, tal como dito anteriormente, é obtida por meio de experiências de prazer e desprazer. Por sua vez, há outros mecanismos de defesa, a saber, projeção e introjeção, que permitem que o bebê separe as sensações sentidas em relação ao objeto, de acordo com a sensação experimentada por ele, frustradora ou gratificante. A projeção é o movimento em que o ego coloca no mundo externo aspectos de si, e a introjeção é o inverso: aspectos do mundo externo são considerados internos.

O ego, portanto, cinde os objetos e projeta esses aspectos para o mundo externo. Desse modo, as partes más não são sentidas pelo ego como sendo próprias, mas como se pertencessem a outrem, de forma que os sente como ameaçadores do indivíduo. Esses novos aspectos são introjetados novamente, num processo ininterrupto.

> O bebê projeta seus impulsos de amor e os atribui ao seio gratificador (bom), assim como projeta seus impulsos destrutivos para o exterior e os atribui ao seio frustrador (mau). Simultaneamente, pela introjeção, um seio bom e um seio mau são estabelecidos dentro dele. Dessa forma a imagem do objeto, externo e internalizado, é distorcida na mente do

bebê por suas fantasias, que estão intimamente ligadas à projeção de seus impulsos sobre o objeto. (Klein, 1991, p.88)

Os mecanismos de projeção e introjeção são utilizados pelo ego para o estabelecimento de contato com a realidade, porque diminuem a ansiedade. O sujeito pode perceber, por meio de testes de realidade, que o mundo externo proporciona menos perigos do que ele imagina em fantasia. Desse modo, a projeção desses aspectos faz que o ego sinta esses perigos como externos a si, podendo, de certa forma, controlá-los; a introjeção, por sua vez, traz para si objetos que protejam o ego dos ataques dos objetos maus.

Pela busca do conhecimento, denominada por Melanie Klein como "impulso epistemofílico", e por diversas formas de expressão, por meio de atividades lúdicas, a criança torna-se capaz de fazer testes de realidade, a fim de verificar se será destruída ou não; a projeção e a introjeção auxiliam o ego nesse processo.

> A pulsão para o conhecimento da criança, que, junto com seus impulsos sádicos, foi dirigida para o interior do corpo da mãe, é intensificada pelo medo que ela tem dos perigos e atos de destruição que estão ocorrendo lá e dentro do seu próprio corpo e que a criança não tem nenhum meio de controlar. (Klein, 1997, p.198)

O mecanismo de cisão, além de dividir os objetos que projeta e introjeta em bons e maus, divide também as experiências do ego e fragmenta-as. Sendo assim, por meio desse mecanismo, o ego sente-se mais apto para fixar em si os aspectos bons projetados e introjetados, podendo integrar-se a partir disso e compor a posição depressiva.

Os demais mecanismos de defesa – idealização e onipotência, negação, identificação projetiva – estão intimamente relacionadas com os descritos anteriores: cisão, introjeção e projeção. Esses mecanismos, por sua vez, tornam-se interligados e interagem entre si, em todo momento. Podem ser também utilizados uns em detrimento de outros, de acordo com a necessidade egóica.

A idealização é a projeção do impulso de vida para o "objeto bom", de forma que este possa suprir todas as suas necessidades de maneira irrestrita e realizar atos de maneira onipotente, ou seja, tenha poder absoluto sobre tudo, inclusive contra "os objetos maus" que ameaçam o interior da criança com um possível ataque, além de poder satisfazer todas as necessidades do ego, trazendo em si uma gratificação ilimitada e fugindo de situações de frustração: "A idealização está vinculada à divisão do objeto, pois os aspectos bons do seio são exagerados como salvaguardas contra o medo do seio perseguidor" (Klein, 1997, p.320).

A negação, por sua vez, é a não-admissão da existência de determinada realidade que seja extremamente frustradora para o ego, isto é, os objetos maus são repudiados pela intensa ansiedade causada e pelo medo de retaliação: "A pessoa assim afetada nega e, por assim dizer, elimina não apenas a fonte de sua ansiedade, como seu afeto também" (idem, p.165). Assim, há uma rígida separação do objeto bom e mau, aniquilando o impulso destrutivo, por meio de sentimentos de onipotência em relação ao objeto "bom".

A identificação projetiva é um mecanismo de defesa no qual o ego reconhece a realidade externa projetada como interior a si mesmo ou projeta no outro os "objetos bons ou maus" internalizados. A projeção de objetos bons fortalece o ego e auxilia-o na sua integração. Sobre esse aspecto de sua teoria, Melanie Klein (1991, p.28) explica:

> A identificação baseada nesse tipo de projeção uma vez mais influencia de forma vital as relações de objeto. A projeção de sentimentos bons e partes boas do *self* para dentro da mãe é essencial para habilitar o bebê a desenvolver boas relações de objeto e para integrar o seu ego.

Ainda na posição esquizoparanóide, segundo Melanie Klein, pode-se verificar, além de um ego rudimentar, um superego também arcaico. Este é muito mais rígido do que aquele proposto por Freud, que se configura após a fase fálica, com a angústia da castração. O superego, proposto por Klein, aparece na cisão dos objetos bons e maus, de modo que desempenha uma dupla função: a de proteger o ego, pois teme que os aspectos agressivos destruam os bons objetos introjetados, inibindo esses ataques destrutivos; e a de trazer em seu cerne proibições e acusações, o que é causador de ansiedade e culpa.

Posição depressiva

A transição da posição esquizoparanóide para a posição depressiva acontece no segundo trimestre da vida do bebê. Isso ocorre porque há uma maior identificação com objetos parciais "bons", decorrentes do fortalecimento do ego. Além disso, ocorre uma menor projeção de objetos "maus" para o mundo externo e uma conseqüente diminuição de ansiedades geradas pelo medo de retaliação, uma vez que o ego possui mecanismos para defender-se deles.

Os sentimentos depressivos, tais como o luto e a culpa, são ativados, uma vez que o bebê projetou impulsos destrutivos ao "seio mau" e que nesse momento sente como pertencente à mesma pessoa que possuía o seio bom, ou seja, a mãe como pessoa inteira, objeto de seu ódio, mas principalmente de seu amor.

> [...] constatamos que quando a criança quer o peito e ele não está lá, ela sente como se o tivesse perdido para sempre; como a idéia que tem do seio se estende à mãe, a sensação de ter perdido o peito leva ao medo de ter perdido a mãe amada como um todo – não só a mãe real, mas a mãe boa interiorizada. De acordo com a minha experiência, esse medo da perda total do objeto bom (internalizado ou externo) se mistura ao sentimento de culpa por tê-lo destruído (devorando-o). (Klein, 1997, p.336)

Além disso, Melanie Klein aponta para o fato de que a superação bem-sucedida do período de desmame dependerá enormemente da relação estabelecida com a mãe em períodos anteriores e no decorrer dele, além de ampliar suas relações, uma vez que a mãe deixa de ser o único investimento de satisfação libidinal.

A introjeção de objetos bons no ego faz que a pulsão de vida proporcione a integração do ego, intensificando a capacidade de amor do bebê, além de propiciar uma confiança maior em seus objetos e diminuir sua ansiedade. Além disso, o contato mais realista com a realidade externa, menos impregnado por suas fantasias e ansiedades persecutórias, leva o ego a aumentar sua integração, o que permite reduzir a agressividade e ambivalência, fazendo que ele desenvolva sua capacidade reparadora.

A ansiedade característica dessa posição é a depressiva, na qual a ambivalência entre o luto e a culpa são os sentimentos preponderantes. A reparação é o principal mecanismo capaz de minimizar os danos causados pelos impulsos destrutivos provenientes dos ataques orais, oriundos da posição anterior; além dos ataques anais e uretrais advindos da estimulação dos impulsos de origem anal, despertados na posição depressiva. Os mecanismos de defesa são os maníacos, entre eles: o triunfo, o desprezo e o controle.

Nesse novo período, o bebê começa a perceber os pais como inteiros e não em pedaços, além de reconhecer-se como um ser separado de seus pais e diferenciar-se do mundo externo. Os aspectos que ora frustravam ora gratificavam – maus e bons – passam a ser percebidos como provenientes da mesma pessoa. É importante lembrar que, desde o nascimento, o ego apresenta uma capacidade inata para a integração, pela presença da pulsão de vida, e já em alguns momentos na posição esquizoparanóide, o ego experimenta essa capacidade. Entretanto, é somente na posição depressiva que esse processo acontece de maneira mais estável e contínua.

Na posição esquizoparanóide, o ego percebia os objetos como bons, quando o gratificavam, e maus, quando o frustravam. Nesse novo momento, o objeto que frustra e gratifica é o mesmo. Esses sentimentos serão vivenciados num plano mais real do que aquele da posição anterior. Por isso, a ambivalência, ou seja, amor e ódio pelo mesmo objeto são preponderantes; o ódio e o amor que antes eram sentidos como experiências completamente dissociáveis atingem o mesmo objeto, que é tanto alvo de investimento libidinal quanto destrutivo.

Desse modo, a reparação serve como mecanismo capaz de ressarcir os danos causados pelos ataques orais, anais e uretrais dirigidos à mãe ou ao pai. Uma vez que o objeto de amor e ódio é o mesmo, o bebê teme perder seu objeto libidinal, no qual investe toda sua gratificação e amor. Os sentimentos depressivos, a culpa e a tendência reparadora aparecem a fim de diminuir a angústia causada nos objetos libidinais e, conseqüentemente, a si mesmo.

Os impulsos reparadores não servem somente para restabelecer os danos feitos aos pais. Essas tentativas reparadoras dão margem à criatividade e à sublimação, uma vez que os impulsos libidinais são deslocados para outras atividades. Acerca desse aspecto, Hanna Segal (1995, p.105) explicita:

> O desejo e a capacidade de restauração do objeto bom, interno e externo, são a base da capacidade do ego de manter o amor e as relações através de conflitos e dificuldades. São também a base para as atividades criativas, que estão enraizadas no desejo do bebê de restaurar e recriar sua felicidade perdida, seus objetos internos perdidos e a harmonia de seu mundo interno.

Esses processos ocorridos na psique infantil fazem a criança modificar sua visão de realidade. Uma vez que consegue diferenciar-se de seus pais e do meio que a rodeia, adquire consciência de si mesma, de sua realidade externa e psíquica. Ela já possui dispositivos egóicos para a simbolização, e a diminuição de seus impulsos destrutivos permite que a criança explore mais o meio externo.

A integração do ego, descrita anteriormente, diminui a rigidez e a inflexibilidade do superego, e os impulsos agressivos são menos projetados. O contato com a realidade é permeado com menor intensidade pela sua fantasia e, portanto, de forma mais direta e eficaz. Além disso, há um maior processo de introjeção de aspectos bons, à medida que os testes com a realidade fazem o ego lidar melhor com a frustração, intensificando a assimilação de objetos bons tanto pelo ego quanto pelo superego.

Desde a posição esquizoparanóide, os impulsos destrutivos são projetados e introjetados num processo contínuo em relação aos ob-

162 HÉLIO REBELLO CARDOSO JR.

jetos maus. O primeiro objeto no qual o bebê projeta sua destrutividade é o seio materno, quando este frustra seus anseios. Essa relação acontece com outros objetos que deseja retaliar e incorporar, tal como o seio materno. Daí provém sua rigidez, uma vez que o superego sinaliza ao ego que os ataques provenientes dos impulsos destrutivos do *id* podem atingi-lo. De certa forma, essa é uma maneira arcaica de o sujeito entrar em contato com o mundo externo, porém isso acontece de maneira muito distorcida, pois sua visão está contaminada por ansiedade e fantasias persecutórias.

Quando o sujeito ingressa na posição depressiva e, conseqüentemente, sua relação com o mundo externo é muito mais palpável e menos distorcida, é possível a formação de símbolos, ou seja, a representação consciente de toda realidade externa ao sujeito, processo que havia começado no período anterior.

Uma vez que os impulsos libidinais sobrepõem-se aos destrutivos, uma parte deles é deslocada para atividades que possam restituir o objeto destruído de outra forma. Estas são todas as sublimações, criações artísticas, entre outras: "[...] o simbolismo é o fundamento de toda sublimação e de todo talento, pois é através da igualdade simbólica que as coisas, atividades e os interesses se tornam o conteúdo de fantasias libidinais" (Klein, 1996, p.252).

Neste momento, é necessário explanar sobre os mecanismos de defesa maníacos, característicos da posição depressiva: triunfo, desprezo e controle. Esses mecanismos servem para que o ego se defenda do medo de perda do objeto e mantenha distante seu sentimento de dependência em relação a ele. Nessa nova fase, o ego ainda se utiliza de mecanismos de defesa esquizoparanóides: divisão, idealização, identificação projetiva, negação, onipotência, introjeção e projeção. Entretanto, estes são utilizados de maneira muito mais organizada que na posição anterior, compondo as defesas da posição depressiva.

O triunfo é o sentimento de superioridade em relação ao objeto. Está ligado com a onipotência e o desprezo, uma vez que o objeto é negado e desvalorizado pelo ego. Pelo ataque dispensado ao objeto, o ego vive uma intensa satisfação, pois destruiu-o. Com isso, o ego afasta sentimentos depressivos, tais como desejar o objeto ou sentir falta dele, além de afastar toda a culpa que isso pode ocasionar. Entretanto, esse processo é causador de imensa culpa e ansiedades persecutórias, pois o ego receia receber ataques provenientes do objeto atacado.

Por sua vez, o desprezo está intimamente relacionado com o triunfo e a negação, na medida em que o desprezo é o sentimento de superioridade em relação ao objeto, renegando a culpa e o desejo e a falta que sente dele. Uma vez que o objeto é inferior, não é digno de culpa, além de justificar os ataques feitos a ele.

Por fim, o controle é um sentimento de negação da dependência em relação ao objeto. Porém, se, por um lado, esse controle exerce domínio sobre ele, por outro, esse poder garante que o objeto estará sempre por perto, como forma de controlar seus possíveis ataques.

Deleuze e sua crítica às proposições kleinianas, no que se refere aos objetos parciais e a sua dinâmica no inconsciente

No primeiro momento dessa explanação, fez-se uma caracterização das posições esquizoparanóide e depressiva no desenvolvimento psíquico do bebê para Melanie Klein. Neste instante, por sua vez, faz-se necessário o confronto com as idéias de Deleuze e Guattari, no que diz respeito aos aspectos da teoria kleiniana descritos anteriormente.

Em *Lógica do sentido*, na vigésima sétima série, Gilles Deleuze (1998) trata do problema da oralidade. Nesse capítulo, o autor associa a oralidade com a dinâmica das posições esquizoparanóide e depressiva.

Deleuze faz uma comparação com base na linguagem, a fim de estabelecer um paralelo com o psiquismo, no que diz respeito à dinâmica que se desenvolve nas posições propostas pela teoria kleiniana.

Os ruídos, segundo Deleuze (1998), são sons desarticulados que não fazem sentido, objetos parciais do que seria uma linguagem pro-

164 HÉLIO REBELLO CARDOSO JR.

priamente dita. Esse conjunto de sons, reunidos de uma maneira preestabelecida socialmente, forma as línguas. O primeiro estágio, o dos ruídos, é aquele no qual não há nada expresso verdadeiramente, o ruído está em estado bruto e, em si mesmo, não significa algo. Pode-se dizer que, nesse caso, os ruídos formam a profundidade dos acontecimentos, ou seja, eles estão instalados no espaço orgânico do corpo, porém aí já se verifica uma intensa conexão entre os aspectos desconexos do corpo com suas qualidades (ruídos). Trata-se de uma propriedade existente na profundidade, que é o Corpo sem Órgãos, que reúne os objetos parciais sem os totalizar.

A linguagem, o segundo momento desse processo, são os sons (ruídos articulados), de forma que é possível dar-lhes um sentido, articular palavras e, conseqüentemente, formar frases e períodos que tornem possível a comunicação entre os indivíduos: "Quando se diz que o som se torna independente, pretende-se dizer que deixa de ser uma qualidade específica atinente aos corpos, ruído ou grito, para designar agora qualidades, manifestar corpos, significar sujeitos e predicados" (Deleuze, 1998, p.191). Por isso, toda expressão verbal, que pode ser denominada linguagem, acontece da profundidade à superfície, isto é, de algo que antes era inarticulado, parcial, entranhado nas vísceras, e que se transforma em algo integral, inteligível.

A posição esquizoparanóide, descrita por Melanie Klein, é equivalente ao "mundo dos simulacros" para Deleuze (1998). Nesse sentido, ambos são como os ruídos sem ligação entre si, objetos parciais que não têm correspondências ou correlações. São fluxos que existem na profundidade dos acontecimentos, entretanto podem unir-se em relações aleatórias. A posição depressiva é um momento em que há a integração dos aspectos dispersos, que tendem a formar um sentido, único e singular ao sujeito, como, na linguagem, um som articulado.

Esses processos, tanto para Melanie Klein como para Deleuze, alternam-se durante toda a existência do sujeito, em uma contínua e incessante construção e desconstrução de sentidos, uma vez que uma nova reunião de aspectos parciais forma um novo conjunto.

Segundo Deleuze (1998), a dinâmica dos objetos parciais acontece de maneira diferente daquela proposta por Klein. Dessa forma, não haveria a introjeção dos bons objetos para a integração do ego. Se acontecesse tal como a teoria kleiniana propõe, os objetos parciais seriam despedaçados a todo o momento, uma vez que, na sua projeção para o mundo externo, poderiam ser confundidos com os maus e destruídos, impossibilitando, assim, sua reintrojeção: "Melanie Klein mostra ela própria que a cisão do objeto bom e mau na introjeção duplica-se pelo despedaçamento ao qual o bom objeto não resiste, uma vez que não estamos nunca seguros de que não esconda um mau pedaço" (idem, p.193). Além disso, os objetos bons introjetados exigem do ego um grau de perfeição grande, uma vez que esses objetos formam o superego (juntamente com os maus) e se transformam em maus também. Podem-se verificar, portanto, duas dificuldades relacionadas à projeção e introjeção dos objetos parciais.

Desse modo, os objetos parciais, tal como a teoria de Melanie Klein propõe, fariam parte de uma profundidade vazia, na medida em que a projeção e a introjeção ininterruptas impediriam a conectividade dos objetos parciais, e uma vez que não se produziria nenhuma conexão entre eles, pois eles estariam completamente dissociados em bons e maus, em duas dimensões à parte. Contudo, para Deleuze (1998), existe um outro tipo de dinamismo, denominado por ele de profundidade plena ou Corpo sem Órgãos, como já fizemos referência, em que os objetos parciais estão em um mesmo plano sem separação entre eles e, além disso, realizam conexões aleatórias, de modo que as experiências não são boas ou ruins somente, mas possuem aspectos de ambos os objetos, conforme as conexões estabelecidas. Não existem, portanto, objetos bons ou maus introjetados e projetados em busca de uma unidade, mas objetos parciais num mesmo campo de imanência ligando-se na profundidade por meio de um mecanismo denominado Corpo sem Órgãos, que os conecta sem os totalizar e permite que estes se manifestem na superfície.

Na proposição deleuziana, o Corpo sem Órgãos reúne os objetos parciais (bons e maus). Este é um estado psíquico no qual esses as-

166 HÉLIO REBELLO CARDOSO JR.

pectos constroem conexões na profundidade, reunindo-os, pois o Corpo sem Órgãos tem como característica a disjuntividade, isto é, a reunião de aspectos que não têm semelhança entre si. Em contraste com a teoria kleiniana, Deleuze acredita que esses aspectos, uma vez reunidos, podem dissociar-se a qualquer momento, de acordo com novas conexões dos objetos parciais na profundidade e de acordo com o aspecto disjuntivo do Corpo sem Órgãos. Desse modo, a principal crítica deleuziana em relação a Melanie Klein é seu modo de compreender o que acontece com os objetos parciais na profundidade. Na concepção de Deleuze, o que ocorre na introjeção e projeção da posição esquizoparanóide é profundidade vazia, na medida em que os objetos parciais não se interligam no que ele denomina de Corpo sem Órgãos e vão direto para a superfície.

Os objetos parciais, dessa forma, são a força propulsora do inconsciente, e o corpo sem órgãos, ao reuni-los disjuntivamente, compõem com eles um entremeio intensivo, uma imantação tensa e passageira entre sopros e gritos. Não ocorre integração ou totalização pela introjeção de aspectos bons, tal como proposto na teoria kleiniana. Segundo Deleuze (1998), essa integração do objeto bom significa colocar o objeto em altura, impedindo a conectividade do desejo.

Além disso, ao supor que existe um Corpo sem Órgãos em funcionamento na profundidade, Deleuze indica que a fixação na posição esquizoparanóide não determina a vigência da entidade clínica do psicótico. Isso porque o inconsciente funciona de maneira esquizofrênica, psicótica, uma vez que possui aspectos diversos ou múltiplos que podem se interligar a partir do Corpo sem Órgãos, na criação de novos e singulares sentidos para o sujeito, sem que isso signifique a desintegração do ego.

Ainda na posição esquizoparanóide, segundo Melanie Klein (1991), os conteúdos internos (fezes e urina) servem como forma de destruição aos aspectos agressivos que surgem por meio de sua persecutoriedade, uma vez que os objetos maus projetados podem destruir os bons objetos. Deleuze, em contrapartida, pressupõe que as fezes e a urina não são conteúdos destruidores, mas cada qual tem sua função dentro do ego. Por um lado, as fezes têm especificidade esfaceladora, desintegradora dos objetos parciais; por outro lado, a urina reúne esses aspectos esmigalhados, pelo Corpo sem Órgãos.

> Não parece nesse sentido que o tema uretral possa ser posto no mesmo plano que o tema anal; pois, se os excrementos são sempre órgãos e pedaços, ora temidos como substâncias tóxicas, ora utilizados para esmigalhar ainda outros pedaços, a urina, ao contrário, dá testemunho de um princípio molhado capaz de ligar todos os pedaços e superar o esmigalhamento na profundidade plena de um corpo agora sem órgãos. (Deleuze, 1998, p.194)

Vejamos com mais detalhes a questão da posição em altura do objeto bom, pois tal aspecto parece ser decisivo para o confronto entre Deleuze e Klein quanto às posições.

Na passagem da posição esquizoparanóide para a depressiva, para Melanie Klein, o ego integra os objetos parciais para que o sujeito consiga dar sentido a sua realidade psíquica, diferenciar-se do mundo externo e perceber que os mesmos objetos que gratificam podem também frustrar. Entretanto, quando as experiências de gratificação são substancialmente mais fortes e intensas do que as de frustração, ou seja, quando há introjeção de objetos parciais bons em maior intensidade do que aqueles maus, o ego põe esse objeto introjetado bom em altura, idealizado, de modo que nunca consegue atingir suas exigências e seu ideal.

Nesse ínterim, o superego, instância psíquica que é formada, para Klein, a partir do momento em que há a projeção de objetos maus para o exterior, visa oferecer uma proteção para o ego, uma vez que evita os ataques dos objetos maus, por meio da culpa gerada pelo ataque aos objetos bons e no medo que surge por destruí-los. Em contrapartida, exige que o ego atenda a suas proibições e acusações, gerando ansiedade e culpa. Nesse processo, o ego identifica-se com o objeto bom introjetado em altura e, por isso, tenta alcançar suas exigências e expectativas.

Para Deleuze (1998), a integração do ego, contudo, não precisa acontecer com o objeto parcial em altura, com o qual o ego se identi-

168 HÉLIO REBELLO CARDOSO JR.

fica. Esse objeto não precisa ser colocado em altura, porém pode continuar as suas conexões na profundidade, que, levadas à superfície, proporcionam sentido e significação à existência.

> O superego não começa com os primeiros objetos introjetados, como diz Melanie Klein, mas com esse bom objeto que permanece em altura. [...] Se manifesta a mais viva crueldade tanto quanto amor e proteção, não é sob o aspecto parcial e dividido, mas enquanto objeto bom e completo, cujas manifestações emanam de uma alta unidade superior. (idem, p.194-5)

Com base nisso, pode-se rever o problema kleiniano de que o ego dispõe de mecanismos de defesa para diminuição da ansiedade, bem como a dependência e o medo da perda do objeto, uma vez que este se encontra na altura. Recordemos... Os mecanismos de defesa da posição esquizoparanóide são: idealização, negação e identificação. A idealização ocorre quando o ego valoriza o objeto em altura, partindo do pressuposto de que ele oferecerá satisfação ilimitada; a negação é a rejeição desse objeto, uma vez que o ego se sente onipotente; e a identificação é um mecanismo no qual o ego percebe seus aspectos referentes ao objeto em altura. Por sua vez, os mecanismos de defesa da posição depressiva são: triunfo, desprezo e controle. O triunfo é o sentimento de superioridade em relação ao objeto; o desprezo é a desconsideração deste; e o controle é a negação de sua dependência e execução de sua força sobre o objeto. Segundo Deleuze, esses mecanismos, definidos a partir do objeto em altura, despotencializam toda a ação do sujeito no plano da superfície, de modo que o ego segue sua busca de um ideal inalcançável. Pode-se perceber, dessa forma, que todos os movimentos do ego com relação ao objeto em altura causam sobre ele esse movimento de centralização de suas atividades.

Com base em todo esse funcionamento, pode-se pensar no *id* como substância líquida do inconsciente, uma vez que há fluidez em seu funcionamento e as conexões dos objetos parciais, aspectos que os constituem, são múltiplas. O superego, por sua vez, constitui-se como algo sólido, no qual os afetos estão territorializados. Além disso, traz em seu cerne conteúdos advindos de sanções, proibições e acusações do meio externo, que estão previamente estabelecidos. Por fim, o ego é uma mistura entre as duas estâncias anteriores, pois atualizam na superfície aspectos provenientes do id e do superego.

O superego, constituído à luz da teoria kleiniana, forneceria ao ego proteção em relação a perigos do mundo externo, uma vez que, pelo medo da retaliação, impediria ataques ininterruptos a objetos do mundo exterior, bem como aos objetos parciais "bons", impedindo sua destruição. Todavia, qualquer ataque desferido pelos objetos maus gera imensa culpa, o que torna as exigências do superego mais intensas. Essas são as duas dimensões da formação do superego a partir desse objeto íntegro formado tal como ideal: amor e ódio excessivos. De um lado, o ego precisa satisfazer e compensar as inúmeras exigências que o superego lhe impõe por meio da proteção que lhe é oferecida; de outro lado, cobra e exige reparações a partir das projeções de elementos destrutivos, constituídos da pulsão de morte, aos objetos atacados na posição esquizoparanóide.

Deleuze (1998), entretanto, não concorda plenamente com as proposições feitas pela teoria kleiniana. O superego não faz suas interdições somente a partir da altura, ou seja, de algo preestabelecido e dado *a priori* para o sujeito, porém estaria conectado ao Corpo sem Órgãos. Desse modo, o superego funcionaria como uma instância ética, capaz de atuar junto ao Corpo sem Órgãos na produção de conexões que garantam sua não-destrutividade, mantendo a prudência nos encontros produzidos e em conexões na profundidade. Assim, as interdições do superego seriam feitas a partir do que o corpo pode ou não suportar, sem nenhuma exigência estabelecida previamente. Dessa forma, pode-se compreender que o superego considera as intervenções externas, preestabelecidas, porém pondera-as de acordo com a disposição do corpo, agindo com prudência para que este não seja destruído.

Destacou-se até aqui a contraposição de Deleuze em *Lógica do sentido* (1998) às proposições kleinianas de desenvolvimento infan-

170 HÉLIO REBELLO CARDOSO JR.

til com relação às posições e a integração dos objetos parciais. Agora apresentaremos a segunda parte de nossa proposta, a saber: a concepção de inconsciente para Deleuze e Guattari em consonância com a problemática proposta na primeira parte deste trabalho.

Crítica de Deleuze e Guattari à teoria kleiniana quanto à sua concepção de inconsciente, em relação à integração dos objetos parciais

Deleuze & Guattari (1976), na crítica que fazem no livro *O anti-Édipo* à teoria kleiniana, não discordam do caráter sexual das conexões feitas pelos objetos parciais, porém o que questionam todo o tempo é sobre o caráter familiar dessas conexões. Esses objetos, segundo os autores, pensados à luz da teoria kleiniana, emergem da profundidade para a superfície sempre com vistas a uma representação no plano familiar, ou seja, o pai ou a mãe referendando seus encontros.

Com base nisso, duas questões se fazem presentes: Por que razão é preciso pensar, em todos os encontros da criança, os objetos parciais conectando-se somente ao pai e a mãe? Por que a teoria kleiniana utiliza-se sempre desse referencial, ou seja, o pênis (ou falo), como algo que sempre deve existir nas relações com outros corpos? A fim de responder a essas questões, apoiar-nos-emos nas proposições de Deleuze e Guattari que constam no livro *O anti-Édipo* e nas discussões feitas anteriormente neste trabalho.

Os autores acreditam que a relação estabelecida originalmente do bebê com a mãe forma uma máquina desejante, ou seja, o seio liga-se à boca e constrói com ela uma máquina de comer, de recepção de alimento, no qual há fluidez e interrupção de fluxos desejantes. O seio, nesse sentido, funciona como objeto parcial, que proporciona à criança seu primeiro contato com o mundo após o nascimento, para que, num segundo momento, ela possa estabelecer relações com outros corpos, que podem ser considerados, aqui, pessoas, coisas e acontecimentos.

Segundo essa perspectiva, o bebê não está em simbiose somente com a mãe, tal como proposto pela teoria kleiniana, mas em simbiose e indiferenciação com o mundo, pois não consegue se distinguir das coisas que o cercam e delimitar um espaço que seja seu, o que conseguirá fazer num momento posterior de seu desenvolvimento, quando ingressar na posição depressiva.

A ligação com o pai, por sua vez, é concebida por Klein (1991) como uma possibilidade de ligação dos objetos parciais com outros corpos, em contraste com o período anterior em que o bebê estava conectado de maneira simbiótica ao seio da mãe. Na teoria kleiniana, o pai aparece nessa relação como terceiro elemento, caracterizando a relação triangular que prefigura o complexo de Édipo.

Pode-se pensar, segundo Deleuze & Guattari (1976), que a diferenciação do bebê e do mundo que o circunda não se refere à entrada do pai na relação, como terceiro elemento, mas na composição de planos de ordenação, na superfície, decorrentes do aparecimento da posição depressiva, ou seja, do aparecimento na superfície das conexões dos objetos parciais realizados na profundidade. Segundo Deleuze & Guattari (1976), nenhum desses planos de composição tem como referência a família, sendo impessoais, circundando a relação entre os corpos, uma vez que o inconsciente para os autores não está fixado em nenhum corpo e não forma nenhuma identidade.

Dessa forma, ainda segundo Deleuze & Guattari (1976), a família não deve ser tomada como único referencial para os encontros do sujeito, na conexão dos objetos parciais na profundidade, uma vez que se conectam de maneira rizomática, sem ponto de partida ou chegada, sem trajetórias e caminhos predeterminados.

Segundo Melanie Klein (1997), num primeiro momento do desenvolvimento infantil, quando a criança de ambos os sexos desliga-se da mãe, no desmame, liga-se imediatamente ao pai, para obtenção de satisfação, tal como aconteceu nesse primeiro contato com a mãe. Nesse momento, a menina sente raiva da mãe por não poder oferecer-lhe um pênis; o menino, por sua vez, tenta destruir o pênis que julga estar dentro do corpo da mãe. Nessa primeira fase do complexo edípico, a criança procura nessa mãe um ser que pode oferecer um órgão mágico, que tem poder de destruição e restauração. Este, por sua vez, é um objeto parcial "bom" novamente colocado em altura, ou seja, completamente idealizado, protótipo de tudo o que pode ser bom para a vida.

Sendo assim, colocando o seio como objeto parcial em altura, perde-se sua conectividade na profundidade, desconsideram-se todas as conexões que esses objetos parciais podem executar na superfície. Esse processo é denominado por Deleuze (1998) "profundidade vazia", composta por projeções e introjeções ininterruptas.

Nesse contexto, aparece, então, o pênis ou falo como órgão que deve ser possuído a todo custo. Sua falta, no caso das meninas, ou o medo de perdê-lo, tal como nos meninos, leva a criança a elaborar vários movimentos possíveis para tê-lo durante sua vida. Os homens precisam certificar-se de que o possui por meio de testes de realidade constantes; as mulheres, por sua vez, acham que o possuem quando têm filhos. Dessa maneira, segundo a teoria kleiniana, pode-se pensar que o falo é órgão necessário e imprescindível para a existência do sujeito.

O pênis, de acordo com a perspectiva kleiniana (1997), aparece como um órgão penetrante, que possui um poder destruidor ou restaurador em relação ao interior do corpo do outro. Esse órgão aparece como objeto parcial posto em altura, na medida em que funciona de maneira onipotente, objeto "bom" ou "mau" que tem um poder absoluto de atuação. Segundo Deleuze, o falo teria de ser um órgão de superfície, pois funcionaria, assim, como organizador das diferentes zonas erógenas, na medida em que repara os danos causados à mãe por meio das pulsões destruidoras, além de constituir uma nova relação com o pai.

Além disso, parece bastante importante discutir como Melanie Klein concebe os órgãos sexuais masculinos e femininos. Segundo essa perspectiva, o pênis, tal como dito anteriormente, surge como um órgão que penetra; a vagina, por sua vez, como um lugar que necessariamente precisa ser penetrado. Melanie Klein, desse modo, desconsidera que esses órgãos podem comportar outras múltiplas funções e maneiras de funcionamento, além dessas preestabelecidas socialmente, considerando-as como universais. Vislumbra-se, então, um desvio no desenvolvimento normal, alguma diferença em relação a um funcionamento diferente, visto que, segundo ela, existe um desenvolvimento considerado padrão. Existe, segundo essa teoria, no final desse período, ou seja, na idade adulta, para ambos os sexos, um jeito de "ser homem" e de "ser mulher", numa visão a-histórica que desconsidera todos os movimentos desejantes pertencentes à época histórica.

Dessa forma, os encontros do sujeito na vida adulta são referendados pelo desenvolvimento "sadio" das fases e posições, de acordo com referências trazidas pelas vivências familiares, no contato com a mãe e o pai. Segundo Klein, os encontros sempre partem de um parâmetro anterior, pautados nos períodos de desenvolvimento, e essas referências constituem a personalidade. Deleuze e Guattari, por sua vez, discordam dessa concepção, uma vez que para eles não existe personalidade, existem simulacros que são modos de ser e agir singulares, que se modificam de acordo com o que é produzido nos encontros com outros corpos. Dessa maneira, não há uma personalidade estabelecida, nem um modo de ser homem ou ser mulher, nem um funcionamento predeterminado de todos os órgãos.

Pode-se pensar que os encontros proporcionados pela perspectiva kleiniana são angustiados, culpados e tristes, uma vez que a constante preocupação do bebê reside no fato de ter de reparar os danos causados aos pais, em vez de produzir outros encontros e se conectar com outros corpos, dando sentidos outros às ligações feitas pelos objetos parciais na superfície, em outras configurações para eles na profundidade.

Deleuze & Guattari (1976), desse modo, consideram o inconsciente maquínico, uma vez que o desejo se conecta com outros corpos, que também são máquinas, que fazem ou interrompem a conexão dos objetos parciais na profundidade, na construção ou desconstrução de inúmeros territórios do plano de composição de sua vida. O bebê, dessa forma, não só é afetado no contato com esses outros inúmeros corpos, mas também os afeta, uma vez que o

174 HÉLIO REBELLO CARDOSO JR.

inconsciente é maquínico e coletivo e nada acontece somente no interior do seu psiquismo.

Sendo assim, pode-se pensar que o objetivo da clínica kleiniana é investigar o processo de organização psíquica que tem como referência os encontros dos indivíduos com seus pais. O sujeito, assim, é considerado indivíduo, pois seu desejo é pensado como algo internalizado, com processos que acontecem somente em seu psiquismo, pelo contato com o meio externo. Deleuze (1990, p.87) critica terminantemente a idéia de indivíduo quando diz:

> Vocês sabem o que é preciso fazer para impedir alguém de falar em seu próprio nome? Fazê-lo dizer "eu". Quanto mais a enunciação tenha por causa aparente um sujeito, cujos próprios enunciados remetam a sujeitos tributários do primeiro, mais o agenciamento do desejo se rompe, mais a condição de formação dos enunciados tende a se dissolver – mais o sujeito de enunciação serve para se impor sobre sujeitos de enunciados tornados dóceis e abatidos.

Em contrapartida, segundo Melanie Klein (1991), os contatos posteriores da vida do sujeito, mais especificamente o contato clínico, são revivências desses encontros com seus pais, e na clínica esse processo é denominado transferência, passível de interpretações e desvendamento daquilo que está oculto e que somente o analista, detentor de um conhecimento previamente estabelecido, pode trazer à consciência. A interpretação, nesse sentido, faz que o sujeito se conecte e se identifique sempre com as figuras parentais e não com uma infinidade de outros corpos, na criação de territórios singulares de superfície.

> Acontece que ela dispõe de uma dupla máquina; primeiramente uma máquina de interpretação que faz com que tudo o que o paciente possa dizer seja imediatamente traduzido em outra linguagem e que tudo o que ele diga seja julgado como querendo dizer outra coisa. (Deleuze, 1990, p.89)

Pode-se pensar ainda que as interpretações feitas na clínica psicanalítica buscam, mais especificamente, o reencontro desse pênis e

INCONSCIENTE-MULTIPLICIDADE **175**

seio "bons" postos em altura: "Os encontros da criança são então remetidos a um sentido familiar, ou seja, são remetidos às relações fantasiadas e duplicadas com seus pais" (Neto, 2002, p.30).

Nessa maneira de pensar a clínica, o desejo aparece sempre como falta, algo que deve ser sempre procurado pelo sujeito, numa busca de satisfação infinita. O bebê, segundo Klein (1997), vai e volta de um genitor a outro, nas diversas fases do complexo de Édipo, na procura de um protótipo de relações que tragam o objeto "bom" idealizado, que lhe proporcionará satisfação ilimitada. Em síntese: quando há a integração dos objetos parciais na posição depressiva, esse resquício de objeto parcial "bom" idealizado permanece, uma vez que ele é precondição para a integração do ego. Como já visto anteriormente, esses objetos parciais não precisam se integrar na profundidade para que haja integração desse ego, pois eles continuam a se interconectar na profundidade, ligados pelo Corpo sem Órgãos, na construção e desconstrução de territórios singulares de existência na superfície.

O inconsciente, para Deleuze & Guattari (1976), produz-se, portanto, nos encontros que fazem conexões e produzem devires e intensidades o tempo todo. Criticam a psicanálise, na medida em que esta atribui um caráter edipiano a todas as relações e conexões concebidas na existência humana, desconsiderando as múltiplas e singulares relações que podem se estabelecer entre os corpos. A família, dessa forma, serve como mais um território, talvez o primeiro, no qual os objetos parciais podem se conectar na superfície para partir em direção de outros territórios constituídos em outros lugares. Para Deleuze (1998, p.88), a tarefa de uma esquizoanálise está em:

> [...] partir dos enunciados pessoais de alguém e descobrir sua verdadeira produção, que nunca é realizada por um sujeito, mas sempre por agenciamentos maquínicos do desejo e por agenciamentos coletivos de enunciação que o atravessam e nele circulam, escavando aqui, sendo bloqueados ali, sempre sobre a forma de multiplicidades, de bandos, de massas com unidade de ordens diferentes que o freqüentam e o povoam [...]

Com base nesse modo de pensar, pode-se conceber uma clínica que privilegie a produção de planos de constituição que, trazendo os objetos parciais da profundidade à superfície, possa construir novos territórios na superfície, de maneira ética, ou seja, a função do superego, que atua nesse processo, será o de trazer ao corpo prudência para que ocorram encontros bons, de modo que tragam potência de vida a esse corpo e produzam mais encontros.

Para exemplificar e enriquecer a discussão anterior, convém neste momento apresentar o caso Richard, de Melanie Klein, o qual é amplamente discutido nas obras de Deleuze e Guattari. Esse caso, de uma maneira geral, demonstra de um modo bastante interessante como a psicanálise desconecta os fluxos desejantes e torna-os representantes de objetos totais referentes às figuras parentais, como forma de indicar que, no inconsciente, se passa uma cena fundamental ou estruturante, em vez de ser um espaço definido em rizoma por sua pura conectividade.

O caso Richard

Richard era um menino com dez anos, o segundo de dois filhos. Tinha muito medo de outras crianças, além do medo de sair sozinho. Possuía uma inibição de suas capacidades cognitivas e interesses pelas coisas externas. Preocupava-se muito com sua saúde, já que constantemente ficava doente, bem como deprimido. Sendo assim, apresentava-se muitas vezes infeliz e preocupado; outras vezes essas características desapareciam e seus olhos enchiam-se de brilho. Exibia grande capacidade musical e tinha grande amor pela natureza. Sentia-se melhor na companhia de adultos, principalmente com mulheres, uma vez que tentava chamar sua atenção e insinuar-se para elas.

Sua amamentação foi breve e insatisfatória. Sofreu de várias enfermidades durante sua infância, e, em razão disso, sua mãe era extremamente preocupada com sua saúde. Foi submetido a duas cirurgias (circuncisão e tonsilectomia) nos primeiros seis meses de vida. A situação financeira da família era modesta, e faltavam carinho e interesses em comum entre os pais. Richard era uma decepção para sua mãe. Ele não tinha nenhuma diversão ou passatempo e ficava o tempo todo junto dela. O pai era ausente e exercia muito pouca autoridade junto a seus familiares. O irmão era bastante próximo de Richard, porém não tinham muitas características em comum. A Segunda Guerra Mundial aumentou mais os medos e as ansiedades do menino. Tinha muito medo dos ataques aéreos e das bombas, e acompanhava todas as notícias com atenção.

Richard fez vários desenhos durante sua terapia, os quais eram analisados por Melanie Klein. O primeiro deles era "uma estrela do mar flutuando perto de uma planta submarina" (Klein, 1997, p.418). O menino diz que era um bebê com fome que queria comer a planta. Um polvo aparece nos seus próximos desenhos, e Melanie Klein diz que esse último representava o pai e seus órgãos genitais em seus aspectos agressivos, ou seja, o pênis "mau". Nos desenhos seguintes, que não se diferenciaram de modo significativo durante a análise, Richard decompôs a estrela-do-mar e criou vários mapas. Cada mapa criado tinha uma cor diferente e representava um país diferente envolvido na guerra; além disso, esses mapas tinham o formato de pássaros.

Segundo Klein (1997, p.419),

> Richard procurava os países que Hitler tinha subjugado [...] Os desenhos do império representavam a mãe, que estava sendo invadida e atacada. O pai geralmente aparecia como o inimigo; Richard e o irmão assumiam vários papéis nos desenhos, às vezes como aliados da mãe, outras como aliados do pai.

Em outro momento, os desenhos representavam pássaros que continham um outro sentido: "O bico aberto representava a boca voraz da mãe, mas também expressava desejos que o menino tinha de devorá-la, pois era formado pelas cores que simbolizavam o próprio Richard e o irmão (os bebês vorazes)" (idem, p.435). Utilizava lápis e gizes de cera como representantes de pessoas, além de trazer para as sessões sua frota de navios.

Melanie Klein relata também que, durante uma interrupção da análise, na qual teve que ir a Londres e Richard saiu de férias, o menino ficou muito preocupado e deprimido. Na primeira sessão, perguntou se ela tinha visto Londres arrasada, se havia acontecido algum bombardeio aéreo enquanto Klein esteve lá e se havia caído alguma tempestade naquela cidade. Estava muito hostil, pois disse que a cidade na qual fazia análise, local que esteve anteriormente, era um chiqueiro e um pesadelo. Além disso, foi para o jardim e comentou sobre a periculosidade dos cogumelos que estavam lá. Foi até a sala e, pegando um livro na estante e apontando para uma de suas figuras, disse que havia um homem lutando contra um monstro.

Na segunda sessão, Melanie Klein relata que o menino contou-lhe sobre uma conversa que havia tido com a mãe. Dissera que estava muito preocupado com a possibilidade de vir a ter bebês e se doía muito; a mãe lhe explicou sobre a função sexual masculina, e Richard contestou dizendo que não gostaria de colocar seu órgão dentro de uma mulher.

Na interpretação de Melanie Klein, a aversão à cidade e o medo das coisas ruins que havia em seu interior e no interior de sua mãe tinham sido atacados simbolicamente pelas bombas de Hitler. As bombas, os cogumelos no jardim e a figura do homem lutando contra o monstro representavam o pênis do pai que perfurava o corpo da mãe, e, por isso, esse pênis era "mau". Dessa maneira, seu medo de relacionar-se com crianças e de penetrar com o pênis o corpo de mulheres tinha correlação com esse pênis "mau", que acreditava estar no corpo da mãe e no próprio pênis do pai.

Durante várias sessões, Richard colidiu dois de seus navios, o que, segundo Melanie Klein, representava a relação sexual. Uma vez iniciada a brincadeira, ele logo a interrompia, porque seus impulsos genitais foram em parte reprimidos, pelo fato de considerar que eles tinham um caráter destrutivo. Entretanto, também foram ativados, uma vez que manteve conversa sobre relação sexual com a mãe. A interrupção da análise reativou os sentimentos de raiva e agressividade que Richard tentava conter o tempo todo; além disso, essa in-

INCONSCIENTE-MULTIPLICIDADE **179**

terrupção representava os sentimentos de frustração vivenciados na situação de desmame.

Na sessão seguinte, ele organizou seus navios de forma a trazer harmonia entre seus aspectos agressivos, cada qual representando os membros de sua família, numa tentativa de mitigar os aspectos agressivos, numa tentativa de evitar uma luta entre seu pai pela posse da mãe, bem como a castração. Nesse movimento, Richard reprimia seus impulsos de caráter edipiano, pois temia que seu pênis se transformasse em um órgão destruidor.

Durante toda a análise, Richard fazia uma cisão de sua mãe, uma que era aquela de caráter oral, que o satisfazia completamente, uma vez que se apresentava idealizada; outra era aquela de caráter genital, que mantinha relações com o pai e formava uma aliança perigosa contra ele, na medida em que o retaliaria pelos ataques sádico-orais feitos. Em contrapartida, o seio "mau" da mãe, aspecto este cindido de maneira radical, estava ligado ao insatisfatório período de amamentação, que despertou impulsos destrutivos provenientes de outras zonas erógenas. Esse fato fazia que Richard idealizasse o seio "bom", pois, para ele, esse seio bom idealizado representava uma ligação simbiótica perfeita com a mãe.

Em uma das sessões, Richard começou a apresentar vários sintomas, tais como dores de garganta e gripes, os quais já tinham ocorrido anteriormente. Esses sintomas estavam ligados com seus medos hipocondríacos e com aqueles relacionados com envenenamento. Além disso, começou a ficar preocupado com possíveis espiões, que estavam conspirando contra ele. Melanie Klein relacionou tudo isso com os medos paranóides do menino, de modo que seu irmão e seu pai estariam em aliança contra ele na luta da posse da mãe. As interpretações feitas por Klein sobre esses aspectos de sua personalidade fizeram que sua ansiedade diminuísse e seu humor melhorasse, pois os medos de seus perseguidores diminuíram.

Dessa maneira, na sessão seguinte, Richard acordara melhor de sua dor de garganta, com um humor bem diferente do dia anterior. Disse que o café da manhã tinha sido muito bom e explicou como havia comido. Segundo ele, seu estômago havia ficado muito pequeno, pois nos dias anteriores não havia comido muito, e que os seus ossos estavam aparecendo até a hora da referida refeição. De acordo com Klein, os ossos simbolizavam o pênis do pai internalizado, seus aspectos "maus". Por sua vez, a comida deliciosa representava o aspecto "bom" da mãe, daquela mãe-seio (oral) que lhe fornecia gratificação ilimitada.

Nessa mesma sessão, fez várias associações sobre os desenhos feitos no dia anterior, que, segundo Klein, apresentavam de maneira mais clara sua agressividade e seu medo de ser retaliado pela mãe-genital "má". Richard, a partir desse momento da análise, conseguiu encarar sua realidade psíquica e foi capaz de integrar aspectos "bons" e "maus" de sua mãe. Ele conseguiu perceber também sua vontade de devorar a mãe. Em uma instância de fantasia, uniu-se ao pai-monstro e à figura dos pais combinados, que o devoravam internamente e o castravam externamente. Essa impressão lhe causava imensa culpa, uma vez que, além de temer a retaliação dos pais, temia que eles fossem destruídos.

Durante sua análise, seus medos dos objetos externos diminuíram, bem como sua ansiedade e medo destes, que se manifestavam na forma de sintomas hipocondríacos e depressão. A impressão de que a sua mãe interna "boa" estava intacta oferecia-lhe subsídios para ter segurança, confiança e esperança nos objetos bons internalizados, inclusive o pai; e Richard poderia, a partir desse instante, entrar em contato com seus impulsos genitais.

> O aumento da esperança de manter a analista e a mãe vivas como objetos internos estava ligado ao fortalecimento de sua posição genital e a maior capacidade de viver os desejos edipianos. [...] Com menos medo de ser dominado pelos impulsos sádicos, Richard acreditava que seria capaz de produzir bebês bons: o aspecto criativo e produtor do órgão genital masculino (do pai, assim como do próprio menino) tinha passado com mais força para o segundo plano. [...] O pai não era mais um inimigo perigoso a ponto de impedir que Richard enfrentasse a luta contra ele como rival odiado. (Klein, 1997, p.442)

O inconsciente como trajetos e devires: uma feição cartográfica

Neste momento, uma vez apresentado o caso Richard, podemos começar a tecer considerações acerca deste, segundo as proposições deleuzeanas, bem como outras baseadas em momentos anteriores.

Duas questões novamente se fazem presentes: Por que razão é preciso pensar, em todos os encontros da criança, os objetos parciais conectando-se somente ao pai e à mãe? Por que a teoria kleiniana utiliza-se sempre desse referencial, ou seja, o pênis (ou falo) como algo que sempre deve existir nas relações com outros corpos, como órgão colocado na altura ou na profundidade?

Em primeiro lugar, Deleuze pensa que os pais são os meios pelos quais a criança conhece o mundo, mas não são os únicos referenciais que o sujeito possui. Existem outras relações que são representativas desse primeiro encontro.

> Uma concepção cartográfica é muito distinta da concepção arqueológica da psicanálise. Esta última vincula profundamente o inconsciente à memória; é uma concepção memorial, comemorativa ou monumental, que incide sobre pessoas e objetos, sendo os meios apenas terrenos capazes de conservá-los, identificá-los, autentificá-los. (Deleuze, 1997, p.75)

Segundo Deleuze (1997, p.73), os traçados que o menino constrói nesses encontros não representam a situação familiar, tal como Melanie Klein propõe em sua análise: "Ora, os próprios pais são um meio que a criança percorre, com suas qualidades e potências, e cujo mapa ela traça. Eles só tomam a forma pessoal e parental como representantes de um meio num outro meio". Dessa forma, os pais seriam apenas um dos investimentos libidinais que a criança faz durante toda sua vida, e existem múltiplos e singulares no tocante àqueles que se constituem em sua existência.

Pode-se pensar, com base no que já foi discutido em momentos anteriores deste trabalho, o inconsciente como máquina que se

182 HÉLIO REBELLO CARDOSO JR.

conecta de maneira impessoal e indefinida e faz seus trajetos em rizoma, ou seja, não possui ponto de chegada ou partida, muito menos trajetos definidos: "[...] o que a libido investe se apresenta como um artigo indefinido, ou melhor, é apresentado pelo artigo indefinido [...]" (idem, p.77). A libido, ou seja, os objetos parciais, toma forma de acordo com as conexões nas quais os objetos parciais se configuram, que têm um caráter esquizofrênico, funcionando na superfície e percorrendo constantemente multiplicidades na criação de territórios singulares de existência, além de apresentarem um caráter disjuntivo que reúne aspectos diferentes. Assim, a crítica que Deleuze e Guattari fazem à psicanálise se refere à canalização do desejo (objetos parciais) às figuras parentais e à família como território fechado e único de modos de vida: "Para a psicanálise, trata-se sempre de meu pai, de mim, de meu corpo. É um furor possessivo e pessoal, e a interpretação consiste em encontrar pessoas e posses" (idem, ibid.).

Melanie Klein tenta relacionar todas as cartografias, os desejos do menino pelo âmbito familiar, de modo que nada escape desse referencial.

> O desenho II ilustra alguns dos métodos empregados por Richard para lidar com a ambivalência, a ansiedade e a culpa. Ele indicou para mim a seção vermelha "que atravessa todo o império da mamãe", *mas logo depois se corrigiu: "Não é o império da mamãe, é só um império onde todos nós temos alguns países"*. Interpretei que ele tinha medo de perceber que aquele era o império de sua mãe, pois sendo assim a seção vermelha estaria perfurando o interior dela. (Klein, 1997, p.424 – grifo nosso)

Quando o menino se recusa a aceitar esse tipo de referência, Klein o traz novamente a uma suposta realidade referendada sempre pelo pai e pela mãe. Finalmente, Richard aceita a referência:

> Então Richard olhou novamente para o desenho e disse que a seção vermelha *"parecia um órgão genital"*, observando também que ele divi-

INCONSCIENTE-MULTIPLICIDADE **183**

dia o império em dois: no oeste ficavam os países que pertenciam a todos, enquanto a parte do leste não continha nada da mãe – mas apenas o próprio menino, o pai e o irmão. (idem, ibid. – grifo nosso)

O menino ainda tenta configurar um sentido singular para o desenho, dizendo que seus traços se pareciam com um órgão genital. Entretanto, Klein já interpreta isso, sempre com referências aos pais do menino, retirando de Richard qualquer possibilidade de invenção ou criação de um novo sentido para aquilo que estava se configurando. Por esse exemplo, pode-se perceber que todos seus movimentos de conexão dos objetos parciais na profundidade, por meio do Corpo sem Órgãos, com base nas interpretações de Klein, remetem para os pais ou para sua família, o que impede que o menino crie territórios diversos daqueles que a analista propõe o tempo todo.

A análise de Richard por Melanie Klein (1997, p.418) não aconteceu em Londres, mas em uma casa numa pequena cidade perto da referida cidade: "Richard tinha uma relação peculiar, quase pessoal com esse aposento e o resto da casa, *que ele identificava comigo*" (grifo nosso). Assim, a casa na qual Richard fazia análise era um local que se tornava mais um meio pelo qual poderia traçar suas trajetórias, tal como um mapa, e reorganizar os objetos parciais para a constituição de novos territórios. Pode-se perceber que, desde o início do relato de Klein sobre o caso, ela atribui novamente um caráter edipiano à relação que Richard estabelece com o mundo, na medida em que acredita que o fato de o menino gostar da casa refere-se a uma identificação de sua pessoa e, por conseqüência, aos seus pais.

Sendo assim, segundo a psicanálise, inclusive a kleiniana, a relação que se estabelece entre terapeuta e paciente acontece de maneira transferencial, de modo que serão revividos por meio da análise os conflitos iniciais que sempre são referentes aos pais. Entretanto, segundo Deleuze, o terapeuta não é o representante das figuras parentais, como previsto na psicanálise pela transferência, mas pode ser um lugar para expressão dos afetos, para conexão dos objetos parciais com vistas a movimentos de territorialização e desterritorialização constantes.

184 HÉLIO REBELLO CARDOSO JR.

Deleuze considera que os desenhos de Richard fazem parte de novos traçados que começaram a se delinear no contato com Klein, de modo que pudessem fazer sentido para ele, como forma de entendimento do mundo. Os objetos parciais, bons e maus, desconectados na profundidade, são unidos pelo Corpo sem Órgãos, e esses objetos emergem na superfície como reinvenção desejante do mundo.

> Ele vive e pensa o mundo em forma de mapas. Ele os colore, os inverte, os superpõe, os povoa com seus chefes, a Inglaterra e Churchill, a Alemanha e o Hitler. O próprio da libido é impregnar a história e a geografia, organizar formações de mundos e constelações de universos, derivar os continentes, povoá-los com raças, tribos e nações. (Deleuze, 1997, p.74)

Sendo assim, Richard tenta compreender a guerra, uma vez que faz parte dela, relacionando seus medos, desejos e ansiedades a essa situação histórica, fato este que Deleuze (1997, p.74) leva em consideração quando diz: "O pequeno Richard é estudado por Melanie Klein durante a guerra". Além disso, nesse movimento, tenta também entender sua própria agressividade, o que ela provoca nos meios por que passa, de que forma afeta os corpos nos encontros.

Dessa forma, o medo que Richard apresenta da morte em tempos de guerra é real e não fantasmático, como pensa Melanie Klein, de modo que

> [...] no limite, o imaginário é uma imagem virtual que se cola ao objeto real, e inversamente, para constituir um cristal no inconsciente. Não basta que o objeto real, que a paisagem real invoque imagens semelhantes ou vizinhas; é preciso que ele desprenda sua própria paisagem virtual, ao mesmo tempo que esta, como paisagem imaginária, se introduza no real seguindo um circuito em que cada um dos termos persegue o outro, intercambie-se com outro. (Deleuze, 1997, p.75)

Melanie Klein considera, pelo contrário, que o medo do menino em relação à guerra estava relacionado com o medo da retaliação dos

INCONSCIENTE-MULTIPLICIDADE **185**

ataques sádicos feito aos pais, ao seio e pênis "maus", objetos parciais colocados em profundidade vazia, que são projetados e introjetados e fazem que a criança fique aprisionada a esse tipo de ciclo, que foi discutido em momentos anteriores deste trabalho. Esse movimento impede a conectividade dos objetos parciais na superfície dos acontecimentos, uma vez que os objetos parciais, em vez de serem fluxos impessoais, que circulam entre os corpos, ficam colados às figuras parentais.

Em relação às zonas erógenas, outro aspecto que pode ser pensado. Richard só pôde se manifestar em relação aos objetos parciais de caráter oral colocando o pênis projetado-introjetado em duas dimensões opostas: por um lado, o pênis "bom" como objeto parcial em altura, com exigências intensas, uma vez que esse é protótipo de tudo o que é gratificador; por outro, o pênis na profundidade que é aquele que despedaça, corta, esmigalha e destrói tudo nos encontros. Dessa forma, Richard não conseguiu atingir o estágio genital por dois motivos: sentia-se incapaz de possuir o pênis, pois não conseguiria restaurar e criar territórios na superfície com este órgão, além de sentir-se incapaz de atingir suas exigências; em contrapartida, esse mesmo pênis, colocado na profundidade, destrói tudo, sua relação com o mundo, inclusive com sua mãe e seu pai, o que lhe trouxe imensa culpa e ressentimento. No final de sua análise, após inumeráveis interpretações feitas por Klein, o menino consegue chegar ao estágio genital, mas sob o alto custo de ter de ficar afixado nas figuras parentais.

Nesse sentido, as interpretações seriam uma redução de todos seus afetos, de todas as ligações dos objetos parciais na profundidade, em busca de expressão na superfície. Como foi discutido anteriormente, essas interpretações, ao procurarem um sentido oculto para o inconsciente, fazem que os fluxos desejantes sejam interrompidos ou elevados todos a um nível familiar. Dessa forma, as interpretações levam o sujeito a projetar e a introjetar seus afetos, de forma que se constitua uma subjetividade calcada nessa profundidade vazia, na qual os objetos parciais são personificados, remetidos o tempo todo a um sentido parental, sem oportunidades de conexão com outros múltiplos sentidos.

Os desenhos, os lápis, os gizes de cera e seu conjunto de navios de brinquedo, ou seja, tudo aquilo que Richard utilizou em sua análise para expressar suas angústias e ansiedades, podem ser considerados instrumentos para que pudesse dar expressão aos seus sentimentos, de modo a poder fazer conexões com o mundo que o circunda, em sua intensa descoberta, repleta de afetos e intensidades. Esse foi o meio que Richard pôde utilizar para "explorar os meios, por trajetos dinâmicos e traçar os mapas correspondentes" (Deleuze, 1997, p.73).

Durante toda a sua análise, Richard tentou lidar com sua ansiedade e seu medo, bem como com sua agressividade – aspectos destrutivos de seu psiquismo – o tempo todo, quando, por exemplo, teve de lidar com o medo de que sua analista fosse atacada em Londres e não retornasse, sua preocupação para com ela e seu medo da guerra. Richard, desse modo, traça trajetos intensivos, além de cartográficos, para a criação de novos territórios: "Os mapas não devem ser compreendidos só em extensão, em relação a um espaço constituído por trajetos. Existem inúmeros mapas de intensidade, de densidade, que dizem respeito ao que preenche o espaço, ao que subentende o trajeto" (idem, p.76).

Pode-se entender, por meio desses trajetos, tanto cartográficos quanto intensivos, que entra em ação o superego que traz sanções e proibições vindas do exterior. Além disso, é possível perceber os limites no contato com os corpos, de maneira a não destruir os encontros com outros corpos e o seu próprio. Essa percepção é feita nos encontros e somente neles, sendo este um movimento de superfície, uma vez que não é possível estabelecer essa prudência nos encontros com objetos parciais na profundidade ou na altura: os primeiros destruiriam os "bons" objetos que estão na profundidade e não poderiam ir para a superfície constituindo territórios; o segundo, por sua vez, também não poderia criar novos territórios, pois ficariam ligados a protótipos de relações.

Por fim, pode-se ainda pensar nos devires que aconteceram durante todo o contato com Klein, com construção e desconstrução de novos territórios.

A imagem não é só trajeto, mas devir. O devir é o que subentende o trajeto, as forças intensivas subtendem as forças motrizes. [...] Um devir não é imaginário, assim como uma viagem não é real. É o devir que faz, do mínimo trajeto ou mesmo de uma imobilidade no mesmo lugar, uma viagem; e é o trajeto que faz do imaginário um devir. Os dois mapas, dos trajetos e dos afetos, remetem um ao outro. (idem, p.77)

O devir, no que se refere a objetos parciais, são objetos na profundidade, "bons" e "maus", que se conectam no Corpo sem Órgãos e se manifestam na superfície dos acontecimentos. Devires de potência surgem em Richard, na qual a potência de vida começou a ser instaurada, e ele começa a se desprender de seus sintomas, podendo ligar-se a outros corpos, em constantes movimentos de territorialização e desterritorialização.

Referências bibliográficas

DELEUZE, G. Quatro proposições sobre a psicanálise. *Saúde Loucura* *São Paulo*, v.1, n.4, p.83-91, 1990.

_____. *Crítica e clínica*. Trad. Péter Pál Pelbart. São Paulo: Editora 34, 1997.

_____. *Lógica do sentido*. Trad. Luís Roberto Salinas Fortes. 4.ed. São Paulo: Perspectiva, 1998.

DELEUZE, G., GUATTARI, F. *O anti-Édipo*. Capitalismo e esquizofrenia. Trad. Georges Lamazière. Rio de Janeiro: Imago, 1976.

FALCÃO NETO, J. L. M. *Povoar um deserto: vida e transformações na clínica*. São Paulo, 2002. Tese (Doutorado) – Pontifícia Universidade Católica de São Paulo.

HINSHELHOOD, R. D. *Dicionário do pensamento kleiniano*. Porto Alegre: Artes Médicas, 1992.

KLEIN, M. *Inveja, gratidão e outros trabalhos*. Rio de Janeiro: Imago, 1991.

_____. *A psicanálise de crianças*. Rio de Janeiro: Imago, 1997.

KLEIN, M., RIVIERE, J. *Amor, culpa e reparação*. Rio de Janeiro: Imago, 1997.

SEGAL, H. *Introdução à obra de Melanie Klein*. Rio de Janeiro: Imago, 1995.

7
PARADIGMA ÉTICO-ESTÉTICO-POLÍTICO E SUAS IMPLICAÇÕES PARA A INFÂNCIA: UMA REFLEXÃO ACERCA DE ALGUNS CASOS CLÍNICOS DA PSICANÁLISE INFANTIL

*Renata Pimenta Domingues**

Produções de inconscientes infantis

Como funciona o inconsciente infantil? É essa a pergunta que a esquizoanálise lança para a infância. E o que há de novo nessa questão? Perguntar sobre "como" em vez de "o que" produz diferenças significativas quanto ao olhar que se tem sobre o inconsciente infantil. Assim, o que pretendemos com essa reflexão é retomar alguns momentos da obra de Deleuze e Guattari que se referem à infância, especialmente no tocante ao inconsciente infantil. Em seguida, ilustraremos algumas implicações práticas dessa nova concepção sobre o desejo e os modos de subjetivação da infância em alguns casos clínicos apresentados pela psicanálise, como os pequenos Hans (Freud, 2002) e Arpard (Ferenczi, 1992).

Traremos algumas diferenças no modo como o inconsciente infantil era pensado pela psicanálise nos casos em questão, e o que pro-

---

* A autora é formada em Psicologia pela Unesp e mestre em Educação pela Universidade Federal do Rio Grande do Sul. Esse artigo é derivado do projeto "Estudo do conceito de inconsciente no pensamento de Gilles Deleuze e Félix Guattari: um olhar sobre a infância como mapa de devires em alguns casos clínicos da psicanálise infantil", desenvolvido com bolsa da Fapesp, no período de março de 2003 a fevereiro de 2004.

põem Deleuze e Guattari sobre o funcionamento desejante infantil ao questionarem o caráter faltante e estruturado do desejo na psicanálise. O que está em jogo nessa concepção é o tratamento dado à família nos investimentos desejantes infantis, a relação entre repetição e diferença, o modo como as falas infantis são tomadas, o questionamento da dicotomia social/psiquismo, o modo como o passado é considerado, bem como a sexualidade infantil e suas fases de desenvolvimento.

A infância na obra de Deleuze e Guattari: mapas de devires

O texto "O que as crianças dizem" (Deleuze, 1997) é nosso ponto de partida nesta reflexão acerca do inconsciente infantil, pela proposição de um novo modo de conceber a produção desejante das crianças. O título se refere primeiramente a uma ruptura com a idéia representativa do desejo, como se houvesse sempre algo oculto no inconsciente que se utiliza de metáforas nas falas infantis. A questão se torna o que as crianças dizem perceber na produtividade dessas falas como expressão das maquinações desejantes. Para a esquizoanálise, portanto, as falas e ações infantis não são objetos de interpretação, não representam simbolismos transcendentes, mas signos dos encontros de maquinações desejantes, cabendo perguntar pelas conexões entre essas falas, ações, sentires e desejos. O que importa são os agenciamentos que as crianças efetuam, os trajetos e devires que as compõem, ou seja, seus mapas: modo de funcionamento do inconsciente infantil.

Infância maquínica: o que falta são estruturas

Deleuze e Guattari consideram o período que se denomina infância uma construção social e histórica, que opera por máquinas desejantes. E o que significa pensar o inconsciente infantil como sendo composto por essas máquinas? Primeiramente, não é a uma concepção mecanicista que as máquinas se referem, mas à idéia de engrenagens, funcionamentos, acoplamentos de fluxos, interconexões entre a criança e o que a cerca. São máquinas que se associam a outras máquinas e mudam de regime de funcionamento, conforme as forças que estejam em jogo em cada momento e em cada contexto, em conexões múltiplas produtoras dos mapas infantis. Estes que são abertos, desmontáveis, modificáveis, reversíveis, compostos por múltiplas entradas e se fazem do mesmo modo que as crianças brincam com sucatas ou fazem arte. Isso porque a esquizoanálise pensa a vida como obra de arte, e o funcionamento do inconsciente infantil não poderia, então, ser pensado de outro modo. Tendo em vista esse movimento incessante e fluxional do inconsciente infantil, não faz sentido falarmos de estruturas inconscientes. Mapas que são fonte de potência de vida, porque conectam os campos e nesta relação com o fora, e possibilitam sua "abertura máxima sobre um plano de consistência" (Deleuze & Guattari, 2002, v.1, p.22).

Esses mapas infantis se fazem por trajetos, parte material, corpórea, visível dos mapas. São eles os percursos que uma criança efetua em suas conexões com os mais diversos meios, caminhos que uma criança trilha para experimentar o mundo que a cerca. Nesses percursos, a criança experimenta intensidades, devires que se fazem no encontro com meios heterogêneos, produtores de multiplicidades-infância. Criam-se, assim, modos de relação das crianças com o que as cerca, são os agenciamentos: junção entre a parte extensiva dos mapas, os trajetos e sua parte intensiva, os devires. Por exemplo, o trânsito de uma criança pela escola, aula de dança, brinquedos, família, mídia, grupo terapêutico é sempre singular. A criança lida com cada um desses espaços de modo intensivo, e cada encontro retém alguns afectos e constrói com eles suas marcas. São estas que produzem um território subjetivo, altamente desterritorializável pelos fluxos que continuam passando pelo corpo infantil, do mesmo modo que uma criança pode desterritorializar esses territórios por onde transita com os devires que se produzem, com um devir-criança que a acompanhe. Os mapas infantis seriam então, nesse exemplo, os recortes das intensidades vividas nesses espaços, em suas combinações e atravessamentos, juntamente com o trajeto que uma criança faz por esses meios. Seriam sobrevôos que dizem do que ela experimenta num dado momento e que é transitório, já que estes elementos (família, dança, brinquedos etc.) são maquinados e agenciados pelo desejo infantil. E a criança não se contenta com o que encontra pronto e dado como mapa, ou melhor, decalque de infância. Põe em questão o que está instituído com suas criações, por isso o inconsciente desejante é por si só revolucionário: porque não respeita o que é regra ou norma em seu movimento de produção, almeja a multiplicidade. Funciona por mapas transbordantes de devires.

É pelos agenciamentos que os fluxos, produzidos pelas máquinas desejantes infantis, encontram territórios que os sustentem, meios de expressão que os efetuem no plano do visível. São os agenciamentos que efetuam conexões de meios heterogêneos, criando devires ou linhas de fuga. O que a criança faz em seus trajetos são agenciamentos entre materiais, experimentando novos meios. Pode uma criança, por exemplo, sentir-se afetada pelo movimento rápido ou lento dos cavalos e, ao mesmo tempo, por seus brinquedos, pela babá, ficar fascinada com as variações de instrumentos utilizados para prender um cavalo numa carroça e conectar todas essas afecções num mesmo agenciamento que nada representa (pequeno Hans). São fragmentos de cada um desses encontros com esses corpos (não necessariamente humanos ou vivos: babá, cavalo, brinquedos, focinheira, correias etc.), também eles em algumas de suas zonas de intensidade num plano de consistência que produzem os mapas que se fazem por agenciamentos. Estes se dão pelas conexões entre meios em trajetos singulares. Pensar em agenciamentos é considerar os corpos (sejam eles humanos ou não-humanos), em sua potência conectiva, como meios de passagem dos fluxos desejantes, cujas inúmeras possibilidades de sentido podem ser produzidas pelo inconsciente infantil, em seu desejo de conectar-se com o mundo. Conexões envolvem multiplicidades que são características dos trajetos, bem como são o modo de expansão dos mapas dos devires infantis. Sendo assim, "um agenciamento é precisamente este crescimento das dimensões numa multiplicidade que muda necessariamente de natureza à medida que ela aumenta suas conexões" (idem, p.17.) Isso porque não se trata de acúmulo de materiais, mas de combinações, maquinações e funcionamentos que mudam a cada novo elemento que imprime novos sentidos aos mapas, novo funcionamento, interação criativa. Por isso, Deleuze & Guattari (2002, v.1, p.14) rejeitam a idéia de estrutura inconsciente, já que "toda vez que uma multiplicidade se encontra presa numa estrutura, seu crescimento é compensado por uma redução das leis de combinação".

Quando o passado infantil dá as costas aos acontecimentos...

Deleuze (1997) compara as crianças às obras de arte, que seriam definidas por Dionísio, "deus dos lugares de passagem e das coisas do esquecimento", referindo-se à subjetividade infantil como composta por fluxos que passam e desterritorializações que produzem territórios singulares e criam novos movimentos inconscientes. As crianças dão passagem a esses movimentos e se conectam às linhas de fuga, permitindo que os devires produzam novas estéticas existenciais. O esquecimento refere-se a essa leveza de lidar com os encontros, essa possibilidade, em muitos momentos, de não se prender ao passado, já que fixar-se em suas tramas significa andar para frente olhando para trás, de costas para a vida que se mostra no presente com seus acontecimentos únicos e forças singulares. A força destes, muitas vezes, faz que não tenhamos referências no passado que nos permitam compreender o que ali se apresenta. É pelo que está acontecendo, então, que teremos de produzir sentidos afetivos e maquinar possibilidades, refazer o corpo e produzir novos modos de vida infantil, a partir da leveza do devir-criança.

Referidos ao passado, ainda que atualizado, os encontros tornam-se pesados e porta-vozes de uma bagagem traumática cada vez mais difícil de arrastar. Deleuze atenta para a potência de passagem e de esquecimento das crianças, pois tal potência permite que elas se abram aos fluxos desejantes e componham com eles, sem que se carreguem restos e preconceitos de outras experiências que possam bloquear a criação daquele momento. É dessa combinação de elementos que tratam, então, os autores ao referirem-se ao devir-criança que não é exclusividade das crianças. Aparece, desse modo, um caráter de fluidez, mutabilidade e movimento, elementos ligados às produções infantis de cartografias singulares, mapas de devires, bricolagens.

Os fluxos desejantes que movem as maquinações inconscientes estão sempre passando pela subjetividade infantil que vai se transformando por devires-moleculares e deixando no esquecimento territórios que já não fazem sentido ou que não potencializam as criações infantis. Esses territórios do esquecimento só servem como recortes, já que são fragmentados, lascados, e são as partículas deles extraídas que irão compor novos territórios com materiais antes desconhecidos e agora utilizáveis ou mesmo com materiais antigos, mas agora retrabalhados pelas crianças.

Ou seja, o inconsciente não se move do passado, o qual traz representações que se projetam, para o presente. Ao contrário, é o inconsciente produtor de real social, de novas combinações entre os diversos elementos que configuram a realidade, e a criança é também agente dessa produção. É desse modo que entendemos a afirmação de que o inconsciente é produtivo e não-faltante, o inconsciente é maquínico, feito de máquinas desejantes, e as máquinas infantis conectam-se aos mais diversos tipos de máquinas sociais que são também movidas por fluxos desejantes. E essa produção não é circular, de um indivíduo fechado nele mesmo, mas de troca com o mundo, pois as máquinas desejantes alimentam-se do social e nele imprimem múltiplas forças; assim, não faz sentido tratarmos de uma dicotomia entre psiquismo e social. Essas divisões tornam-se artificiais, a criança já investe todo o social ao investir a família.

São tão múltiplas as fases... O que estava (des)envolvido?

Deleuze e Guattari questionam, assim, um conceito universal de infância e com ele as proposições freudianas de um desenvolvimento composto por fases psicogenéticas, que caminhariam para um objetivo final. Para Freud, esse processo seria quase o mesmo para todos os seres humanos, já que suas fases seriam a expressão de uma estrutura psíquica universal. Em contrapartida, nossos autores valorizam o caráter transubjetivo da infância. Em vez de fases, consideram os níveis de subjetivação que compõem a criança e que seguiriam paralelamente ao longo da vida. Ou seja, seriam esses níveis de subjetivação agenciamentos produzidos pela criança que não são substituídos por outros mais evoluídos, mas que vão sendo desterritorializados e interagem entre si. Territórios que vão sendo ressignificados ao longo da vida e também participam das maquinações infantis. Trata-se, assim, de agenciamentos e não de fases. Esses níveis de subjetivação se fazem por novos agenciamentos, que se relacionam com os anteriores não a partir de um *continuum*, como se houvesse uma relação causal entre eles, já que se efetuam por mutações e podem se refazer ou coexistir com os anteriores. Não se trata assim, também, de deslocamento ou sublimação, mas de novos campos de possível que se fazem nesses agenciamentos. E ainda, não há constantes que nos permitam prever como se farão os agenciamentos, estes se constituem nos encontros e dependem ainda do acaso (Guattari & Rolnik, 1986, p.221). Não são eternos, portanto, e dependem da relação com os demais agenciamentos num dado espaço e momento.

Guattari (2000) aponta ainda uma consideração acerca da "superação" da simbiose entre mãe e bebê na fase oral, considerada por Freud. É um falso problema, já que não se trata de indiferenciação entre o ego do bebê e o ego materno. Considera, entretanto, que, se a criança "não dissocia o sentimento de si do sentimento do outro", isso só se torna relevante se quisermos definir sujeitos com fronteiras bem demarcadas. Pontua que a questão seria quais são os "afectos partilháveis" e os "afectos não-partilháveis", por meio dos quais se compõem singularidades (Guattari, 2000, p.16 e 20). Esses afectos compõem-se numa relação em que o que importa são as conexões possíveis entre os corpos e não a superação da simbiose. Não é porque a criança conecta seus sentimentos aos do outro e não cria limites rígidos para um "eu" que estaria indiferenciada em relação ao mundo, já que existem "afetos não-partilháveis", que fazem parte da construção subjetiva infantil, que também produzem singularidades.

Trata-se, pois, da produção de uma infância molar e de uma infância molecular. Isso porque é artificial ou ainda limitado um conceito universal sobre infância ou mesmo uma teoria que totalize o inconsciente infantil. Qualquer tentativa destas só se refere a uma infância molar. Mas, ao contrário, há sempre uma infância molecular que escapa às possíveis teorizações homogeneizantes sobre ela. Este seria o devir-criança, que não é exclusividade das crianças, mas consiste em tudo aquilo que desterritorializa estratos do que se considera adulto, hegemônico. É essa potência conectiva e baseada em experimentações constantes que compõe a infância molecular. Nesse sentido, um bloco de infância ou, ainda, o devir-criança é distinto de lembranças de infância. O devir-criança diz da produção de *uma* criança molecular, *uma* criança que coabita conosco, "uma zona de vizinhança ou bloco de devir, numa linha de desterritorialização que nos arrasta a ambos – contrariamente à criança que fomos, da qual nos lembramos ou fantasmamos, a criança molar da qual o adulto é o futuro" (Deleuze & Guattari, 2002, v.4, p.92).

Não se trata, portanto, de *minha* infância, mas de um devir-criança que dispara em afectos impessoais ou de singularidades. O que as crianças dos casos que estudaremos posteriormente desejam com seus devires-animais são as matilhas. São devires que experimenta o pequeno Richard. Traçar seu mapa de devires é distinto de buscar por um eixo central, arborescente, ao qual todas as idéias são remetidas, ou, mesmo, de procurar por estruturas, pensando por analogias entre termos distintos. Estas últimas só são possíveis quando se param os afectos infantis.

Há sempre o risco de girar no vazio da repetição, diante dos estratos, e anteriormente a eles temos as linhas de fuga

Os mapas infantis são formas de experimentação ancoradas no real, conectáveis em todas as suas dimensões. São feitos de multiplicidades do mesmo modo que pensamos a infância e cada criança. Isso porque os mapas infantis são rizomáticos, o que significa que se conectam aos mais diversos meios, sem uma hierarquia ou eixo central que os estruture. Ao mesmo tempo, cada mapa infantil é único, singular. Na produção desejante infantil, o que diferencia um mapa de outro são os afectos que são retidos, bem como a escolha de um caminho, que implica um diferente posicionamento da criança em suas relações. Ou seja, são os trajetos de *uma* criança que produzem a singularidade de um mapa num posicionamento que é único, já que comporta intensidades, afectos que são potencializados de modo distinto em cada mapa infantil. E ainda são múltiplos os sentidos dados para essas intensidades, bem como os territórios escolhidos para sustentarem no mundo os mapas infantis. Desse modo, as crianças fazem mapas e, ao mesmo tempo, são feitas deles, numa maquinação criativa. Isso porque são elas também produzidas em composição com o que as cerca. Por exemplo, uma criança hiperativa é um fluxo que corta o ritmo tantas vezes entediante da máquina escolar, do mesmo modo que é cortada pelos psicofármacos que toma. Dependendo dos manejos possíveis, essa criança poderá mais ou menos intensamente criar seus mapas de modo produtivo, ou ficar decalcada no rótulo de hiperativa.

Em alguns momentos, a subjetividade infantil, no entanto, apresenta repetições, redundâncias, lugares onde os fluxos são capturados e ficam bloqueados, restritos a certos territórios específicos, ou seja, fazem-se decalques sobre os mapas rizomáticos. Esses decalques seriam cópias, tentativas de transformar em imagem congelada o que é da ordem da produção criativa, e tornar raízes axiais e radículas o que é um rizoma de múltiplas entradas recíprocas. A edipianização do inconsciente infantil é um tipo de decalque que discutiremos mais adiante, quando tratarmos dos casos clínicos já citados.

Se é pelos mapas que as crianças exploram o mundo que as cerca, são os devires que produzem as singularizações dos mapas infantis. Os devires acontecem nos encontros dos corpos heterogêneos que produzem rearranjos dos estratos, por meio de desterritorializações que criam multiplicidades. Assim, a vida é tida como criação e são os encontros entre diferenças que, o tempo todo, produzem novas relações entre os corpos, novos modos de funcionamento, rearranjos nos mapas infantis que não têm um objetivo senão o de produzir o novo. E é desse modo que as instituições sociais se desfazem, já que os fluxos desejantes as desterritorializam, fazem lascar partículas dos mais diversos aglomerados subjetivos. Desse modo, os devires vivenciados por uma criança são rizomáticos e reais, uma vez que põem em jogo instituições e funcionamentos sociais, trazendo outras formas de expressão, numa "involução criadora" (idem, p.55-6). Involução, já que não cabe neste paradigma uma idéia de evolução que hierarquize as diferenças em torno de um padrão.

Por isso, todo devir é sempre um devir-molecular. E ainda todo devir infantil é sempre devir-animal, pois desterritorializa o que é humano e diz respeito às maquinações desejantes. É por isso que Deleuze e Guattari são instigados pelo devir-galo do pequeno Arpard e o devir-cavalo do pequeno Hans. Tentam compreender de que modo o encontro entre essas crianças e esses animais altera o modo de relação afectiva destas, produzindo outras potências nos corpos infantis. No plano molecular, quando a criança "imita o animal", trata-se de fazer corpo com o animal, um Corpo sem Órgãos feito de zonas de intensidade ou vizinhança. Devir com um cão, por exemplo, é fazer lascarem partículas caninas e compor com elas. Devir não é imitação, mas a imitação é perpassada por devires.

Os territórios familiares: só são possíveis investimentos desejantes edipianos?

Conceber o inconsciente infantil de modo rizomático, maquínico e pelas multiplicidades implica um questionamento do modo como se pensa relação do inconsciente infantil com a família. Para a esquizoanálise, o inconsciente não tem uma natureza familiar, mas é a família uma das máquinas que se acoplam às máquinas desejantes infantis. Isso quer dizer que os mapas da produção inconsciente infantil fazem recortes de diversos territórios, e a família é um deles. Nos processos de subjetivação infantil, considerando o conceito deleuziano de inconsciente, os pais seriam somente "meios", abridores ou fechadores de portas, guardas de limiares, conectores ou desconectores de zonas, passagens no mapa de devires de uma criança.

Não sendo mais então a família a base da organização psíquica ou como o único local de investimento libidinal do desejo, este apresenta um caráter histórico-mundial composto por raças, países, religiões, culturas que produzem zonas de intensidade. A criança é transposicional, múltipla e identifica-se com os mais diversos personagens, não apenas com os familiares.

Se o inconsciente é produtivo e composto por experimentações nômades, não faz sentido para a esquizoanálise a estruturação do inconsciente em torno do complexo de Édipo, que seria uma fixação da subjetividade infantil em torno da família. Adentramos aí a crítica de Deleuze e Guattari quanto à "edipianização" do inconsciente, que é um movimento de todo o campo social, que se efetua de diversas formas, sendo uma delas pela psicanálise. Isso significa que a psicanálise reafirma esse tipo de subjetividade edipianizada ao naturalizá-la, em vez de observá-la em sua vigência histórico-social como investimento desejante. Desse modo, considera o inconsciente como estrutura arborescente, que tem um eixo central, o complexo de Édipo, como se os demais agenciamentos fossem ramificações desse eixo central. Cria-se, assim, uma hierarquia que produz repetição, já que os demais fluxos desejantes são atraídos ou mesmo significados sobre essa estrutura central. Diante da edipianização, os corpos infantis se vêem impossibilitados de suas múltiplas conexões por priorizar a família como principal, se não único, investimento desejante, desconsiderando que o desejo almeja n outras possibilidades. Uma vez que a vida se dá por transformações produtoras de diferença, condená-la à repetição é desvalorizar a vida.

200 HÉLIO REBELLO CARDOSO JR.

Segundo o complexo de Édipo, a culpa sentida pelo filho por desejar a mãe é constitucional do inconsciente humano, uma vez que a psicanálise considera "como se as coisas começassem com a criança". Enquanto para a esquizoanálise "a culpabilidade é uma idéia projetada pelo pai antes de ser um sentimento experimentado pelo filho" (Deleuze & Guattari, 1995, p.349). É que, para a psicanálise, os pais fazem parte de estruturas inconscientes, são antes idéias, fantasmas, representações com funções já definidas e universais. Definem-se como primeiro investimento desejante que instaura a falta, uma vez que todo desejo é desejo edípico nunca realizado. Esse desejo, na impossibilidade de realizar-se de forma incestuosa, investe-se em objetos substitutos que, embora não sejam os próprios objetos edípicos, se encontram ligados a esse desejo primário, como reedições edípicas. Deleuze e Guattari propõem, desse modo, a "desedipianização" do inconsciente infantil, já que não é da natureza do inconsciente ser familiar e que a família é um dos territórios de conexão e investimento desejantes, mas há inúmeros outros investimentos do desejo: a escola, os povos, as religiões, a cultura, as instituições, a mídia, a política, o econômico etc. É que, para a esquizoanálise, não se investe primeiramente a família para só posteriormente investir-se o social. Na família, já são investimentos sociais que transbordam por todos os lados que estão em jogo. Apontam que Édipo funciona como um decalque do inconsciente e, por isso, aparece num mapa desse inconsciente, mas ele não capta todo o processo que aí se dá, já que o inconsciente infantil é tido como multiplicidade, sendo a diferença pura sua marca mais característica.

São tantas as sexualidades infantis: devires irresistíveis, devir-criança, devir-mulher, devir-animal, todos eles moleculares...

A redefinição da função-sexualidade na articulação molecular-molar é a primeira conseqüência da desedipianização do inconsciente infantil. Esta implica ainda uma revisão do papel da sublimação e da dessexualização no funcionamento do inconsciente.

Nessa perspectiva, Deleuze e Guattari, apontam para o "sexo humano" e o "sexo não-humano" como as configurações molares e moleculares da sexualidade, respectivamente. As máquinas desejantes são da ordem molecular, enquanto as máquinas sociais ou orgânicas, da ordem molar. A principal característica dos fluxos moleculares é sua produtividade caótica, enquanto as formações molares constituem um plano de organização que visa dar estabilidade, fixar territórios aos fluxos desejantes. São regimes distintos de funcionamento que agem sobre os mesmos meios, que caminham de modo concomitante. As máquinas desejantes infantis, ao comportarem linhas de fuga, produzem um movimento de desterritorialização das máquinas sociais, molares, que buscam agrupamentos gregários, estáveis.

Há maquinações entre essa produção desejante e a produção social. A libido (ressignificada por Deleuze e Guattari como fluxos, relação de forças) seria, então, o ponto de conexão entre elas. Isso porque é a libido a energia que move as máquinas desejantes. Porém, temos visibilidade desses movimentos desejantes pelas formas molares que essa energia toma, ao investir os meios orgânicos ou sociais. Nessa concepção, a sexualidade está em toda parte, não restrita a um funcionamento psíquico individual, e os pais, a família, intervêm como "pontos de conexão, de disjunção, de conjunção de fluxos". Segundo Deleuze & Guattari (1995, p.372), "é sempre com mundos que fazemos amor". Desse modo, aquilo que é fluxo em uma máquina pode ser corte em outra. E as crianças questionam com suas falas e ações, bem como com seus devires, os modelos de família molar estabelecidos, já que seus mapas funcionam por conectividade e não têm compromisso com as estruturas sociais reconhecidas como válidas: modelos de criança, menino ou menina, restritos somente à sexualidade humana, a um sexo apenas.

Consideram, ainda, que o sexo não-humano é composto pelas máquinas desejantes, elementos maquínicos moleculares em seus agenciamentos e sínteses, que são fundamentais para a formação do sexo humano, molar, que figura nos grandes conjuntos, nas máquinas sociais. Esses devires infantis são feitos de intensidades que movem as maquinações infantis, vindas de fora ou mesmo dos movimentos moleculares infantis. Assim, as crianças realizam uma lista de afectos. Isso porque: "não sabemos nada de um corpo enquanto não sabemos o que ele pode, isto é, quais são seus afectos, como eles podem ou não se compor com outros afectos" (Deleuze & Guattari, 2002, v.4, p.42). É por seus devires que as crianças conhecem os sexos não-humanos, sendo estes compostos por irresistíveis desterritorializações que não permitem uma absoluta reterritorialização edipiana. Funcionam numa "corrente alternativa que tumultua os projetos significantes, tanto quanto os sentimentos subjetivos e constitui uma sexualidade não-humana" (idem, p.12). "A sexualidade é a produção de mil sexos que são igualmente devires incontroláveis" (idem, p.72).

Trata-se, então, de questionarmos que a castração, com a sublimação e a dessexualização do desejo, compõe os desfechos possíveis para a "dissolução do complexo de Édipo", segundo a psicanálise. Essa dissolução é considerada então como indispensável para que haja uma diferenciação da criança em relação à mãe. Porém, Deleuze e Guattari consideram que essa indiferenciação é criação do próprio Édipo, que está antes no pai que no filho. Quer dizer, cria-se um falso problema, uma vez que, ao se considerar somente os pais como condição de existência e investimento desejante, desconsideram-se todos os demais investimentos do desejo infantil, criando o próprio Édipo. Ou seja, tudo o que não passa pela família e que não pode ser compreendido pelo modelo de inconsciente da psicanálise é chamado de indiferenciação, porque não comporta de modo claro e definido o que se considera essencial para a existência do inconsciente, que é um pai e uma mãe. Enquanto para a esquizoanálise não se trata de indiferenciação entre mãe e bebê, uma vez que o inconsciente "ignora as pessoas, os conjuntos e as leis, as imagens, as estruturas e os símbolos. Ele é órfão, como ele é anarquista e ateu" (Deleuze & Guattari, 1995, p.394). Assim, não faz sentido a questão de "resolver", "superar" ou "elaborar" o complexo Édipo pela castração, um conceito um tanto falocêntrico.

INCONSCIENTE-MULTIPLICIDADE **203**

Deleuze e Guattari consideram a castração fruto de uma má consciência, aceitação e resignação, que fazem que a mulher mude seu desejo do pênis, em desejo do homem e do filho, o homem como substituto do pai. Essa concepção, portanto, reafirma modelos molares de masculino e feminino, e ainda reafirma um inconsciente rebatido sobre a família. Em contrapartida, a esquizoanálise propõe "não a grande ferida representada na castração, mas as mil pequenas conexões, disjunções, conjunções pelas quais cada máquina produz um fluxo em relação a uma outra que a corta, e corta um fluxo que uma outra produz" (idem, p.399).

Considerando que nessa produção mudam-se as relações de velocidade e repouso entre as moléculas que compõem os corpos, o encontro criança-cavalo ou criança-galo põe as crianças a questionarem-se sobre a sexualidade, a morte, a vida, a família e suas relações. Esse agenciamento criança-animal se faz por inúmeras combinações que aparecerão nos relatos dos casos clínicos. São esses devires desterritorializantes dos estratos humanos (devir-animal), adultocêntrico (devir-criança) e de gênero (devir-mulher). Hans, Richard e Arpard, desse modo, questionam o que podem meninos e meninas com seus mapas rizomáticos, o que podem os animais, o que podem as crianças. Mas, nos três casos, as crianças também se fazem a pergunta: "O que pode Édipo?". Tentam de muitos modos escapar às totalizações psicanalíticas que se dão pela edipianização do inconsciente infantil.

Trataremos, então, apenas de alguns trechos de dois dos casos por nós analisados, a saber, o caso do pequeno Arpard e o caso do pequeno Hans, a título de exemplificação, com alguns contrapontos entre as interpretações psicanalíticas e algumas possibilidades apontadas pela esquizoanálise.

Uma criança-galo: os cocoricós desestabilizantes do pequeno Arpard

Arpard era uma criança de cinco anos de idade, cujo relato do caso se inicia quando ele tinha três anos e meio, momento até o qual

204 HÉLIO REBELLO CARDOSO JR.

se apresentava como uma criança normal, segundo Ferenczi (1992). Foi a partir de uma viagem que Arpard faz com seus pais para uma estação de águas que se iniciam seus *problemas*: um interesse muito grande pelos galinheiros.

> Ao amanhecer, corria para junto das aves, contemplava-as com infatigável interesse e imitava seus cacarejos e posturas, chorando e gritando quando era forçado a afastar-se do pátio. Entretanto, mesmo longe do galinheiro, não fazia outra coisa senão soltar seus *cocoricós e cacarejos*. Era esse o seu comportamento durante horas a fio, sem se cansar, só respondendo a perguntas com esses gritos de animais, e sua mãe passou a temer seriamente que o filho desaprendesse a fala. (Ferenczi, 1992, p.61)

Ao voltar da viagem, ainda falava de galos, galinhas e pintos, e ainda de gansos e patos.

O que percebemos dessas experiências de Arpard no galinheiro é que a criança vivencia diversos devires-animais que acabam por tomar uma forma mais evidente em seu devir-galo. Ou seja, desterritorializações em meios heterogêneos: Arpard e os galos, novas maquinações arrastam territórios do humano na criança em seu encontro com os galos. Assim, não se trata de imitação de um galo, mas de vibrações produzidas no corpo infantil de Arpard que produzem rearranjos entre seus devires. Esses devires intensivos vividos por Arpard acompanham seus trajetos e permitem-lhe encontrar-se com os elementos que serão recortados, montados e desmontados de seus mapas, produzindo diferenças moleculares no corpo infantil. Arpard dá a seus elementos relações de velocidade e repouso modos de funcionamento os mais próximos possíveis de um galo.

Trata-se então de um Arpard-galo, e não de imitação pura e simples, repetição ou reprodução, mas de criação de uma criança-galo singular. Devir-galo diz respeito a uma vizinhança do humano com o animal, como dizem Deleuze & Guattari (2002, v.4, p.64): "A vizinhança é uma noção ao mesmo tempo topológica e quântica, que marca a pertença a uma mesma molécula, independentemente dos sujeitos considerados e das formas determinadas". Isso diz da possibilidade de se fazerem devires entre os mais diferentes meios, já

INCONSCIENTE-MULTIPLICIDADE **205**

que os devires atuam nos funcionamentos. Diz ainda Deleuze (1997, p.77) que: "É o devir que faz do mínimo trajeto ou mesmo de uma imobilidade no mesmo lugar, uma viagem; e é o trajeto que faz do imaginário um devir. Os dois mapas, dos trajetos e dos afectos, remetem uma ao outro". Assim, como se produzem essas zonas de vizinhança, esses novos funcionamentos do corpo infantil, senão a partir dos trajetos infantis? Perguntamo-nos ainda quais são os trajetos acompanhados por uma lista de afectos do devir-avícola ou devir-galo do pequeno Arpard? O que pode um Arpard-galo?

Alguns agenciamentos de Arpard com os avícolas que produzem uma lista de afectos: cortar batatas e cenouras como se fossem frangos; cacarejar e soltar seus cocoricós pela manhã, acordando a família como um "galo madrugador"; interessar-se por canções e desenhos de aves; beijar e acariciar o frango morto; rasgar fotos de galinhas; limpar a galinha; degolar um frango; tentar ressuscitar as galinhas; jogar uma galinha de brinquedo na panela; dançar em volta do frango morto; alimentar o ganso de madeira com milho; furar os olhos de um frango morto; depenar um galo. Trata-se de movimentos de contágio, proliferação; Arpard é afetado pelas matilhas, devires-irresistíveis.

Esses agenciamentos e afectos de Arpard em relação aos avícolas, bem como seus comportamentos que se referiam a eles, são interpretados por Ferenczi (1992, p.65) "como uma transferência de afetos inconscientes que se relacionam, de fato, com seres humanos, plausivelmente os pais ou outros parentes próximos". No entanto, os fluxos desejantes de Arpard se investem sobre diversos meios, não apenas os familiares: as primas, a vizinha, a cozinheira. Tanto que a criança diz um dia à vizinha: "Casarei com você, com você e sua irmã, e com as minhas três primas e a cozinheira, não, é melhor a mamãe no lugar da cozinheira" (idem, p.67). A mãe também faz parte desses investimentos, mas com outras pessoas, que são meios que se conectam com a mãe também, e não representações desta. Vê-se bem como a relação de Arpard com os galináceos é remetida por Ferenczi às relações humanas, não se leva em consideração os devires-animais da criança.

206 HÉLIO REBELLO CARDOSO JR.

Ele costumava brincar com um jornal, moldando um galo que estaria à venda e com um pincel cortava seu pescoço, mostrando como sangrava com gestos e voz, expressando a agonia do galináceo. Por outro lado, apresentava medo dos galos vivos, de que estes bicassem seu pênis. Arpard talvez sinta culpa pela masturbação infantil, mesmo porque os adultos a seu redor o ameaçam sobre tal prática, ameaças de castração que são reais e não inconscientes ou frutos de um movimento que faz parte da constituição do psiquismo. Mas por que ligar diretamente esses percursos de Arpard à castração e resumi-los a ela? Arpard experimenta diversos afectos com os galos, inclusive sobre a morte dos galos. Isso produz em seu corpo vibrações sobre a vida e a morte, dizer que se trata somente de castração é simplificar demasiadamente tais devires. Esses questionamentos partem de suas experiências com os galos, de brincar de depená-los, degolá-los, fato cotidiano em sua casa.

Arpard percebe que "um galo é depenado e degolado, logo um galo morre". Então ele se pergunta: "Uma criança morre?" e "Por que morrem as pessoas?". Trata-se aqui de atravessamentos coletivos sobre a morte. Assim, certa manhã, ele pergunta à vizinha:

> Arpard: Diga-me, por que as pessoas morrem?
>
> Resposta: Porque ficam velhas e cansadas.
>
> Arpard: Hum! Então a minha avó era velha? Não, ela não era velha, mas está morta, do mesmo jeito. Oh, se existe um deus porque é que ele me faz cair o tempo todo? (se referindo a dar um passo em falso, queda de alguma altura.) E por que é que deixa as crianças morrerem?
>
> Fala de anjos e almas, os quais haviam-lhe dito serem somente personagens de contos, ao que ele argumenta com espanto:
>
> Arpard: Não! Isso não é verdade! Os anjos existem. Eu vi um que estava levando crianças para o céu. E pergunta apavorado: Por que é que morrem as crianças e quanto tempo se pode viver? (Ferenczi, 1992, p.67)

Ainda sobre esse modo de interpretação destes devires como representações familiares, dizem Deleuze e Guattari que a psicanálise só vê o pai no devir-galo do pequeno Arpard.

> Queremos dizer uma coisa simples sobre a psicanálise: ela encontrou freqüentemente, e desde o começo, a questão dos devires-animais do homem. Na criança que não pára de atravessar tais devires. [...] O que se pode dizer, no mínimo, é que os psicanalistas não entenderam, Jung inclusive, ou que quiseram não compreender. Eles massacraram o devir-animal, no homem e na criança. Não viram nada. No animal, vêem um representante das pulsões ou representação dos pais. Não vêem a realidade de um devir-animal, como ele é o afecto em si mesmo, a pulsão em pessoa e não representa nada. Não há outras pulsões que não os próprios agenciamentos. (Deleuze & Guattari, 2002, p.45)

Não desconsideramos que a família faça parte das conexões desejantes de Arpard, tanto que ele conecta seu devir-galo a seus pais, que se tornam também galináceos, desterritorializando-os, considerando que afecções seus parentes também poderiam ter pelos devires-animais. Diz Arpard: "Meu pai é o galo!". E em outro momento: "Agora sou pequeno, agora sou um pinto. Quando for maior, serei uma galinha. Quando for ainda maior, me tornarei um galo. E quando for muito grande serei um cocheiro" (Ferenczi, 1992, p.66). Percebemos aqui como Arpard fala de funcionamentos: quem sabe uma máquina-de-botar-ovos-galinha, ou uma máquina-cantadora-madrugadora-galo, talvez uma máquina-pinto-filhote-de-galo-galinha ou ainda uma outra máquina-humano-cocheiro-transportador-de-galinhas/galos/pintos? As perguntas de Arpard são: Que afectos fazem parte de ser pinto, galinha ou galo? O que fazem esses galináceos com o que se conectam? Que meios os cercam enquanto comem, dormem, cantam, quais suas relações com os humanos?

São várias as conexões que Arpard faz com as aves, seu devir-animal que faz lascar e emite partículas tanto com o alimento das aves como com seu local de habitação, com as relações dos patos com os galos, e destes com pintos e galinhas etc. E ainda o modo como morrem e os sons que emitem, como podem bicar os humanos e acordar-lhes pela manhã. Arpard emite um galo molecular ao desterritorializar seus estratos humanos em devires-animais, em vibrações não-humanas, galináceas, em agenciamentos maquínicos galo-criança que dão expressão a seus afectos e intensidades vividos em contato

208 HÉLIO REBELLO CARDOSO JR.

com o mundo animal que o cerca. Ele não se torna galo, nem imita os galos; trata-se de algo mais complexo, devir-galo. Arpard arranca dos animais ao seu redor partículas avícolas em relações de repouso e movimento próximas daquilo em que está em vias de tornar-se e por meio das quais se torna uma criança-galo. Os apetrechos de um galo, o local onde vive (galinheiro), os ruídos que emite são os elementos com os quais Arpard devém, em desterritorializações intensivas, moleculares.

E por que devir-criança e devir-animal? As crianças e os animais estão mais próximos das linhas de fuga, as paradas nos fluxos consistem em territorializações infantis, dificilmente paradas de captura pelo modelo hegemônico dominante. As crianças pouco bloqueiam os fluxos por conta de adaptar-se às padronizações. O preconceito quanto aos materiais dos agenciamentos desejantes é do adulto, do homem. As crianças, bem como os animais, mostram-se mais abertas às vivências afectivas, elas são já esta abertura aos devires heterogêneos. Seus devires, assim, ganham força, por isso a potência criativa infantil apresenta-se de modo mais intensivo que no adulto. É o devir-criança que proporciona esses movimentos no adulto e ainda na própria criança.

Se, por um lado, os devires-animais desterritorializam os estratos humanos, por outro, o devir-criança desterritorializa os estratos de idade, que consideram que o adulto seria o território hegemônico do desejo, o alvo dos investimentos infantis ou senis, por exemplo. Os primeiros porque viveriam para alcançar o *status* adulto e os segundos porque viveriam a nostalgia de já tê-lo perdido. Um momento em que aparece o devir-criança do pequeno Arpard é quando Ferenczi diz se tratar de uma criança normal e inteligente, que contraditoriamente apresenta esses comportamentos patológicos em relação aos avícolas. Isso porque o devir-criança desterritorializa os conceitos adultos sobre normalidade infantil, Arpard demonstra que existem outras expressões da multiplicidade-criança que os adultos até então desconhecem, uma criança-galo. E os devires sendo intensivos, feitos de constelações afetivas, aparecem deste modo, em bloco: devir-criança, devir-animal, devir-molecular. "Fibras levam de uns aos outros, transformam uns nos outros, atravessam suas portas e limiares" (Deleuze & Guattari, 2002, p.63). Desse modo, os devires produzem uma

> zona objetiva de indeterminação ou incerteza, *algo de incomum ou de indiscernível*, uma vizinhança *que faz com que seja impossível dizer onde passa a fronteira do animal e do humano*, não apenas nas crianças autistas, mas em todas as crianças, como se, independentemente da evolução que puxa em direção ao adulto, haveria na criança lugar para outros devires, *outras possibilidades contemporâneas*, que não são regressões, mas involuções criadoras, e que testemunham *uma inumanidade vivida imediatamente no corpo enquanto tal*, núpcias anti-natureza *fora do corpo programado*. (Deleuze & Guattari, 2002, v.4, p.65)

Desse modo, pensar a relação de Arpard com as aves como patológica, como faz Ferenczi, é um modo de massacrar seu devir-galo, ao rebatê-lo sobre um padrão de normalidade que remete a um modelo de humano e de adulto, já que os devires vêm justamente para desterritorializar esses dois estratos.

Os devires galopantes do pequeno Hans diante das trotadas paralisantes da análise

A presente discussão se refere à análise de uma criança de cinco anos, com base no relato feito por seu pai, que é também psicanalista e efetua a análise da criança. Isso com a orientação de Freud que posteriormente publica a descrição do caso (que é anterior ainda ao garoto completar cinco anos), com discussões acerca da "fobia de cavalos" de Hans. A criança não sabia dizer inicialmente de que tinha medo, somente desejava estar perto da mãe e acariciá-la. Sobre essa questão, diz Freud que uma das dificuldades de Hans no período em que se inicia sua fobia é a chegada de sua irmã Hanna, com quem o garoto passa a dividir a atenção dos pais, além do fato de que deixa de dormir no quarto dos pais para dormir em outro quarto

210 HÉLIO REBELLO CARDOSO JR.

separado, na época quando tinha quatro anos e meio, e ainda, a separação de seus colegas de brincadeiras de Gmunden.

É nesse momento que Hans passa a ficar curioso sobre de onde vêm os bebês. Seu pai considera que é numa viagem que a criança faz com sua mãe a Gmunden, da qual o pai não participa, que se inicia a fobia de cavalos da criança. Hans tem pouco contato com outras crianças, e nessa viagem ele pôde brincar com colegas de sua idade ou mais velhos. Ele tem ainda o que se chamou na época de educação psicanalítica.

Freud analisa esses dados acerca da criança considerando o desejo de Hans estar com a mãe em termos edípicos, e a partir daí todas as referências que Hans faz à cama ou ao quarto da mãe estariam ligadas ao seu desejo fortemente reprimido e causador da fobia, de ter relações sexuais com a mãe. O cavalo passa a representar o pai, uma vez que Hans se rivaliza com ele pela mãe, e, assim, essa hostilidade reprimida passa a voltar como medo de ser punido pelo pai, simbolizado no cavalo. As viseiras do cavalo remetem aos óculos do pai, por exemplo. Considera que sua mãe tem um "pipi" e passa a ter um interesse muito grande por "pipis", bem como sobre como surgem os bebês.

Esse caso é considerado por Freud muito elucidativo para reafirmar suas hipóteses sobre o desenvolvimento psicossexual infantil e sobre o reconhecimento de que as neuroses se formam na infância. Aqui nos ateremos a algumas críticas de Deleuze, Guattari, Parnet e Scala presentes no texto "A interpretação dos enunciados" (Deleuze et al., s. d.): a produção de devires-animais e seu massacre, as perguntas infantis que são perguntas-máquina e buscam por n sexos, e ainda, a patologização e a edipianização do inconsciente de Hans.

Deleuze e Guattari discutem a produção da fobia de cavalos de Hans, considerando que primeiramente a criança vivencia um devir-cavalo, juntamente com outros devires-animais. No entanto, como estes são massacrados pela análise, tornam-se somente medo, separam-se de sua potência criativa, são reterritorializados sobre a família, perdendo sua força conectiva.

As experimentações de Hans no mundo dos animais

As ovelhas

Hans vive um devir-ovelha quando fica encantado com as ovelhas que vê com seu pai. Quase nem é preciso dizer que o pai de Hans o impede de passar por baixo da cerca para vê-las de perto, que diz que os policiais vão prendê-lo, que não era educado fazer isso. Deleuze e Guattari dizem que as crianças vivem os devires-animais intensamente e se emocionam com os animais, produzindo vibrações em seus corpos a partir desses devires.

Os cavalos

Hans vê um cavalo urinando e diz: "O cavalo tem um pipi embaixo como eu".

Ao que seu pai acrescenta:

> Durante algum tempo, Hans tem brincado de cavalo, no quarto; ele trota, deixa-se cair, esperneia com os pés e relincha. Certa vez prendeu no rosto um saquinho, parecido com a sacola de focinheira dos cavalos. Repetidamente vem correndo até mim e me morde. (Freud, 2002, p.50)

Hans tem, ainda, uma babá que brinca com ele de cavalo, deixa-o montar em suas costas. Enquanto limpa o assoalho, ele segura sua saia e diz "vamos", chamando-a de "meu cavalo" (Freud, 2002, p.31).

Hans disse uma vez: "Os cavalos estão tão orgulhosos que eu tenho medo de que eles caiam". Diz o pai de Hans que: "O cocheiro estava conduzindo os cavalos com firmeza, de modo que eles estavam trotando com passadas curtas e mantendo suas cabeças erguidas. De fato a ação deles era 'orgulhosa'". Diz Freud

(2002, p.29 e 77): "combinei com o pai de Hans que ele diria ao menino que tudo aquilo relacionado com os cavalos não passava de uma bobagem".

• *Interpretação*: O pai de Hans considera que essa atitude de Hans consiste numa identificação de Hans com o pai, a quem Hans deseja que morresse ao dizer que tem medo que os cavalos morram ou caiam. Uma vez, enquanto Hans brincava de trotar como um cavalo, o pai de Hans pergunta a ele: "E agora quem é o cavalo do ônibus? Eu, você ou mamãe?". Hans responde: "Sou eu; eu sou um cavalinho novo" (idem, p.55). (Hans referia-se à vitalidade dos cavalos, como a dele, por correr de um lado para o outro e brincar bastante.)

• *Comentários*: As brincadeiras de Hans com a babá, quando ele trota, usa o saquinho como focinheira, são modos de vivenciar um devir-cavalo. Dizer que tudo aquilo que se relacionava com os cavalos era uma bobagem é um exemplo de como os devires são massacrados. Considerar ainda que o cavalo representa o pai é reterritorializar esses devires sobre a família, tirando-lhes sua potência. As questões aqui para Hans são: O que pode um cavalo? Que cargas ele é capaz de suportar, que acessórios ele utiliza, que movimentos faz com as pernas? Como age diante do cocheiro? Trata-se, portanto, de *um* cavalo que apresenta os diversos modos da multiplicidade-cavalo, expressando a singularidade cavalo em sua potência como corpo capaz de afetar os demais corpos que o cercam, não totalizando, porém, todos os modos de ser cavalo. E ainda dizem Deleuze & Guattari (2002, v.4, p.43):

> Não sabemos nada de um corpo enquanto não sabemos o que pode ele, isto é, quais são seus afectos, como eles podem ou não se compor com outros afectos, como os afectos de um outro corpo, seja para destruí-lo ou ser destruído por ele, seja para trocar com esse outro corpo ações e paixões, seja para compor com ele um corpo mais potente.

Trata-se aqui de encontros, encontro entre o corpo infantil de Hans e os corpos dos cavalos, das carroças de mudança, dos ônibus.

As perguntas infantis são perguntas-máquina que almejam *n* sexos

O que consideramos é que Hans não tem uma obsessão pelos órgãos genitais, que ele chama de pipis, mas que ele trata de funcionamentos. Hans fala de máquinas-pipi como as crianças o fazem o tempo todo com as diversas maquinações infantis pelos territórios que as cercam. Como dizem Deleuze et al. (s. d., p.2): "A criança não se interessa pelos órgãos e funções orgânicas, pelas coisas do sexo; interessa-se pelo funcionamento maquínico, isto é, pelo estado de coisas do desejo". Por isso, Hans considera que sua mãe tem pipi, porque ela realmente faz pipi, trata-se assim de uma máquina-pipi, que, no entanto, Hans sabe ser diferente do seu. Como as meninas fazem pipi, que outras conexões elas dão aos materiais que permitem que o produto final seja o mesmo, o xixi? São agenciamentos distintos na menina e no menino, conexões diversas dadas aos materiais em diferentes relações de movimento e repouso. Desse modo, as crianças consideram o desejo em suas conexões com os materiais e nos múltiplos agenciamentos possíveis nesse processo. Por isso, a locomotiva tem pipi, as girafas e os leões. É que Hans trata dos *n* sexos possíveis, ou seja, não reduz a sexualidade apenas ao modelo binário de sexualidade homem-mulher-humanos, mas considera os sexos animais e interessa-se por essa diversidade de agenciamentos maquínicos. Mas o que percebemos durante a análise de Hans é que essa multiplicidade de sexos que a criança considera em seus trajetos não é considerada pelos psicanalistas. Sobre o assunto, dizem ainda Deleuze et al. (s. d., p.2):

> Quando a criança descobre que ela é reduzida a um sexo, macho ou fêmea, é aí que ela descobre sua impotência: ela perdeu o sentido maquínico e não tem mais do que uma significação de ferramenta. Neste momento a criança entra, efetivamente, na depressão. Estragaram-na e roubaram-lhe os sexos inumeráveis!

O zoológico

Quando vai ao zoológico, Hans fica com medo dos animais de grande porte, assusta-se diante da potência desses animais, mesmo porque não lhe é permitido viver tais devires como reais. O pai de Hans diz então que é dos pipis desses animais que Hans tem medo, e Hans sabiamente responde que nunca os viu antes para saber se são grandes. O pai de Hans diz então que os animais grandes têm pipis grandes, ao que Hans, responde: "E todo mundo tem um pipi" (Freud, 2002, p.34). Hans se refere aqui às máquinas-pipi, aos funcionamentos dos pipis, por isso todo mundo tem um pipi. Não se trata aqui de negar que as mulheres são castradas, mas afirmar a potência das máquinas-pipi, femininas ou masculinas. Hans considera que existam *n* sexos, não apenas um, o masculino ou mesmo dois com o feminino. Citemos alguns diálogos:

Pai: Quando você era pequeno, é muito provável que tenha entrado num estábulo, *em Gmunden*...

Hans (interrompendo): Sim, eu entrava todo dia no estábulo em Gmunden quando os cavalos vinham recolher-se.

Pai: [...] e é bem provável que você tenha ficado assustado ao ver, certa vez, o grande pipi do cavalo. Os animais grandes têm pipis grandes e os animais pequenos têm pipis pequenos.

Hans: E todo mundo tem um pipi. E o meu pipi vai ficar maior quando eu crescer; ele está preso no mesmo lugar, é claro. (Freud, 2002, p.34)

Ao que se segue um comentário de Freud:

De suas palavras auto consoladoras ("meu pipi vai ficar maior quando eu crescer") podemos deduzir que, durante suas observações, ele constantemente vinha fazendo comparações e ficara extremamente insatisfeito com o tamanho do seu pipi. Os animais grandes lembram-no desse seu defeito, e por isso lhe eram desagradáveis. (idem, p.35)

• *Comentários*: Hans é impossibilitado de expandir-se, de criar, não porque viva a castração, mas porque não pode viver seus devires. Suas linhas de fuga são obstruídas, seu interesse pelos cavalos ou mesmo pelos animais do zoológico se faz por mapas, por diversas afecções que vive Hans. Mas, antes que estas apareçam, o que rapidamente se produz sobre o garoto é uma reterritorialização sobre a sexualidade freudiana, familiar (são comparações entre o pênis dos animais grandes com o pênis do pai que são maiores que o seu), feita de decalques edipianos. É desses decalques que trataremos a seguir.

Edipianização: as desterritorializações são reterritorializadas sobre a família

O problema da edipianização do inconsciente infantil é produzir repetição, fechando-se as múltiplas possibilidades de conexões desejantes. Esse movimento está intrinsecamente ligado à questão da intoxicação psicanalítica que se produz por conta do modo como o complexo de Édipo é tomado na análise do pequeno Hans. Consideramos assim que há todo um investimento social sobre o inconsciente infantil, para que este funcione segundo o complexo de Édipo, decalcando sobre o inconsciente uma imagem de família molar. Entretanto, Hans produz linhas de fuga com seu devir-cavalo.

O que aponta Deleuze na análise do pequeno Hans é que se cria um Édipo artificial (Deleuze et al., s.d., p.4) quando se impede que Hans tome a mãe por objeto de desejo, não sexual, mas como objeto afetivo. Hans quer dormir com a mãe porque tem medo, e não o contrário. Quando se inviabiliza que ele fique perto da mãe, porque acreditam Freud e seu pai que esta é a causa de sua fobia, seus desejos incestuosos, cria-se a própria fobia, e também ódio pelo pai que faz tal movimento de interdição.

O que Hans diz e a intepretação

Hans: Quando não estou com você eu fico assustado; quando não estou na cama junto com você, então fico assustado. Quando eu não estiver mais assustado, eu não venho mais.

O pai: Então você gosta de mim e se sente aflito quando está na sua cama de manhã? E por isso é que você vem para junto de mim?
Hans: Sim. Por que é que você me disse que eu gosto da mamãe e por isso é que fico com medo, quando eu gosto é de você? (Freud, 2002, p.43)

Referindo-se ao fato de ter medo do pai por gostar da mãe, Hans diz que gosta dos dois e o que busca na cama deles é proteção. O pai de Hans diz que o menino não sai mais porque tem medo de voltar para casa e os pais não estarem mais lá (clara reterritorialização dos devires sobre a família): "Ele se prende à casa por amor de sua mãe, e fica com medo de eu ir embora, em virtude dos desejos hostis que nutre contra mim [...]" (Freud, 2002, p.44).

Antes da "eclosão da doença", diz Freud (2002, p.108) que Hans gostava de dormir na cama de sua mãe quando estava apreensivo, e complementa:

> Podemos presumir que, desde então, Hans tenha ficado num estado de excitação sexual intensificada, cujo objeto era sua mãe. A intensidade dessa excitação foi mostrada por suas tentativas de seduzir a mãe [...] e ele achou um canal de descarga incidental para isso, masturbando-se toda noite e, dessa forma, obtendo gratificação.

Inicialmente é às atividades masturbatórias do pequeno Hans que seu pai atribui sua fobia, chamando-as de "bobagem" (idem, p.29). É assim que Hans começa a sentir culpa pela masturbação. O pai de Hans com Freud conclui que realmente sua fobia tem origem sexual e está relacionada diretamente a seu desejo incestuoso pela mãe (nesse Édipo artificial criado por dois psicanalistas tentando confirmar sua teoria à custa de uma criança de cinco anos). Embora em dado momento Freud não condene as atividades masturbatórias, considerando-as normais, advindas de um auto-erotismo produzido pela libido, os pais de Hans o fazem, e Freud não toma nenhuma postura diante disso. Citemos um trecho que exemplifique o porquê da decisão de interditarem sua mãe:

INCONSCIENTE-MULTIPLICIDADE **217**

Seu pai a acusa com certa aparência de justiça de ser responsável pela manifestação da neurose da criança, em face de suas excessivas demonstrações de afeto para com Hans, e também da freqüência e facilidade com que o levava para sua cama. Poderíamos igualmente incriminá-la por haver precipitado o processo de repressão pela enérgica rejeição das tentativas dele ("seria porcaria") [referindo-se às suas atividades masturbatórias]. Entretanto, ela tinha um papel predestinado a desempenhar, e a posição em que se encontrava era bem difícil. (idem, p.29)

• *Comentários*: Realmente, o que as crianças dizem é o que menos importa diante das interpretações psicanalíticas. E aqui notamos ainda como o inconsciente infantil é edipianizado: "[...] você me disse que eu gosto da mamãe e por isso é que eu fico com medo [...]" (idem, p.43). Freud pensa aqui como se o desejo não suportasse as intensidades dos agenciamentos maquínicos, como se ele próprio desejasse sua própria repressão para conter o perigo iminente da realização dos desejos, como se estes fossem potência de destruição somente, a não ser que sejam filtrados pela barreira repressiva, que representem algo. No entanto, tratamos o desejo como produtor de real social, como usina e não teatro.

Por isso, quando Hans diz ainda que tem medo que o pai vá embora, uma vez que sua mãe já o ameaçou de ir embora quando fazia travessuras, trata-se de um medo real. Este se baseia numa ameaça que os pais lhe fazem, mas o pai de Hans considera que é por motivos edípicos que Hans tem medo que o pai vá embora, que isso seria uma punição ao seu desejo de "dormir com a mãe". É claro que Hans desenvolve uma fobia. Diante das desterritorializações, ele se vê impossibilitado de conectar-se a outros territórios, mesmo o território família não se mostra acolhedor, em vários momentos desconfia-se de suas intenções quando ele com medo quer dormir com os pais. O medo que as desterritorializações produzem não é acolhido, é potencializado.

Sendo assim, as aproximações de Hans em relação à mãe são vistas pelos psicanalistas em questão, Freud e o pai do menino, como "tentativas de seduzir a mãe" (Freud, 2002, p.26); e porque Hans

218 HÉLIO REBELLO CARDOSO JR.

não consegue controlar seus sentimentos em relação a ela, ocorre a repressão, concluem. O que Deleuze e Guattari apontam é que o desejo só deseja sua própria repressão quando todas as saídas lhe são barradas, e percebemos o quanto se lhe impedem de a mãe ser tomada por objeto de desejo. Trata-se aqui ainda de um Édipo como destino, "ela tinha um papel predestinado a desempenhar". No sentido contrário das interpretações psicanalíticas, Hans tenta explicar ao pai por que vai dormir com eles, mas sua fala é interpretada como formação reativa, ou seja, ele diz algo querendo dizer o contrário. É assim que seus enunciados são esmagados por interpretação. Por isso, pergunta Deleuze: O que as crianças dizem? E ainda: "O que pode uma criança contra tanta má-fé?" (Deleuze et al., s. d., p.2).

Patologização do pequeno Hans: o que as crianças dizem e a interpretação dos enunciados

Iniciemos esta discussão com algumas falas de Freud sobre o pequeno Hans, que tratam do modo como ele pensava a fobia de Hans, num claro movimento de patologização das falas infantis em consonância com os objetivos de demonstrar a vigência do complexo de Édipo como base do inconsciente humano. Embora diga Freud (2002, p.94) que não considera as crianças incapazes de compreender o que se passa, a ponto de serem meros marionetes, ou que suas falas sejam "arbitrárias e indignas de confiança", mas que as crianças têm "amor pela verdade", a interpretação psicanalítica acaba por desconsiderar as falas infantis por elas mesmas, como enunciados. Consideramos que a crítica de Deleuze e Guattari vai além de um comentário apressado de que tudo nessa análise se restringiu à sugestão. Não se trata aqui de pensarmos sobre a busca de uma verdade científica, mas de que modo, muitas vezes, a análise se processava com intuito de comprovar referenciais teóricos que Freud buscava consolidar e, ainda, até que ponto não se esmagavam os afectos infantis nesse processo, dada a impossibilidade de passagem destes por conta das interpretações que restringiam os sentidos, numa edipianização do inconsciente. O que observamos ainda é que esse modo da psicanálise de lidar com os enunciados infantis acabou por produzir, no caso do pequeno Hans, uma patologização de suas falas. Freud (2002, p.94-5) ressalta que "Hans não era uma criança normal", mas um "jovem degenerado", e que sua análise pode não servir totalmente para as crianças normais. Se, ao final do estudo do caso de Hans, Freud considera que uma criança pode se recuperar de uma fobia, sem que esta deixe traços neuróticos em sua vida adulta, o que leva Freud a considerar que Hans era um "jovem degenerado"? Citemos o trecho que esclarece essa questão, antes de prosseguirmos nossa discussão sobre o presente item:

Os encontros de Hans com as meninas

Hans, com apenas três anos e nove meses, brincava com duas amigas mais velhas, de dez anos, chamava-as de "minhas meninas" (idem, p.18), perguntando sempre sobre elas e quando viriam. Além dessas amiguinhas, Hans gostava de admirar, num apartamento do outro lado do pátio, uma menina de oito anos de idade. Perguntava: "Quando a menina vai vir? Onde está a menina?" (idem, ibid.). E ainda ficava por muito tempo falando dessas coleguinhas, perguntando a seu pai por semanas quando voltaria a vê-las.

Os encontros de Hans com os meninos

Hans brincava com seu primo de cinco anos de idade. Freqüentemente Hans lhe dizia: "Eu gosto tanto de você" (idem, ibid.), após um de seus habituais e ternos abraços. Este é considerado seu primeiro traço de homossexualidade, porque constantemente Hans "punha os braços ao redor dele". E ainda, dentre várias colegas de brincadeiras que Hans possuía em Gmunden (local onde ele passa as férias com a família), ao ser perguntado: "Das meninas, de quem você gosta mais?", ele responde: "Fritzl!" (idem, p.19).

• *Interpretação*: A relação de Hans com as meninas indica para Freud tendências à poligamia, e a relação com os meninos, traços de homossexualidade. Hans, nesse momento, nem tem ainda quatro anos e Freud (2002, p.18) o considera "um modelo positivo de todos os vícios". E ainda: "Hans era um homossexual (como todas as crianças podem muito bem ser), em função do fato, que precisava sempre ser mantido em mente, de que *ele só estava informado quanto a um tipo de órgão genital* – um órgão genital como o seu" (idem, p.101). Quanto a Hans, Freud (2002, p.101), no entanto, conclui:

> No seu desenvolvimento subseqüente, contudo, não foi para a homossexualidade que nosso jovem libertino prosseguiu, mas para uma masculinidade enérgica, com traços de poligamia; também soube variar seu comportamento, com seus objetos femininos variados.

Freud se refere aqui aos investimentos de Hans sobre diversas colegas do sexo feminino, a quem ele chama de minhas meninas, como já relatamos.

É importante considerar, porém, que Hans raramente tinha oportunidade de brincar com outras crianças.

• *Comentários*: Citamos esse trecho porque consideramos uma violência interpretativa o fato de Hans investir libidinalmente essas crianças (pensando aqui o desejo como histórico-social) e por tal fato ser visto como argumento para comprovar que Hans era um "degenerado" nas palavras de Freud, bem como por fazer esse tipo de afirmação contra uma criança tão pequena. Embora se coloque a questão de ele brincar com outras crianças como importante para tal desenvolvimento, a afirmação de que Hans era degenerado persiste, por "um notável grau de inconstância e uma disposição à poligamia" (idem, p.17). Citamos anteriormente os eventos que levaram Freud a tais conclusões: seu modo afetuoso de brincar com meninos e meninas. Após esses diversos comentários sobre a forma degenerada de Hans viver sua sexualidade, por fim, Freud (2002, p.130) se retrata quanto à patologização de Hans, dizendo que:

INCONSCIENTE-MULTIPLICIDADE **221**

> Não pode ser traçada qualquer linha nítida entre pessoas "neuróticas" e "normais" – quer crianças, quer adultos – que a nossa concepção de "doença" é uma concepção puramente prática e uma questão de somação, que a disposição e as eventualidades da vida precisam combinar-se para que o limiar dessa somação seja ultrapassado e que, conseqüentemente, vários indivíduos estão passando constantemente da classe de pessoas saudáveis para a de pacientes neuróticos, enquanto um número bem menor também faz a viagem na direção oposta [...]

Freud (2002, p.127-8) considera ainda que o fato de ter uma fobia na infância não necessariamente acarreta uma vida adulta neurótica ou danos para ela, já que muitas crianças se recuperam dessa fobia e que não se trata de uma questão de caráter ter uma fobia com caráter sexual. No entanto, as falas anteriores e o modo como a análise é conduzida apontam para a afirmação da dicotomia saúde/doença, normal/patológico, como aparece em outra fala de Freud sobre os objetivos do "tratamento psicanalítico". A função da medida terapêutica é "descobrir a estrutura do material patogênico [...] para dissipá-lo" (idem, p.97). E ainda: "O fato é que é preciso pegar o ladrão para poder enforcá-lo, e é necessário algum dispêndio de trabalho para se agarrar firmemente às estruturas patológicas, sendo a destruição destas a meta do tratamento" (idem, p.113).

Assim, temos que a subjetividade infantil era pensada, tendo como parâmetro um padrão de normalidade que preza pela escolha de um único objeto (monogamia) e, ainda, uma orientação sexual heterossexual. Apresentada a concepção de patologia/normalidade de Freud, podemos agora tratar do segundo ponto de discussão deste item, a interpretação dos enunciados, conseqüência direta desse olhar sobre a infância que apontamos anteriormente. Trata-se aqui de pensarmos sobre como os enunciados infantis são esmagados por interpretação, como apontam Deleuze et al. (s.d., p.1):

> Na psicanálise de crianças, vê-se ainda melhor do que em qualquer outro tipo de psicanálise como os *enunciados* são esmagados, sufocados. É impossível produzir um enunciado sem que ele seja restringido em um gabarito de interpretação pronto e já codificado. A criança não tem saí-

da: ela "apanha" de antemão. A psicanálise é um formidável empreendimento para impedir toda produção de enunciados como desejos reais.

O que apontamos neste momento é que os enunciados infantis não são disfarces para os conteúdos inconscientes, formas de representá-los, mas territórios da linguagem, agenciamentos coletivos de enunciação. Estes se situam no plano molar e têm visibilidade a partir dos enunciados. Porém, não se devem tomar os enunciados como estruturas da linguagem ou mesmo como conteúdos imutáveis, nos quais o inconsciente se decalca. Ao contrário, pensamos que os enunciados funcionam como os mapas, ou seja, têm uma potência criativa, são conectáveis e reconectáveis em todas as direções, são ainda meios de expressão. O que é importante notarmos quanto aos enunciados é que, uma vez que são compostos por agenciamentos coletivos de enunciação, eles caminham paralelamente a agenciamentos maquínicos que produzem desterritorializações que funcionam no plano molecular. Assim, os enunciados carregam consigo alguns conteúdos que lhe dão significados esperados, estratificados. Porém, ao mesmo tempo comportam multiplicidades de sentidos que são criados de modo coletivo, pelo sujeito que os enuncia e que, paradoxalmente, é descentralizado nestes agenciamentos. Dessa forma, os agenciamentos coletivos de enunciação são transversais, uma vez que passam por atravessamentos coletivos, e, ao mesmo tempo, os sentidos são produzidos e retidos de modo diferente em cada corpo que os vive, no que chamam Deleuze e Guattari de "sujeito de enunciação". E como funcionam esses agenciamentos maquínicos? São a territorialização e desterritorialização os modos de funcionar dos agenciamentos que permitem agregar novos materiais, descartar outros, recombinar os já existentes entre si e com os que estão chegando, ao afetar e ser afetado por outros corpos. É assim, também, que se fazem os mapas, por esses movimentos de territorialização e desterritorialização, necessários para a produção de devires e de singularizações infantis.

O que pretendemos com tal reflexão é pensar no caso do pequeno Hans, no que se refere aos agenciamentos que Hans efetua, em seus mapas rizomáticos. Com isso, os "pipis" não carregam unicamente um sentido sexual que deve ser remetido ao complexo de Édipo, mas sim um meio de expressão de inúmeras conexões desejantes que Hans efetiva em seus trajetos infantis. Os conceitos anteriormente discutidos nos dão recursos para pensarmos sobre o caso do pequeno Hans no que se refere a seus mapas, às experimentações infantis. As falas de Hans não são tomadas por elas mesmas, os enunciados são esmagados por interpretação. O que os autores querem dizer com isso? Deleuze e Guattari consideram que as falas de Hans são remetidas a uma concepção, *a priori*, de infância, centralizada num inconsciente edipianizado. Hans não sabe nada sobre si mesmo para os psicanalistas que o analisam, suas experimentações rizomáticas expressas por suas falas têm pouco valor diante "daquilo que está por trás de suas falas", ou seja, o que representam. Essas representações inconscientes são acessíveis somente aos psicanalistas que o analisam. O que queremos dizer é que o que Hans enuncia, seus enunciados, são mais que falas, são seus recortes, suas maquinações desejantes se expressando num território molar. Hans não é ouvido porque sempre há algo escondido no que ele diz. Entretanto, em vários momentos, ele se utiliza da ironia diante das interpretações psicanalíticas, como forma de criar linhas de fuga destas.

"Os malefícios da interpretose"

Quanto a esse tratamento dado às falas de Hans, o próprio Freud (2002, p.96) diz:

> É verdade que durante a análise teve de ser contada a Hans muita coisa que ele mesmo não podia dizer, ele teve de ser apresentado a pensamentos que até então não tinha mostrado sinais de possuir, e sua atenção teve de ser voltada para a direção da qual seu pai esperava que surgisse algo.

Nessa citação aparece o quanto não é Hans quem fala do que se passa com ele, mas o analista, seu pai que lhe diz o que ele vive, interpretando e trazendo-lhe a verdade que até então ele não possuía, novamente num lugar de suposto saber. E ainda Freud (2002, p.96) ressalta que: "Em uma psicanálise o médico sempre dá a seu paciente (às vezes em maior e às vezes em menor escala) as idéias conscientes antecipadas, com ajuda das quais ele se coloca em posição de reconhecer e de compreender o material inconsciente".

O encontro de Freud com o pequeno Hans

Devemos lembrar ainda que Freud teve uma única conversa com Hans. O pai do menino é quem faz as interpretações e os relatos para Freud do que acontece, e esse fato é considerado como vantagem para Freud, já que se reúnem em sua figura duas autoridades, a de pai e a de médico, o que ele acredita que favorece o tratamento (idem, p.9). Assim, diz Freud (2002, p.94-5) que o pai de Hans "foi instilado ao trabalho com os *meus* pontos de vista teóricos e infectado com *meus* preconceitos". Nessa consulta com Freud, assim como o pai, constata-se que os "esclarecimentos sexuais" não haviam "curado" a fobia de Hans, como eles esperavam. Então Freud pergunta a Hans se os cavalos que ele via usavam óculos, e o menino diz que não. Freud (2002, p.112) diz a Hans que

> O cavalo tem que ser seu pai – a quem ele tinha boas razões internas para temer. Certos detalhes dos quais Hans mostrou que tinha medo, o preto nas bocas dos cavalos e as coisas na frente dos seus olhos (os bigodes e os óculos que são o privilégio de um homem crescido), me pareciam ter sido diretamente transpostos do seu pai para os cavalos.

• *Comentários*: Aparece aqui um claro rebatimento dos devires sobre a família, sobre o qual dizem Deleuze et al. (s. d., p.4):

> É espantoso. O que pode uma criança contra tanta má-fé? Ao invés de ver nas determinações do cavalo uma circulação de intensidades em um agenciamento maquínico, Freud procede por analogia estática e

identificação de análogos, não é mais o cavalo que faz um cocô perfeito com seu enorme traseiro (grau de potência), mas o cavalo é ele mesmo um cocô e, a porta pelo qual ele sai, um traseiro.

As viseiras e a focinheira do cavalo

Hans diz que tem medo dos cavalos que têm uma coisa preta na boca e nos olhos. Logo o pai de Hans deduz que Hans fala de um bigode, ao que Hans responde que não! Hans refere-se aos arreios dos cavalos, no primeiro caso, e às viseiras do cavalo no segundo, as quais Freud chama de óculos do pai, interpretação da qual Hans também discorda. Diz ainda ter medo de carroças de mudanças, porque "quando os cavalos estão puxando uma carroça de mudanças muito pesada, eles podem cair" (Freud, 2002, p.48). Hans diz que ficou assustado e com medo de cavalos uma vez quando viu um cavalo do ônibus cair e que, a partir daí, começou a ter, como dizia seu pai, "aquela bobagem", porque achava que ia ser sempre assim, que os cavalos sempre caíam.

• *Comentários*: Novamente, os enunciados são esmagados, já que o pai de Hans e Freud tentam ver no cavalo o pai, enquanto Hans trata de devires-animais. Diz Deleuze (2002, p.76) sobre o assunto:

> [...] Como se a visão de rua – freqüente na época – um cavalo cai, é chicoteado, debate-se – não fosse capaz de afetar diretamente a libido e devesse evocar diretamente uma cena de amor entre os pais... A identificação do cavalo com o pai beira o grotesco e implica um desconhecimento de todas as relações do inconsciente com as forças animais.

Isso porque o devir consiste numa zona de vizinhança que faz que seja impossível dizer onde passa a fronteira do animal e do humano. Entretanto, isso não quer dizer que, quando a criança imita o animal, se trate apenas de identificação. Esta seria somente uma visão do plano molar que desconsidera os movimentos moleculares, de devir-cavalo (Hans) e devir-galo (Arpard). Olhar como imitação esses movimentos infantis é perceber somente o efeito grosseiro de um processo mais complexo que se passa nas diferenças microrrelacionais entre os diversos elementos heterogêneos de uma maquinação desejante. É ainda buscar pelo que se repete e pautar aí suas comparações. Enquanto atentar para o que difere, implica o devir junto com o que se estuda. Esse modo de olhar a infância pelo que difere ou pelo que repete diz respeito ao olhar molecular ou molar, respectivamente, que se lança sobre ela.

O que devém em nós?

Não pretendemos com essa discussão trazer a nova verdade acerca da infância, mas problematizar alguns pressupostos que a cercam nos diversos campos do conhecimento e que sustentam práticas que reiteram um tipo de subjetividade infantil. Acreditamos que há potência nas outras forças que compõem o desejo infantil, e que a multiplicidade das cartografias infantis ultrapassa os modelos que se propõem a universalizá-la. A inquietude e as práticas da psicologia em relação à infância foram o norte deste trabalho, pois, ao acompanhar o que escapa nos mapas infantis, vimo-nos contagiados pela produtividade dos devires-criança.

Referências bibliográficas

DELEUZE, G. O que as crianças dizem. In: _____. *Crítica e clínica*. São Paulo: Editora 34, 1997.

DELEUZE, G. et al. A interpretação dos enunciados. In: _____. *Politique et psychanalyse*. Trad. Arthur Hypólito de Moura. s. l.: Bibliotèque des Mots Perdues, s.d.

DELEUZE, G., GUATTARI, F. *O anti-Édipo*. Capitalismo e esquizofrenia. Trad. Georges Lamazière. Rio de Janeiro: Imago, 1976.

_____. *Mil platôs*. São Paulo: Editora 34, 2002.

FERENCZI, S. Um pequeno homem-galo. In: _____. *Psicanálise II*. *Obras completas*. São Paulo: Martins Fontes, 1992.

FREUD, S. *Análise de uma fobia em um menino de cinco anos (o pequeno Hans)*. Rio de Janeiro: Imago, 2002.

GROSSKURTH, P. *O mundo e a obra de Melanie Klein*. Rio de Janeiro: Imago, 1992.

GUATTARI, F. *O inconsciente maquínico*. Ensaios de esquizoanálise. Campinas: Papirus, 1988.

_____. *Caosmose*. Rio de Janeiro: Editora 34, 2000.

GUATTARI, F., ROLNIK, S. *Micropolítica*. Cartografias do desejo. Petrópolis: Vozes, 1986.

KLEIN, M. Complexo de Édipo à luz das ansiedades arcaicas. In: _____. *Amor, culpa e reparação e outros trabalhos*. Rio de Janeiro: Imago, 1996. v.1.

MELTZER, D. *O desenvolvimento kleiniano II*. São Paulo: Escuta, 1990.

8
O CONCEITO DE INCONSCIENTE NO PENSAMENTO DE GILLES DELEUZE E FÉLIX GUATTARI E SUA RELAÇÃO COM A LITERATURA DE HENRY MILLER

Clara Roberta Novaes Raimundo[*]

Para a formulação de um conceito de inconsciente, Deleuze e Guattari realizam uma série de alianças. Dentre elas, uma das mais profícuas é a conexão com a literatura.

Segundo esses autores, o inconsciente e a literatura têm em comum a produção desejante, que é criada por devires e linhas de fuga, isto é, inconsciente e literatura comportam processos de despersonalização que apelam para uma dimensão impessoal e coletiva.

A produção literária de Henry Miller (1891-1980) apresenta, segundo Deleuze e Guattari, essa qualidade que a caracteriza como criação de um inconsciente produtivo.

Aqui, pretendemos determinar os pontos de encontros do pensamento de Deleuze e Guattari com a literatura de Miller, em vista da definição pragmática do inconsciente como conceito.

Henry Miller surge com o propósito, em suas obras, de desnudar o homem por meio de sua literatura e, interrogando-se incisiva-

---

[*] A autora é formada em Psicologia pela Unesp, com dois períodos de estágio na Clínica La Borde. Esse artigo é derivado do projeto "Estudo do conceito de inconsciente no pensamento de Gilles Deleuze e Félix Guattari e a sua relação com a literatura de Henry Miller", desenvolvido com bolsa do Pibic/CNPq, no período de dezembro de 2003 a agosto de 2004.

230 HÉLIO REBELLO CARDOSO JR.

mente, propõe como única literatura possível naquele tempo – o tempo de assassinos de Rimbaud – a autobiografia.

Esta seria marcada, segundo Marcus Salgado, um amigo, por invocar esse cruzamento definitivo entre vida e obra, que é típico da rebelião romântica do século XIX – e aqui ele se referia a Novalis, Shelley, Hölderlin, principalmente. Essse cruzamento reaparece em Rimbaud e depois em Jarry e nas vanguardas clássicas do começo do século (como Arthur Cravan, Jacques Vaché, Rigaut, os Dadá), e é reinterpretada por Miller após a década de 1930 até desembocar, inteiramente reciclado (em "lixo" ou em "ouro"?), na *beat generation* dos anos 50".

Nesse sentido, o próprio Miller (1967), no prefácio a *Sexus*, nos afirma:

> Todas as minhas novelas autobiográficas, como às vezes elas são denominadas, começando com Trópico de Câncer e continuando por mais dez volumes – uma espécie de "Himeneu do Céu e do Inferno" – guardam pouca semelhança com a maioria das efusões autobiográficas... Fiz uso extenso, ao uso desses livros, de irruptivos assaltos ao inconsciente, tais como sonho, fantasia, burlesco, trocadilhos pantagruélicos, etc., que emprestam à narrativa um caráter excêntrico, perplexo – na opinião de muitos críticos. Mas essas "extravaganzas", a bem dizer, têm grande importância para mim. Elas representam minha tentativa, bem sucedida ou não, de retratar o homem inteiro.

O encontro: Miller e a dupla francesa...

É nessa tentativa de retratar o homem inteiro que Miller daria origem a uma literatura crua, considerada repleta de surpreendentes produções de velocidade e devir por Deleuze e Guattari e que, por ser fortemente marcada pela sua ânsia, como o próprio escritor dizia, de investigar o homem, suas ações e atitudes, pôde fornecer um campo problemático rico e interessante para a reformulação do conceito de inconsciente que aqueles autores buscavam realizar.

Na verdade, quando Deleuze e Guattari se interessam pela busca da "vida" na literatura de Miller, não se trata simplesmente da descrição de acontecimentos vividos, mas do encontro de certas intensidades, devires, que impelem o autor e seus leitores a uma potência de despersonalização.

Por causa desse caráter, Deleuze e Guattari chegam a afirmar que a literatura de Miller possui uma feição esquizofrênica no momento em que ela desfaz nódulos do Ego. Para Deleuze, existe uma vocação esquizofrênica na literatura americana. O ato fundador do romance norte-americano, segundo ele, consistiu em levar o romance para longe das vias da razão e dar nascimento a esses personagens que estão suspensos no nada, que só sobrevivem no vazio, que conservam seu mistério até o fim e desafiam a lógica e a psicologia.

Miller, por exemplo, deixa claro em suas autobiografias o quanto ele sentia seu sofrimento como parte do sofrimento difuso na América, difuso no submundo da Nova York que ele tão bem conhecia. É claro o quanto esse aspecto determinaria sua obra e permitiria que Miller e outros escritores norte-americanos contemporâneos a ele investigassem com tanta perspicácia e clareza a chamada, pelos ditos autores franceses, "geografia das relações". Esses aspectos vêm exatamente ao encontro da idéia deleuziana sobre a constituição da sociedade americana. Ele salienta que os norte-americanos possuem um "Eu sempre despedaçado, fragmentário, relativo", que se opõe ao "Eu substancial, total dos europeus" (Deleuze, 1997, p.68).

Por causa dessa característica, entre outras, eles veriam na obra literária de Miller a composição de uma idéia de inconsciente e uma relação com a vida que apresentavam ressonâncias com o conceito de inconsciente que eles vinham contruindo filosoficamente.

Miller, segundo esses autores, representa essa literatura que produz por "partida, devir, passagem, salto, demônio, relação com o fora". Os livros de Miller são mapas de linhas e devires, e por isso possuem uma dimensão experimental, assim como as cartografias do inconsciente possuem uma feição esquizo.

Como foi possível, no entanto, o encontro com a literatura de Miller, tendo em vista a obra de Deleuze e Guattari? Ou, mais precisamente, por que a literatura de Miller participa do conceito deleuzo-guattariano de inconsciente?

Deleuze, em sua trajetória como filósofo, inventou vários conceitos, sendo esta, segundo ele, a atividade básica e definidora da filosofia.

Em Deleuze, o conceito é concebido como portador das dimensões do percepto e do afecto. Os perceptos, segundo ele, não são percepções, são pacotes de sensações e de relações que sobrevivem àqueles que os vivenciam. Os afectos não são sentimentos, são devires que transbordam àqueles que são "afectados" (tornando-os outros).

O afecto, o percepto e o conceito são três potências inseparáveis, potências que vão da arte à filosofia. Por isso, o estilo em filosofia tende para esses três pólos: o conceito ou novas maneiras de pensar, o percepto ou novas maneiras de ver e ouvir, e o afecto ou novas maneiras de sentir (Deleuze, 1992, p.169, 203-4). Os conceitos são para o autor exatamente como sons, cores ou imagens, são intensidades. Por isso, por exemplo, muitas das sensações desenvolvidas na literatura, sem serem conceitos, mas potências associadas a eles, podem servir à criação filosófica.

Como a literatura e a arte operam por perceptos e afectos, em um plano de composição com figuras estéticas e com o inconsciente, elas podem ser aproximadas dessa idéia de conceito.

Dessa maneira, por possuírem essa capacidade de criação filosófica, elas constituem o que Deleuze e Guattari chamam de platô (*plateau*, no original), sendo um "platô" uma região de intensidades contínuas seguidas de linhas de rizoma em direção ao desejo e ao movimento do inconsciente.

É este então o tipo de aliança que objetivamos estabelecer entre Deleuze e Guattari e a obra literária de Miller, quanto à construção do conceito de inconsciente. De fato, por meio dos afectos ou das intensidades esquizo da literatura de Henry Miller, esses autores extraem elementos concernentes ao conceito por eles desenvolvido de inconsciente.

É por essa razão que tentamos pensar a construção do conceito de inconsciente de Deleuze e Guattari em paralelo com a literatura e aqui, sobretudo, com as intensidades-afectos presentes nas obras autobiográficas de Henry Miller e o caráter que estas possuem, pois acreditamos que essa relação exemplifica e favorece o entendimento dos elementos que compõem tal conceito de inconsciente.

Do inconsciente e *O anti-Édipo...*

"Porque o inconsciente não é nem estrutural nem pessoal; não imagina, tal como não simboliza nem figura; máquina, é maquínico. Não é nem imaginário nem simbólico mas é o Real em sim mesmo, o 'real impossível' e a sua produção." (Deleuze & Guattari, *O anti-Édipo*, 1972)

É em *O anti-Édipo* (1972) que Deleuze e Guattari nos apresentam uma inovadora noção de inconsciente, pautada, de maneira geral, pela idéia de que o inconsciente é produtivo.

Nessa obra, procuramos os momentos em que ambos relacionam a literatura americana e Miller, com o inconsciente pela perspectiva esquizo. Pois, em *O anti-Édipo*, a literatura é a base na qual repousa a crítica fundamental de uma certa visão de inconsciente. Pela concepção de desejo como produtivo, Deleuze e Guattari quiseram relançar os postulados principais do inconsciente freudiano.

A proposta indicada em *O anti-Édipo*, além de colocar em questão a representatividade apregoada pela psicanálise, na qual o inconsciente, como um depósito, representa, significa, remete, expressa (mito, tragédia, sonho, lembrança, repressão), também exige de nós uma pesquisa mais acurada acerca de como o desejo aparece como problema do investimento do campo social, pois a produção social é a produção desejante em determinadas condições.

Não podemos esquecer que *O anti-Édipo* apareceu na França do pós-Maio de 1968, numa época marcada por uma tendência freudiano-marxista de análise da realidade, e a psicanálise, mais do que nunca, era bastante requerida e difundida naquele país, muitas vezes não importava como. Posteriormente, nos livros seqüentes, por exemplo, vemos que alguns aspectos serão revistos ou apresen-

234 HÉLIO REBELLO CARDOSO JR.

tados diferentemente pelos autores; neles encontraremos uma maior preocupação em relação à elaboração e apresentação dos conceitos do que somente um confronto com a psicanálise.

A grande questão, entretanto, é que *O anti-Édipo* nos apresenta uma crítica do inconsciente. Quer dizer, conforme os autores de nosso estudo, primeiramente, seria preciso mostrar que o inconsciente, como o desejo, é uma "usina" produtiva e não um lugar onde se depositam lembranças que mais tarde serão representadas. Sendo por isso produtivo, nem só representativo nem estrutural. Nesse ponto, eles dialogam diretamente com o inconsciente freudiano e com a revisão que Jacques Lacan faria mais tarde, em que a linguagem ganharia caráter fundamental para o inconsciente.

Em seguida, também seria necessário desvincular o funcionamento do inconsciente da esfera familiar, mostrando que "o delírio, ou o romance, é histórico-mundial e não familiar". Ou seja, o inconsciente não é um teatro, mas uma fábrica, uma máquina de produzir, ele então não delira somente sobre "papai-mamãe", ele delira sobre um campo social, sobre as raças, as tribos, os continentes, a história e a geografia (Deleuze & Guattari, 1976, p.180).

Em suma, em *O anti-Édipo*, seus autores dizem ter procurado criar um projeto com "ambição kantiana" no que diz respeito ao inconsciente, ou seja, buscaram realizar uma espécie de "crítica da razão pura no nível do inconsciente" (idem, p.323-37).

Para tal empreendimento, a literatura, o cinema e as artes de modo geral se apresentaram como grandes instrumentos e aliados, seria daí que destacaríamos a importância da literatura, sobretudo a americana e precisamente a de Henry Miller.

Do inconsciente e da esquizoanálise...

"O inconsciente não é um território recortável
do espaço subjetivo. [...] Ele é o próprio
movimento de desterritorialização produzindo

INCONSCIENTE-MULTIPLICIDADE **235**

*devires inéditos, múltiplos e imprevisíveis; ele é
a própria busca de matéria de expressão,
substância a ser fabricada, maneiras de inventar
o mundo."*
(Suely Rolnik, Cartografia sentimental:
transformações contemporâneas do desejo)

O inconsciente esquizoanalítico é, segundo Deleuze e Guattari, órfão. Isso porque o inconsciente não seria produzido pela introjeção da realidade ou por determinantes do campo social, e também não projetaria neste a interioridade de um mundo psíquico fechado e primeiro. O inconsciente seria autoprodutivo, formado na imanência entre "esquizes". Os signos do desejo, assim, não seriam significantes e não remeteriam, como apregoa a psicanálise, a nenhum "termo que falta" – falta esta que organizaria o inconsciente como "unidade estrutural" e dirigiria seu movimento por meio de uma "identidade imaginária". Os objetos do inconsciente seriam todos parciais e seus elementos anteriores a qualquer identidade ou afinidade, entre si ou com qualquer representante que se lhe apresente como referente (Deleuze & Guattari, 1976, p.29-50).

Essa autonomia em relação a um significante ou, em termos psicanalíticos, essa independência em relação a um *phallus*, que sirva como eixo unificante e organizador de suas singularidades intensivas, é possível graças ao caráter passivo das sínteses do inconsciente. Por via dessa passividade, as máquinas e os arranjos de máquinas são formados espontânea e continuamente.

Quanto à esquizoanálise, podemos dizer que ela recusa qualquer possibilidade de se pensar o desejo como representação e como atrelado somente a uma falta. Na medida em que o esquizofrênico inviabiliza a edipianização, não se deixando explicar por uma matriz familiar simbólica, Deleuze & Guattari (1976, p.327) escolhem justamente a esquizofrenia como referência para um funcionamento psíquico imanente, independentemente de significantes, visto que "uma série imensa de proposições maquínicas trabalham permanentemente cada indivíduo para além do campo da linguagem".

236 HÉLIO REBELLO CARDOSO JR.

Mais do que isso, o estilo psicótico como lógica de funcionamento das máquinas desejantes enseja a primazia do processo esquizofrênico na produção da realidade. Daí nosso interesse em perceber esses elementos esquizofrênicos na literatura de Miller, pois uma das questões que Deleuze e Guattari encontram em Miller é a do investimento esquizofrênico de sua obra, no momento em que ele vai mais ao encontro do delírio, mecanismo da psicose, no qual se situa a esquizofrenia, que da fantasia, mecanismo esperado da neurose.

A noção de esquizo como limite do inconsciente apresenta um importante elo com esse investimento que é caráter das obras de Miller, que dialoga com o delírio e com processos desterritorializantes que arrastam o escritor para fora do que é conhecido, do que é previsto.

A esquizoanálise é então contra qualquer perspectiva interpretativa no que diz respeito ao inconsciente. Em vez disso, pergunta simplesmente pelo funcionamento de suas máquinas. Para ela, vincular o desejo à codificação edipiana, por exemplo, seria reduzi-lo a determinado repertório excludente, definido de antemão. Pois, lê-se em *O anti-Édipo* que, embora Édipo e a castração confiram significado ao desejo, nem um dos dois complexos "constitui um material inconsciente, nem tem de ver com a produção do inconsciente". Ambos seriam, isso sim, resultado de uma "operação de captura", por meio da qual a máquina social "repressiva" se faria substituir por "crenças" e "representações" (idem, p.323-37).

Quer dizer, com o Édipo, a produção desejante é esmagada por ser submetida às exigências da representação, e o inconsciente produtivo é substituído por um inconsciente que só se sabe exprimir pelo mito, pela tragédia, pelo sonho, ficando as cadeias do inconsciente suspensas num significante despótico que encerra o inconsciente numa matriz estrutural. Em suma, a ordem da produção é sufocada pela representação. Essa é a grande crítica que Deleuze e Guattari fazem em *O anti-Édipo*, à psicanálise e à sua noção de inconsciente.

Em *Crítica e clínica* (1997), obra de Deleuze bem posterior a *O anti-Édipo*, há um capítulo denominado "A literatura e a vida", no qual Deleuze enfatiza o quanto a escrita é inseparável do devir (elemento componente do inconsciente produtivo), e o quanto a literatura pode ser um empreeendimento de saúde. Para ele, justamente, o fim último da literatura é pôr em evidência no delírio a criação de uma saúde, ou a invenção de um povo, isto é, uma possibilidade de vida.

O autor conclui que a literatura é uma saúde porque o escritor é o médico, médico de si próprio e do mundo, e o mundo é o conjunto de sintomas cuja doença se confunde com o homem. Em Henry Miller, podemos encontrar esses aspectos, pois, em sua literatura, em seu ato de escrever, há uma tentativa de fazer da vida algo mais que pessoal e de buscar liberar a vida daquilo que a aprisiona. Por suas obras serem essencialmente autobiográficas, ficam claros essa tentativa e o caráter de impessoalidade presente em Miller e em sua literatura (que por isso não é dissociada dele).

Em *Sexus*, Miller (1967, p.77) afirma: "Derivamos todos da mesma fonte. Não há mistério sobre a origem das coisas. Somos todos parte da criação, todos reais, todos poetas, todos músicos, só nos falta deixar passar o que já existe em nós".

Essa passagem se relaciona bem ao que Deleuze e Guattari apontam sobre a escrita em *O anti-Édipo*. Segundo eles, escreve-se em função de um povo por vir e que ainda não tem linguagem. Que se cria não para comunicar, mas para resistir, pois há um liame profundo entre os signos, o acontecimento, a vida e o vitalismo, e que por isso não há obra que não indique uma saída para a vida, "que não trace um caminho entre as pedras".

Ou como nos diz Miller (1963a, p.58) em *Trópico de Capricórnio*: "Livros têm essa faculdade de deixar-me em transe, esse transe de completa lucidez no qual, sem que eu próprio saiba, a gente toma as mais profundas resoluções".

Desejo como produção do real

> *"Não há pulsão interna no desejo, só há agenciamentos. O desejo é sempre agenciado, ele é o que o agenciamento determina que ele seja."*
> *(Gilles Deleuze e Félix Guattari, O anti-Édipo)*

238 HÉLIO REBELLO CARDOSO JR.

Segundo a dupla francesa de *O anti-Édipo*, a produção da realidade é operada com base no funcionamento das máquinas desejantes que, por meio de um sistema de cortes e sínteses, conjugam um "fluxo material contínuo". Quando Deleuze e Guattari falam em produção de realidade, não estão eles usando uma maneira metafórica de falar. Pois, embora os cortes realizados nas sínteses do inconsciente digam respeito a uma matéria que se definirá extensivamente (espaço-tempo) apenas *a posteriori*, a cada modalidade de corte corresponde "uma síntese de elementos concretos que é operada, respectivamente, sobre fluxos (síntese conectiva), sobre códigos (síntese disjuntiva) e sobre resíduos (síntese conjuntiva ou subjetiva)" (Deleuze & Guattari, 1976, p.7-43).

Dessa forma, os diferentes estados suscitados pela seleção de fluxos contínuos na síntese de produção, assim como os suscitados pelos desdobramentos de código na síntese disjuntiva, produzem zonas de intensidade no Corpo sem Órgãos – e a passagem por tais sítios intensivos produz um sujeito errante caracterizado por devires, característica presente em Miller e típica dos escritores que, ao arrastarem a língua para fora de seus sulcos costumeiros, entram em contato com o inconsciente e seus elementos.

No processo literário, as sínteses do inconsciente (de produção, registro e consumo) também se fazem presentes.

Não há prioridade lógica entre as *sínteses do inconsciente*, por isso todas as três funcionam por meio de um regime de imanência produtiva. Da mesma forma que a síntese disjuntiva é simultânea à síntese conectiva, posto que o cruzamento de fluxos é acompanhado igualmente de disjunções nas cadeias heterogêneas dos códigos, a síntese conjuntiva também participa dessa imanência, ao fazer a passagem de uma região à outra por ocasião do cruzamento de fluxos.

Ora, as máquinas desejantes, as disjunções e conjunções trabalham com objetos parciais, com códigos fluidos e com passagens intensivas que descartam pressupostos como os de identidade fixa, ensejando a reunião então de fragmentos e diferenças.

De acordo com Deleuze & Guattari (1976, p.50):

como produzir, e pensar, fragmentos que tenham entre eles relações de diferenças enquanto tal, sem referência a uma totalidade original mesmo perdida, nem a uma totalidade resultante mesmo a vir? Somente a categoria de multiplicidade, empregada como substantivo e ultrapassando tanto o múltiplo quanto o uno, ultrapassando a relação predicativa do Uno e do múltiplo, é capaz de dar conta da produção desejante: a produção desejante é multiplicidade pura.

Por essa óptica, Deleuze e Guattari criticam o postulado familialista de Édipo, o qual toma a família e as relações que nela se dão como referenciais, por meio dos quais se definiria a origem, os caminhos ou o retorno do desejo.

Dessa maneira, tanto Édipo é rejeitado como elemento simbólico que define papéis e que fornece significado às teceduras do real, como também são consideradas insuficientes outras teorias que remetem de alguma maneira a produção inconsciente a um elemento simbólico primeiro, como acontece com a idéia lacaniana do "*fallus*-significante" ou com os "arquétipos" de Jung, por exemplo (Cf. Nascimento, 2004, p.10).

Continuando a seguir o pensamento de Deleuze e Guattari, caberia indagar: o que permite, por sua vez, sustentar o conceito de inconsciente como multiplicidade?

O elemento problematizante que permite definir o inconsciente como multiplicidade na filosofia de Deleuze e Guattari é o desejo, visto ser ele que mantém em imanência o regime de produção das sínteses do inconsciente.

É que, ao relacionar desejo e problema por meio de um denominador comum – a diferença –, os autores de *O anti-Édipo* transformam o desejo em elemento problematizante, na medida em que ele identifica produto e produzir na síntese conectiva de objetos parciais e, com isso, possibilita o desdobramento das duas outras sínteses no campo de produção do cruzamento de fluxos e na passagem de um a outro deles (Nascimento, 2004, p.10).

Dessa maneira, ao mesmo tempo que o desejo se coloca como agente motor na seleção de fluxos/cortes, também dispensa qualquer transcendência ou referência externa (ou interna) para assim fazê-lo.

240 HÉLIO REBELLO CARDOSO JR.

A definição do desejo como problema e princípio de imanência atende ao funcionamento, como multiplicidade, dos objetos do inconsciente. Mas, conforme *O anti-Édipo*, o desejo produz o real, e, para pensar a imanência entre o regime molecular intensivo de produção e a exterioridade das máquinas molares, Deleuze & Guattari (1976, p.325-52) nos apresentam a noção de "dobra", segundo a qual o inconsciente forma-se pela dobra da exterioridade do campo social.

Miller e o caráter fluxional do desejo na literatura

> *"Deitava no papel tudo o que me vinha na cabeça, fizesse ou não sentido."*
> *(Henry Miller,* Sexus*)*

Segundo Deleuze e Guattari em *O anti-Édipo*, tudo é produção: produção de produções, de ações e de reações; produção de registros, de distribuições e de pontos de referência; produção de consumos, de volúpias, de angústias e dores.

Com o inconsciente, conforme já dissemos, não é diferente, ele também é produtivo. E a esquizofrenia seria então o universo das máquinas desejantes produtoras e reprodutoras, que, por sua vez, são máquinas binárias, de regra binária ou regime associativo, e uma está sempre ligada à outra.

Dessa maneira, a produção de produção tem então uma forma conectiva "e", "e depois", pois há sempre uma máquina produtora de um fluxo e uma outra que se une a ela, realizando um corte, uma extração de fluxos. O desejo é que faz constantemente a ligação de fluxos contínuos e de objetos parciais essencialmente fragmentários e fragmentados. "O desejo faz correr, corre e corta."

Para explicitar essa observação, Deleuze e Guattari se valem de Henry Miller, apontando que, em *Trópico de Câncer*, ele realiza um cântico do desejo no momento em que diz: "Amo tudo o que corre, mesmo o fluxo menstrual que arrasta os ovos não fecundados e ainda... e as minhas entranhas espalham-se num imenso fluxo esquizo-frênico, evacuar que me põe em face ao absoluto..." (Miller, 1963b, p.243).

A obra de Miller apresenta uma literatura atravessada por fluxos, nos quais há conexões de elementos heterogêneos ou objetos parciais. Deleuze e Guattari, portanto, observam que, em seus livros, há uma conectividade que contém um percurso desejante característico do inconsciente.

Assim, os autores afirmam que qualquer "objeto parcial" supõe a continuidade de um fluxo, e qualquer fluxo, a fragmentação de um objeto. Não havendo dúvidas então de que cada máquina-órgão interpreta o mundo inteiro por seu próprio fluxo. Assim, pela energia que dela flui, "o olho interpreta tudo em termos de ver. Mas há sempre uma conexão que se estabelece em outra máquina, numa transversal onde a primeira corta o fluxo da outra ou vê o seu fluxo cortado" (Deleuze & Guattari, 1976, p.11).

É possível presenciar esse processo na literatura de Miller, em que vemos que a conjugação de fluxos realiza uma síntese produtiva quando o autor se vale do que vê, sente, come, pensa, conversa, realiza, sonha, utiliza, viaja, para compor sua obra.

Conforme os autores de *O anti-Édipo*, a ligação da síntese conectiva, objeto parcial-fluxo, tem uma outra forma: a do produto-produzir. Na perspectiva da síntese conectiva, a literatura de Miller é uma máquina desejante no mesmo sentido que o inconsciente o é, podemos até chamá-la de máquina literária, noção que é mencionada em *O anti-Édipo*.

Ainda aí Deleuze e Guattari caracterizam o processo-esquizo em termos de corte-fluxo, em termos de produto-produzir. Por isso, eles consideram o esquizofrênico o produtor universal, pois aí não se pode distinguir o produzir e seu produto; ou pelo menos o objeto produzido leva seu "aqui" para um novo produzir.

Na literatura de Miller isso acontece, sua vida e sua literatura tornam-se a mesma coisa. É então possível observar esse fluxo esquizofrênico, já que pela escrita ele realiza um processo de despersonalização semelhante ao do esquizofrênico. Considerando que o

242 HÉLIO REBELLO CARDOSO JR.

nome próprio não designa um indivíduo, a despersonalização acontece quando o indivíduo se abre às multiplicidades que o atravessam de lado a lado. Nesse sentido, o esquizo torna-se possibilidade de pensar o desejo, livre dos muros significantes e dos limites territoriais que o separam de suas "usinas" produtivas. Delirar, segundo Deleuze (1998, p.53), é exatamente sair dos eixos. Nesse caso, podemos afirmar que Miller delira, e é nesses momentos que a tal vocação esquizofrênica da sua obra se faz evidente.

É importante lembrar que a esquizofrenia é entendida como processo de produção do desejo e das máquinas desejantes, e não como uma entidade clínica.

> Eu estava intoxicado agora, mas momentos atrás eu estivera inspirado. Momentos atrás eu aprendera o que era ir além da alegria. Momentos atrás eu esquecera completamente de quem era. Tinha me espalhado por toda a terra. Tivesse sido mais intenso e eu teria atravessado aquela linha tênue que separa os sãos dos insanos. Poderia ter alcançado a despersonalização afundando-me no oceano da imensidão [...] a maneira como eu encarava as coisas era a maneira como eu escreveria sobre elas um dia. (Miller, 1967, p.68)

Essa citação ilustra bem o processo de despersonalização de que falávamos e o caráter esquizo e fluxional da literatura de Henry Miller, e como o desejo se configura como produtor.

> Se o desejo produz, produz real. Se o desejo é produtor, só o pode ser a realidade e da realidade. O desejo é esse conjunto de sínteses passivas que maquinam os objetos parciais, os fluxos e os corpos, e que funcionam como unidades de produção. O real resulta disso, é o resultado das sínteses passivas do desejo como auto-produção do inconsciente. (Deleuze & Guattari, 1976, p.31)

Desse modo, o que é a literatura de Miller senão criação de realidades pelo desejo?

E se ao desejo não falta nada, não lhe falta seu objeto, o desejo e o objeto são uma só coisa. O desejo é máquina, o objeto do desejo também é máquina conectada, de modo que o produto é extraído do produzir, não sendo, pois, o desejo que se apóia nas necessidades, mas, pelo contrário, são as necessidades que derivam do desejo, são contraprodutos no real que o desejo produz.

É assim que a literatura se aproxima do desejo. E é por maquinar novas sensibilidades, por penetrar em devires, que pertencem à ordem do intempestivo, por conectar-se com o invisível, que a literatura de Miller apresenta um caráter desejante. Em seus livros, como também nos de outros escritores do gênero, os personagens não são pessoas ou sujeitos, são coleções de sensações intensivas, cada um é um pacote, bloco de sensações variável. O destino de sua literatura é de certa forma o de fazer passar os fluxos desterritorializados do desejo, mas também o de transportar novas territorialidades.

Escrevendo, Miller traça linhas de fugas, compõe cartografias e arrasta a si e ao seu leitor para estados inéditos. Como o campo social é percorrido pelo desejo, ele também não escapa da composição literária que é atravessada por ele e pelos outros elementos que compõem o inconsciente, como o devir e os agenciamentos.

É por esses aspectos da literatura de Miller que Deleuze (1992, p.35) aponta, em *Conversações*, que Miller e alguns outros escritores norte-americanos sabem mais de esquizofrenia do que os psiquiatras e psicanalistas. Porque esses escritores, conforme o autor, possuem o dom que os franceses raramente têm, que é justamente o dom das intensidades, dos fluxos, dos livros-máquina e do que ele chamará de os "livro-uso, os esquizo-livros".

Os franceses fazem, segundo Deleuze, um elogio constante à neurose, enquanto Miller e outros norte-americanos conseguem levar o romance para "longe das vias da razão", justamente porque, por meio de suas percepções singulares, colhem da realidade perceptos estéticos, e é assim que, de uma maneira convulsiva, a escrita de Miller, fragmentária e esquizofrênica, realiza um empreendimento de saúde.

A literatura de Miller faz da consciência uma experimentação de vida, e da paixão um campo de intensidades contínuas, uma emissão de signos-partícula, como em *Trópico de Câncer*: "[...] minha idéia em síntese, tem sido a de apresentar uma ressurreição das emoções, retratar a conduta de um ser humano nas garras do delírio. Pintar um ser pré-socrático [...] faça qualquer coisa mas que cause êxtase" (Miller, 1967b, p.244).

Daí sua escrita ser inseparável do devir e ser freqüentemente atravessada por "perceptos" que, como já dissemos, se configuram não por percepções, mas por pacotes de sensações que junto aos "afectos" compõem o que Deleuze considera um conceito.

Desse modo, sendo o desejo o sistema de signos "a-significantes" com os quais se produzem fluxos de inconsciente no campo social, podemos dizer que esses fluxos se conjugam e ganham expressão na literatura de Miller porque ela é de fato invadida pelas tais multiplicidades que permitem que nela ocorram conexões de singularidades, que processos ou devires se desenrolem, e intensidades a percorram e a arrastem.

No momento em que Miller, em suas obras autobiográficas, traça a geografia de suas relações, de suas viagens, dos encontros e das situações, ele traz também à tona agenciamentos do inconsciente que conferem a sua literatura esse caráter fluxional do desejo.

Do devir...

> *"O devir pertence à ordem do intempestivo, do contra tempo, do inatual, do desvio na história, da contra efetuação."*
> (Peter Pál Pelbart, Ecologia do invisível)

Segundo Deleuze, o que eles chamam de "esquizoanálise" é também análise dos devires, e os devires são entendidos como fluxos que arrastam os corpos para lugares inéditos.

Quer dizer, o devir pode ser entendido como o momento em que o desejo encontra possibilidades de se multiplicar porque o devir lhe confere essa possibilidade.

Segundo Deleuze, os devires são geografia, são orientações, direções, entradas e saídas. O que nos permite dizer que os devires podem ser entradas ou pistas para lugares (entendidos como sensações, experimentações, vivências e afins) ainda não experimentados e também podem ser saída de lugares que já experimentados ou vivenciados. Afinal, como diz sua célebre frase: "Todas as entradas são boas se as saídas forem múltiplas".

Ele explica, por exemplo, que há um devir-mulher que não se confunde com as mulheres, com seu passado e seu futuro, e é preciso que as mulheres entrem nesse devir para sair de seu passado e de seu futuro, de sua história.

Afirma também que há um devir-revolucionário que não é a mesma coisa que o futuro da revolução, e que não passa inevitavelmente pelos militantes, e, ainda, de um devir-filósofo que não tem nada a ver com a história da filosofia e passa por aqueles que a história da filosofia não consegue classificar.

Ressalta ainda que devir é jamais imitar, nem fazer como, nem ajustar-se a um modelo, seja ele de justiça, seja de verdade. Isso quer dizer que "Os devires não são fenômenos de imitação, nem de assimilação, mas de dupla captura, de evolução não paralela, núpcias entre dois reinos" (Deleuze & Parnet, 1998, p.66).

Assim, ser arrastado por um devir está distante de imitar alguma coisa para aproximar-se desta tal coisa. Ao contrário, é dupla captura, pois essa "coisa" pode nos capturar e nós podemos fazer o mesmo, compondo algo a partir disso, que é novo, que não estava pronto, nesse momento realizando uma composição, um encontro, a chegada de um acontecimento.

Quando Miller em seus livros nos conta qualquer passagem de sua vida, seja a sua ida a um museu, seja a um bar, seja seu encontro com pessoas fantásticas, seja seu passeio pelo Champs Elysées, belamente exposto em *Trópico de Câncer* (1963b, p.227), para além da narração do fato ocorrido, ele nos transporta às composições que ele realiza no momento em que seus encontros se deram. No exemplo do Champs Elysées, eis aí a dupla captura, ele tanto é capturado pelo *boulevard* quanto este é também capturado por Miller, produzindo um encontro, uma inscrição, um estado que é único, que só é possível pela presença daqueles dois corpos, naquele momento, na-

246 HÉLIO REBELLO CARDOSO JR.

quele espaço, sendo arrastados pelo inédito que possibilita e que é o próprio devir. O que vem ao encontro do que Henri Maldiney, filósofo contemporâneo francês, costuma dizer sempre: "O real é o que a gente não estava esperando".

Deleuze ainda acrescenta que, para ele, os devires são o mais imperceptível, são atos que só podem estar contidos em uma vida e expressos em um estilo.

Daí para ele a escritura ter por único fim a vida, pelas combinações que ela faz. Isso porque, segundo o autor, ao contrário da neurose, em que a vida não pára de ser mutilada, rebaixada, personalizada, mortificada, na literatura, sobretudo naquela a que dirigimos no momento o nosso olhar, a de Miller, a vida pode ser afirmada.

A escritura é, pois, capaz ainda de dar-nos, segundo Deleuze (1992, p.48), um sentimento de iminência, de algo que vai suceder ou acaba de se passar nas nossas costas.

> Os nomes próprios designam forças, acontecimentos, movimentos, motivações, ventos, tufões, doenças, lugares e momentos, muito antes de designar pessoas. Os verbos nos infinitivos designam devires ou acontecimentos que ultrapassam os modos e os tempos.

É por isso que as experiências contadas por Miller são plenas de ações e verbos no infinitivo que caracterizam o próprio existir, o estar vivo, já que é à sua própria vida que ele nos transporta, somos de fato levados a devires ou acontecimentos que ultrapassam os modos e os tempos, e somos convidados a embarcar em suas histórias não apenas para tomarmos conhecimento do que o escritor narra, mas para, sobretudo, compor com elas e com os encontros que ele realizou, e ser também arrastados por devires.

Em relação ao ato de escrever, Deleuze nos mostra ainda que é possível que escrever esteja em uma relação essencial com as linhas de fuga, pois escrever é traçar linhas de fuga, que não são imaginárias, que se é forçado a seguir, porque a escritura nos engaja nelas, na realidade, embarca-nos nela.

Desse modo, conforme Deleuze (1998, p.56):

Escrever é tornar-se, mas não é de modo algum tornar-se escritor. É tornar-se outra coisa. Um escritor de profissão pode ser julgado segundo seu passado ou segundo seu futuro, segundo seu futuro pessoal ou segundo a posteridade ("serei compreendido dentro de dois anos, dentro de cem anos" etc.). Bem diferentes são os devires contidos na escritura quando ela não se alia a palavras de ordem estabelecidas, mas traça linhas de fuga.

Quanto a esse respeito, podemos também dizer que a literatura de Miller contém devires que portam linhas de fuga. Ao contrário de literaturas que tendem a reproduzir e afirmar modelos de subjetivação estabelecidos e muitas vezes rígidos, Miller nos convida a lançar olhares tão diferentes quanto forem possíveis ao mundo e à experiência de existir nesse mesmo mundo, evocando e criando linhas de fugas, as mais singulares. Pois ele se deixa tocar pelo mundo, abrindo-se para os encontros e para a capacidade de afetar e se deixar afetar. Ele é alguém que se permite falar por afeto e habitar os espaços, buscando matéria de expressão para efetuar e expandir suas intensidades. As linhas de fuga podem ser entendidas como mundos que se desmancham por essa linha e que vão traçando devires, tantas outras maneiras de inventar, pensar e sentir a vida. Podemos afirmar que a literatura de Miller sabe como acolher o devir. E é justamente a realização desse acolhimento que imprime em sua obra uma diferença, que a torna singular e rica do inconsciente que aqui tentamos nos aproximar.

Em relação à escritura, Deleuze ainda acrescenta que, quando ela não é oficial, encontra inevitalmente "minorias" que não escrevem, necessariamente, por sua conta, sobre as quais tampouco se escreve no sentido em que seriam tomadas por objeto, mas, em compensação, nas quais se é capturado, quer queira quer não, pelo fato de escrever.

> Uma minoria nunca existe pronta, ela só se constitui sobre linhas de fuga que são tanto maneiras de avançar quanto de atacar. Há um devir mulher na escritura. Não se trata de escrever "como" uma mulher. [...] Mulher não é necessariamente o escritor, mas o devir-minoritário de sua

escritura, seja ele homem ou mulher. Virginia Woolf se proibia de "falar como uma mulher": ela captava ainda mais o devir-mulher da escritura. Lawrence e Miller são tidos como grandes falocratas; no entanto, a escritura os levou para um devir-mulher irresistível. [...] Há devires-negros na escritura, devires-índios, que não consistem em falar como índio ou crioulo. Há devires-animais na escritura, que não consistem em imitar o animal, a "bancar" o animal, como a música de Mozart também não imita os pássaros embora esteja penetrada por um devir-pássaro. [...] Lawrence e o devir-tartaruga, em seus admiráveis poemas. Há devires-animais na escritura, que não consistem em falar de seu cachorro ou de seu gato. É, antes, um encontro entre dois reinos, um curto-circuito, uma captura de código onde cada um se desterritorializa. Ao escrever sempre se dá escritura a quem não tem, mas estes dão à escritura um devir sem o qual ela não existiria, sem o qual ela seria pura redundância a serviço de potências estabelecidas. (Deleuze & Parnet, 1998, p.56-7)

Com a transcrição total dessa citação de Deleuze e Parnet acerca do devir, acreditamos ter tornado mais claro essa noção. De maneira que nos sentimos neste momento autorizados a afirmar que a escrita se conjuga sempre com outra coisa, que é seu próprio devir e, ainda, que não existe agenciamento que funcione sobre um único fluxo, pois ele não é jamais um caso de imitação, mas de conjugação. De composição de forças, nos encontros que as escritas realizam.

Assim, a finalidade última da escrita é ir para além de um devir-mulher, de um devir-negro, animal, minoritário, sendo o devir imperceptível o empreendimento final. Os agenciamentos, próximo ponto, são tomados pelos devires, e esses se cruzam e fazem bloco com os agenciamentos. Mais uma vez a dupla-captura se faz presente e é aí que o agenciamento se faz dimensão devir. Passemos a eles...

Dos agenciamentos...

"O invisível está no meio. Está nos grandes e
minúsculos espaços de intempestivo."
(Peter Pál Pelbart, A ecologia do invisível)

Segundo Deleuze, a unidade real mínima não é a palavra, nem a idéia ou o conceito, nem o significante, mas o agenciamento. É ele que, conforme o autor, produz os enunciados que não têm um sujeito que agiria como sujeito da enunciação, tampouco não se referem a sujeitos como sujeitos de enunciado.

O agenciamento produz uma enunciação coletiva. Quanto a este aspecto, vemos uma clara alusão à psicanálise e à sua relação com o significante, considerado déspota por Deleuze por fazer um elogio às interpretações e representações simbólicas. Para ele, o enunciado é o produto de um agenciamento, sempre coletivo, que põe em jogo, em nós e fora de nós, populações, multiplicidades, territórios, devires, afetos, acontecimentos.

O escritor inventa agenciamentos a partir de agenciamentos que o inventaram, ele faz passar uma multiplicidade para outra. Ele é capaz de fazer conspirar, funcionar juntos, elementos de um conjunto não-homogêneo. Por essa razão, o nome próprio não designa um sujeito, mas alguma coisa que se passa ao menos entre dois termos que não são sujeitos, mas agentes, elementos.

Enquanto as estruturas funcionam por condições de homogeneidade, os agenciamentos funcionam pela heterogeneidade. O agenciamento e o co-funcionamento são "simpatia", a simbiose.

É isto agenciar: estar no meio, sobre a linha de encontro de um mundo interior e de um mundo exterior, no entre. Podemos até mesmo nos permitir pensar que é no entre que devemos buscar a vontade de potência.

Estar no meio. Miller (1967, p.29) em *Sexus*:

> O essencial é tornar-se perfeitamente inútil, se absorver na corrente comum, tornar-se novamente peixe e não bancar os monstros; o único proveito, dizia cá, comigo, que posso tirar do ato de escrever, é o de ver desaparecer com isso as vidraças que me separam do mundo.

Deleuze se vale dessa citação de Miller para exemplificar sua noção de agenciamento, em que nos apresenta com mais clareza como é essa questão de "estar no meio", que ele costuma insistir.

250 HÉLIO REBELLO CARDOSO JR.

Quer dizer, o autor, como sujeito de enunciação, é antes de tudo um espírito: ora ele se identifica com seus personagens ou faz que nos identifiquemos com eles, ou com a idéia da qual são portadores; ora, ao contrário, introduz uma distância que lhe permite e nos permite observar, criticar, prolongar.

Deleuze, entretanto, aponta que isso não é bom. Que, embora o autor crie um mundo, não há mundo que nos espere para ser criado. Nem identificação nem distância, nem proximidade nem distância, nem proximidade nem afastamento, pois em todos esses casos somos levados a falar "por", ou "no lugar de", e que ao contrário temos de ser levados a falar "com", escrever "com". Com o mundo, com uma porção de mundo, com pessoas, só podemos agenciar entre os agenciamentos.

Deleuze (1998, p.67) evoca Lawrence:

> Vocês não são o pequeno esquimó que passa, amarelo e gorduroso, vocês não têm que se tomar por ele. Mas talvez vocês tenham algo a ver com ele, vocês têm algo para agenciar com ele, um devir-esquimó que não consiste em se passar pelo esquimó, a imitar ou em se identificar, em assumir o esquimó, mas em agenciar alguma coisa entre ele e vocês – pois vocês só podem se tornar esquimós se o próprio esquimó se tornar outra coisa [...]

Em seguida, evoca Miller (1967, p.29):

> Tentamos extrair do amor toda posse, toda identificação, para nos tornarmos capazes de amar. Tentamos extrair da loucura a vida que ela contém, odiando, ao mesmo tempo, os loucos que não param de fazer essa vida morrer, de voltá-la contra si mesma. Tentamos extrair do álcool a vida que ele contém, sem beber: a grande cena de embriaguez com água pura, em Henry Miller.

Essa cena de embriaguez pela água de Miller marcou bastante Deleuze e Guattari, pois é evocada em diversos momentos da obra que esses autores realizaram juntos. Talvez porque Miller lhes deu e nos dê realmente uma medida do que seja agenciar, ele agencia com a água pura. Não é a ingestão de uma substância para fins de um efeito já previsível. Naquele momento, compor-se com a água foi suficiente para evocar um novo estado, como se a embriaguez proviesse da própria lucidez que chegava do agenciamento por ele feito.

Deleuze aí, por meio desses exemplos, torna mais real o que consiste agenciar, compor-se com outras forças, encontros, alteridades, e utiliza essa cena de *Sexus*, na qual Miller narra de um jeito autêntico e engraçado seu agenciamento com a água que o impulsiona a novos estados.

"A literatura é um agenciamento", Deleuze e Guattari nos informam já nas primeiras páginas do seu primeiro *Mil platôs*, de 1980. Quer dizer, a literatura funciona por meio de agenciamentos, não é da moralidade das personagens que ela maquina sensibilidades, é por meio dos agenciamentos que elas realizam, que são de outra ordem.

Os agenciamentos fazem funcionar modos de existir e deixam vir à tona todos os elementos que compõem o inconsciente e que exploramos até o presente ponto do trabalho. Ponto que já nos permite perceber o quanto cada um desses elementos está conjugado e interligado.

Do rizoma...

> *"Para os enunciados como para os desejos, a questão não é nunca reduzir o inconsciente, interpretá-lo ou fazê-lo significar segundo uma árvore. A questão é produzir inconsciente e, com ele, novos enunciados, outros desejos: O Rizoma é esta produção de inconsciente mesmo."*
> (*Gilles Deleuze e Félix Guattari*, Mil platôs)

Deleuze e Guattari nos apontam como a noção de árvore dominou a realidade e todo o pensamento Ocidental, enquanto o Oriente nos apresenta uma outra figura: a relação com o estepe e o jardim (e em alguns casos, o deserto e o oásis) em vez de uma relação com a floresta e o campo.

Uma cultura de tubérculos que procede por fragmentação do indivíduo [...] Ocidente, agricultura de uma linhagem escolhida com muitos indivíduos variáveis, Oriente, horticultura de um pequeno número de indivíduos remetendo a uma grande gama de "clones". Não existiria no Oriente, notadamente na Oceania, algo como que um modelo rizomático que se opõe sob todos os aspectos ao modelo ocidental de árvore? [...] No Ocidente a árvore plantou-se nos corpos, ela endureceu e estratificou até os sexos. Nós perdemos o rizoma ou a erva. Henry Miller: "A China é a erva daninha no canteiro de repolhos da humanidade [...] A erva daninha é a *Nêmesis* dos esforços humanos. Entre todas as existências imaginárias que nós atribuímos às plantas, aos animais e às estrelas, é talvez a erva daninha que leva a vida mais sábia. É verdade que a erva não produz flores nem porta-aviões, nem sermões sobre a montanha [...]. Mas, afinal de contas, é sempre a erva quem diz a última palavra. Finalmente, tudo retorna ao estado de China. É isto que os historiadores chamam comumente de trevas da Idade Média. A única saída é a erva [...] A erva só existe entre os grandes espaços não cultivados. Ela preenche os vazios. Ela cresce entre, e no meio das outras coisas. A flor é bela, o repolho é útil, a papoula enlouquece. Mas a erva é transbordamento, ela é uma lição de moral". (Miller apud Deleuze & Guattari, 1995, p.28-9)

Esse momento da obra de Guattari e Deleuze é importante para nós, pois nele são levantadas diversas questões da aliança do norte-americano Miller e aqueles autores.

Após um aparecimento já considerável em *O anti-Édipo*, é nesse momento que Miller surge com mais freqüência em todos os volumes de *Mil platôs* que se seguiram. O que vai ao encontro da própria constituição do conceito de inconsciente, daqueles primeiros, que germinava.

Com o desenvolvimento da noção de rizoma e sua alusão a Miller, encontramos também o esboço de pontos que retornarão nas obras posteriores a *Mil platôs*. Quer dizer, nesse momento, já é claro também o nascimento da noção de devir-China e devir-matagal de Miller, que Deleuze irá apontar anos mais tarde, e também a noção de "estar no meio", fundamentadora da noção de agenciamento, já exposta aqui.

INCONSCIENTE-MULTIPLICIDADE **253**

Na seqüência da exposição feita sobre Oriente e Ocidente, os autores levantam outra questão:

> De que China fala Miller, da antiga, da atual, de uma imaginária, ou bem de uma outra ainda que faria parte de um mapa movediço? É preciso criar um lugar à parte para a América. Claro, ela não está isenta da dominação das árvores e de uma busca de raízes. Vê-se isto até na literatura, na busca de uma identidade nacional, e mesmo de uma ascendência ou genealogia européias. O que vale é que tudo que aconteceu de importante e tudo o que acontece de importante, procede por rizoma americano: *beatnik*, *underground*, subterrâneos, bandos e gangues, empuxos laterais sucessivos em conexão imediata com um fora. Diferença entre o livro americano e o livro europeu, inclusive quando o americano se põe na pista das árvores. Diferenças na concepção do livro. (Deleuze & Guattari, 1995, p.30)

Um rizoma, segundo Guattari e Deleuze, não começa nem conclui, ele se encontra sempre no meio, entre as coisas, inter-ser, *intermezzo*.

> A árvore é filiação, mas o rizoma é aliança, unicamente aliança. A árvore impõe o verbo "ser", mas o rizoma tem como tecido a conjunção "e...e...e...". Há nessa conjunção força suficiente para sacudir e desenraizar o verbo ser. (...) É a literatura americana, e já inglesa, que manifestou esse sentido rizomático, soube mover-se entre as coisas, instaurar uma lógica do E, reverter a ontologia, destituir o fundamento, anular fim e começo. Elas souberam fazer uma pragmática. É que o meio não é uma média; ao contrário, é o lugar onde as coisas adquirem velocidade. Entre as coisas não designa uma correlação localizável que vai de uma para outra e reciprocamente, mas uma direção perpendicular, um movimento transversal que as carrega uma e outra, riacho sem início nem fim, que rói suas duas margens e adquire velocidade no meio (Deleuze & Guattari, 1995, p.37).

Se o rizoma é aliança, ele pede agenciamentos que, por conseguinte, ativam devires que ativam territorializações e desterritorializações e reterritorializações. Essa lógica do *e* associa-se a toda construção da pragmática esquizoanalítica, pois é a realização do próprio movimento do inconsciente que inventa mundos pelas desterritorializações que realiza, pelos devires que produz, pelas realidades que o desejo forja pelos agenciamentos e os "e...e...e...", pois num rizoma não existem pontos ou posições como acontece na raiz, existem somente linhas.

A literatura é também considerada máquina. Uma máquina literária que se liga com outras máquinas para maquinar novos regimes de sensibilidade. Uma questão quando se escreve é saber com que outra máquina a máquina literária pode estar ligada, e deve ser ligada, para funcionar.

A esse respeito, podemos dizer que na literatura de Miller usinas de subjetividade são conectadas fazendo operar inúmeras outras máquinas que, ao serem plugadas, criam redes – rizomas – de ação. Como o inconsciente deleuze-guattariano não é um teatro, mas uma usina de produção, os fragmentos rizomáticos são criadores de realidades.

O que diferencia uma literatura da outra pode ser justamente com que regimes ela se conecta: Com o da árvore ou da raiz? Miller é um exemplo de literatura conectada com a raiz, com a expansão, com o rizoma. Uma questão que Deleuze e Guattari levantam e que poderíamos desenvolver posteriormente é: Qual é o Corpo sem Órgãos de um livro? Questão para o futuro que demandará um aprofundamento nesse conceito, que no momento ficou ausente no presente trabalho.

E da desterritorialização e reterritorialização...

> *"Movimentos de Territorialização: intensidades se definindo através de certas matérias de expressão; nascimento de mundos. Movimentos de Desterritorialização: territórios perdendo a força de encantamento; mundos que se acabam."*
> *(Suely Rolnik)*

A literatura, particularmente a de Miller, está repleta de movimentos de desterritorialização e reterritorialização expressos em processos de perda e composição de um rosto.

Segundo Deleuze e Guattari, um rosto é um sistema *muro branco-buraco negro*. Montado por dois eixos que se cruzam, de semióticas diferentes ou mesmo dois estratos: um da significância e outro de subjetivação, e a significância não existe sem um muro branco sobre o qual inscreve seus signos e suas redundâncias, e a subjetivação não existe sem um buraco negro onde aloja sua consciência, sua paixão, suas redundâncias. E justificam, então, a montagem desse dispositivo, da máquina abstrata – rosto – pelo fato de só existirem semióticas mistas e os estratos nunca ocorrerem sozinhos.

Desse modo, os rostos não são primeiramente individuais, eles definem zonas de freqüências ou de probabilidade, delimitam um campo que neutraliza antecipadamente as expressões e conexões rebeldes às significações conformes (Deleuze & Guattari, 1996, p.32).

Por que, no entanto, seria o rosto redundância? Segundo os autores, o rosto é composto por redundâncias de significância ou freqüência, e também com as de ressonância ou de subjetividade. Eles postulam que o rosto é responsável por construir o muro do qual o significante necessita para ricochetear, constitui o muro do significante e é dependente de uma máquina abstrata.

Os autores chegam ao ponto de dizer que, se o homem tem um destino, esse será mais o de escapar ao rosto, desfazer o rosto e as rostificações, tornar-se imperceptível, tornar-se clandestino, não por um retorno a uma animalidade, mas por devires que certamente ultrapassarão o muro e sairão dos buracos negros, que farão que os próprios *traços de rostidade* se subtraiam à organização do rosto, não se deixem mais subsumir pelo rosto, "sardas que escoam no horizonte, cabelos levados pelo vento, olhos que atravessamos ao invés de nos vermos neles, ou ao invés de olhá-los no morno face a face das subjetividades significantes" (idem, p.36).

Miller (1963a, p.177-9) em *Trópico de Capricórnio*:

Eu não olho mais nos olhos da mulher que tenho em meus braços, mas os atravesso nadando, cabeça, braços e pernas por inteiro, e vejo que por detrás das órbitas desses olhos se estende um mundo inexplorado, mundo de coisas futuras, e desse mundo toda lógica esta ausente. [...] Quebrei o muro [...], meus olhos não me servem para nada, pois só me remetem à imagem do conhecido. Meu corpo inteiro deve se tornar raio perpétuo de luz, movendo-se a uma velocidade sempre maior, sem descanso, sem volta, sem fraqueza. [...] Selo então meus ouvidos, meus olhos, meus lábios.

Mais uma vez, para ilustrar alguma de suas noções, Guattari e Deleuze evocam uma passagem da obra de Miller, que nesse momento é bastante esclarecedora no que concerne ao rosto e à quebra. Ora, eles apostam na necessidade de nos desfazermos dos rostos, dos traços de rostidade que se organizam o tempo inteiro e tentam nos capturar para um regime de representações já postas, préfabricadas, instantâneas.

Desfazer rostos pede desterritorializações, pede a quebra de muros para se vislumbrar o que é possível surgir com os pedaços de cimento e blocos antes sólidos. A vida também nos pede isso o tempo inteiro, pois, sendo um campo problemático, a cada instante um problema novo pode ser levantado.

O que Miller nos deixa claro em sua literatura é justamente isso, vida e campo problemático caminham juntos, sua vida e sua obra também, todos os campos de emergências de questões, de devires, de agenciamentos, de desterritorializações e reterritorializações que se conectam com a noção de rizoma, não é um livro árvore, uma literatura árvore, uma vida árvore, em que o tronco se conjuga com o caule e com a copa de uma maneira já esperada, ao contrário, são as conexões variadas, por isso capim que cresce por todo lado, não admitindo receitas ou códigos prontos, pois, sendo diversos os atravessamentos, as construções de realidades também são múltiplas.

Com a construção do sistema "muro branco-buraco negro", essa máquina abstrata garante e permite, conforme Deleuze e Guattari, a onipotência do significante. Essa máquina abstrata é também chamada de máquina de rostidade porque é produção social de rosto, e

INCONSCIENTE-MULTIPLICIDADE **257**

opera uma rostificação de todo o corpo, de suas imediações e de seus objetos, uma paisagificação de todos os mundos e meios, pois a desterritorialização do corpo implica uma reterritorialização no rosto; a descodificação do corpo implica uma sobrecodificação pelo rosto; o desmoronamento das coordenadas corporais ou dos meios implica uma constituição de paisagem (Deleuze & Guattari, 1996, p.49).

Essas proposições nos levam a indagar junto aos autores: Como sair do buraco negro? Como atravessar o muro? Como desfazer o rosto? Pela vida, pela arte, onde incluiremos a literatura?

A esse respeito, Deleuze & Guattari (1996, p.56) pensam que, mesmo quando genial, o romance francês não tem essa tarefa por estar demasiadamente preocupado "em medir o muro, ou mesmo em construí-lo, em sondar os buracos negros, em compor os rostos". Por isso, o romance francês é considerado pessimista, idealista e mais crítico da vida do que criador de vida, típico por "colocar seus personagens no buraco e os fazer ricochetear no muro, só conceber viagens organizadas e salvação através da arte" (idem, ibid.).

Para eles, no lugar de traçar linhas, linhas de fuga ativa ou de desterritorialização positiva, o romance francês passa seu tempo fazendo o ponto, enquanto o romance anglo-americano realiza um movimento contrário; neste, o importante é cruzar, sair, atravessar, fazer a linha e não o ponto. Ao contrário dos franceses, eles estabelecem uma relação diferente com a viagem, com a maneira de viajar, com as outras civilizações, com o Oriente, com a América do Sul e também com a droga, com as viagens no mesmo lugar, exploram mais como é difícil a saída do buraco negro da subjetividade, da consciência e da memória.

"Perder o rosto, ultrapassar ou furar o muro, limá-lo pacientemente, escrever não tem outro fim" (Deleuze & Parnet, 1998, p.58). Quanto a essa questão, Deleuze acrescenta ainda que nossas sociedades têm necessidade de produzir rosto, e Miller nos deixa claro, em sua literatura, sua abertura para a chamada perda de rosto e sua atenção para não cair no buraco da rostidade, pois, em sua obra, apenas fluxos são invocados, fluxos que ora se conjugam ora se afastam e que por meio de linhas de fuga viabilizam a experimentação-vida.

O fluxo é algo intensivo, instantâneo e mutante, entre uma criação e uma destruição. E para que ele possa se conjugar com outros fluxos, ele precisa ser desterritorializado por eles e, em seguida, reterritorializados, para de novo serem desterritorializados e assim por diante.

Já não há, pois, a fantasia, mas apenas programas de vida, sempre modificados à medida que se aprofundam; a força dos livros de Miller reside, sobretudo, em suas experimentações muito mais acentuadas que as interpretações. São suas vivências, cruas e diretas, que ele nos oferece e não suas interpretações e memórias refletidas, ou segredos que demandam de nós especulações, comuns em algumas literaturas. Não é um teatro de ressentimento e culpabilidade que é ofertado por Miller aos seus leitores, mas a vida com toda a sua simplicidade, complexidade e riqueza.

De fragmento em fragmento, ele constrói em sua literatura uma experimentação viva, em que a interpretação começa a se fundir, na qual não há percepções, nem saber, nem segredo, nem adivinhações. É a potência da vida que atravessa a sua obra. Mais do que fazer a tal crítica da vida, sua literatura é criadora de vida. Ele nos conduz a uma experimentação que ultrapassa nossas capacidades de prever. Miller, que soube tão bem acolher o devir, convida-nos a todo um mundo de micropercepções que nos leva ao imperceptível.

Não é por acaso que Deleuze afirma que as literaturas inglesa e americana são um processo de experimentação, que acabaram com a interpretação. Miller, Kérouac e alguns outros norte-americanos não se perguntam "o que é escrever?", porque eles têm toda a necessidade, a impossibilidade de outra escolha que faz a própria escritura, com a condição de que a escritura, por sua vez, já seja para ele outro devir, ou venha de outro devir.

A escritura, meio para uma vida mais que pessoal, em vez de a vida ser um pobre segredo para uma escritura que só teria a si mesma por fim, presa num simbólico e num imaginário restritos que adiam o real.

Para Deleuze, escrever não tem seu fim em si mesmo, precisamente porque a vida, segundo ele, não é algo pessoal e que, antes, o objetivo da escritura é o de levar a vida ao estado de uma potência não-pessoal, abdicando com isso de qualquer território, qualquer fim que resida nela própria.

Nesse sentido, podemos afirmar que Henry Miller deixou uma literatura mestre em todos esses aspectos, que, por fazer uma intensa produção de problematizações, permitiu aos filósofos Gilles Deleuze e Félix Guattari responderem a elas por meio de invenção de conceitos, alguns apresentados aqui, outros em via de serem forjados... E isso só é possível porque Miller não contempla o leitor com respostas, ao contrário, ele nos contempla com provocações, nos cria zonas de intensidade que não nos deslumbra com questões, o que marca e singulariza sua literatura, entre tantas outras literaturas da sua época e mesmo da contemporaneidade, e a inscreve em um outro regime de escrita.

E justamente, os escritores de maior beleza para os filósofos são os que têm condições de percepção singulares como as de Miller, que lhes permitem extrair ou talhar perceptos estéticos como verdadeiras visões, que ao contar suas próprias tramas conta também a história de povos e tempos, tamanha é sua capacidade de ser arrastado por devires, sempre inacabado, sempre em via de fazer-se...

Fica para a nossa reflexão a resposta que Deleuze (1992, p.36) dá em *Conversações*, quando diz que talvez ele e Guattari sejam criticados por seus livros serem literários demais:

> Será culpa nossa se Lawrence, *Miller*, Kerouac, Burroughs, Artaud ou Beckett sabem mais de esquizofrenia que os psiquiatras e os psicanalistas? E completa: "A esquizoanálise tem um único objetivo, que a máquina revolucionária, a máquina artística, a máquina analítica se tornem peças e engrenagens uma das outras."

Referências bibliográficas

DELEUZE G. *Conversações*. Trad. Peter Pál Pelbart. Rio de Janeiro: Editora 34, 1992.

260 HÉLIO REBELLO CARDOSO JR.

_____. *Crítica e clínica*. São Paulo, Editora 34, 1997.

DELEUZE, G., GUATTARI, F. *O anti-Édipo*. Capitalismo e esquizofrenia. Rio de Janeiro: Imago, 1976. v.1.

_____. *Mil platôs*. Trad. Aurélio Guerra Neto e Célia Pinto Costa. Rio de Janeiro: Editora 34, 1995.

_____. *Mil platôs*. Trad. Aurélio Guerra Neto, Ana Lúcia de Oliveira, Lúcia Cláudia Leão e Suely Rolnik. Rio de Janeiro: Editora 34, 1996. v.3.

DELEUZE, G., PARNET, C. *Diálogos*. São Paulo: Escuta, 1998.

MILLER, H. *Trópico de Capricórnio*. São Paulo: Ibrasa, 1963a.

_____. *Trópico de Câncer*. São Paulo: Ibrasa, 1963b.

_____. *Sexus*. Rio de Janeiro: Gráfica Record Editora, 1967.

_____. *Henry Miller´s Hamlet letters*, Ed. Capra Pr., 1988

NASCIMENTO, R. D. S. *Estudo do conceito de inconsciente no pensamento de Gilles Deleuze e Félix Guattari*: crítica à psicanálise como representação histórico-social; abandono da noção psicanalítica do inconsciente em favor do conceito de "corpo sem órgãos", 2004. Extraído de relatório de pesquisa de Iniciação Científica apresentado à Fapesp (nº do processo: 01/10987-0). Cedido pelo autor.

PÁL PELBART P. A nau do tempo rei. Sete Ensaios sobre o tempo da loucura. In: *Ecologia do Invisível*. Rio de Janeiro: Editora Imago. 1993.

ROLNIK. S. *Cartografia Sentimental: transformações contemporâneas do desejo*. São Paulo: Estação Liberdade, 1988.

9
CORPOREIZAR A VIDA: UMA CONEXÃO ENTRE OS CONCEITOS DE CORPO E CORPO SEM ÓRGÃOS E O EXERCÍCIO DA PRÁTICA NA TEORIA E NA VIDA

Fernando Hiromi Yonezawa[*]

> *"Porque, afinal, o corpo existe mais quando ele não existe. O que pode um corpo? Devir o mundo, libertando a vida."*
> *(José Gil)*

Corpo?

As unhas compridas de um violonista, os pés estalantes de uma dançarina de sapateado, o corpo liso e alongado do nadador, os mil olhos divinos do xamã, o ventre aéreo do ioguim, olhos arregalados e acelerados do drogado, mãos calejadas de um artista marcial, o obsessivo e a ordem, a tinta e o artista, a anoréxica e a eterna obesidade, o mergulhador e o mundo marinho, o pedreiro e as paredes, o cheiro de café e o ritual da manhã de todos nós e, falando em nós

---

[*] O autor é formado em Psicologia pela Unesp e mestrando em Educação pela Universidade Federal do Rio Grande do Sul. Esse artigo é derivado do primeiro ano do projeto "Estudo do conceito de inconsciente no pensamento de Gilles Deleuze e Félix Guattari: uma conexão entre o conceito de Corpo sem Órgãos e a noção esquizoanalítica de sintoma a partir do estudo de alguns casos clínicos de Guattari", desenvolvido com bolsa da Fapesp, no período de agosto de 2003 a julho de 2004.

262 HÉLIO REBELLO CARDOSO JR.

todos, uma certa vontade de espiar-nos uns aos outros, a coletiva solidão culpada, o tédio sem descanso de um domingo, nosso orgulhoso futebol, o lixo que não sabemos mais de baixo de que tapete da Terra enfiar.

O corpo maquina a vida e é maquinado por ela. Indagar o corpo é perguntar pelo seu modo de ser máquina, seu modo de afetar e ser afetado (Orlandi, 2002, p.4). Máquina, porém, não remete a mecânico, e sim à produção intensiva de peças grávidas de acontecimentos. Se o inconsciente é uma máquina, ou uma usina produtiva, então o corpo é esta máquina. Produtividade incessante que ultrapassa o saber que temos sobre o corpo, não porque exista nele uma certa zona de não-percepção, mas porque o corpo é este operador, este que produz e agencia o real-social. Não apenas uma colagem do conceito de inconsciente sobre o corpo, pois "em toda a parte são máquinas, de maneira alguma metaforicamente" (Deleuze & Guattari, 1976, p.15). Baixar o inconsciente das celestiais montanhas ideais e subi-lo das profundidades pantanosas das fantasias simbólicas analíticas. O que coloca o corpo no mesmo plano da maquinação inconsciente é sua produtividade desejante e a imanência, segundo a qual compõe o real. Funcionar como operador de agenciamentos é diferente, portanto, de manipular a realidade, de forma mediada, como se conduz um automóvel. Operar é, em verdade, produzir a realidade no imediato, realizar a realidade, produzir um real coletivo, social; este, povoado, além de gentes e de humanidades, de mineralidades, inumanidades, animalidades, sonoridades, sempre novidades. É o corpo que realiza, por exemplo, o homem feudal e as novas relações com a terra e com os animais, ou o agenciamento social da estepe, que produzem homem-cavalo-arco e, também, a maquinação da indústria capitalista, movendo homens e máquinas técnicas. Por isso, é que não é demasiado afirmarmos que somos corpo e nada mais. Esse corpo é tanto biológico quanto coletivo e político; é sobre ele que os agenciamentos se fazem e se desfazem (Deleuze, 1996, p.22).

Então, uma máquina-corpo borrando toda metaforização do mundo: um Impressionismo de Monet com catarata, ou Van Gogh

INCONSCIENTE-MULTIPLICIDADE **263**

dolorido, liquefazendo o mundo em partículas e rios de cores. Define-se corpo e máquina de uma nova maneira, para desenhar uma realidade intensificada, vivificada. Toda máquina é um sistema de cortes (Deleuze & Guattari, 1976, p.54) e o corpo é isso, um sistema de cortes, cortes sempre em relação a um fluxo material contínuo: a máquina de fazer salsichas; o ânus, máquina de cortar o fluxo de fezes; o ouvido, que corta o fluxo de vibrações sonoras; a máquina de engarrafar leite. Em toda parte do corpo, vasos comunicantes, comportas e válvulas (Deleuze & Guattari, 1996, p.13). Por todos os lados, o corpo se conectando e produzindo outros fluxos e corpos.

Existem três sínteses operadas por essa máquina-corpo, três tipos de cortes. Em primeiro lugar, um corte-extração, ou uma síntese conectiva de produção. O seio como máquina de produzir leite, conectada à boca, máquina que corta o fluxo de leite. O estômago e o fluxo de alimentos, e o intestino, produtor de um fluxo de fezes. O fluxo de armas de fogo no meio urbano e as glândulas produtoras de adrenalina. Nesse tipo de corte, vemos máquinas conectarem-se a máquinas e fluxos passando e diferenciando-se a cada corte. Máquinas de máquinas. Cada corte requer um fluxo e vice-versa. Assim, cada máquina requer outra, exige a produção de outra. As máquinas são causas umas das outras entre si, isto é, não existem causas iniciais ou finais, mas relações rizomáticas de implicação mútua entre as máquinas. Com maior precisão, podemos dizer que as máquinas e os corpos sejam entre si quase-causas, já que são também, ao mesmo tempo, efeitos umas das outras. O próprio fluxo é uma máquina, e a máquina é fluxo em relação àquela que a produziu: o intestino é fluxo em relação ao estômago, mas máquina em relação ao ânus. A conexão é sempre produtiva, ou seja, sempre que há uma conexão, ocorre a produção de um fluxo e de uma máquina. Se o morro produz uma máquina de fazer fluir armas clandestinas, essa máquina produz uma outra em nós, que produz adrenalina, a qual pode estar conectada com um fluxo midiático. Produção de produção ou enxerto do produzir sobre o produto. Ainda no produto, o movimento produtivo faz produzir, faz continuar conectando, acoplando, somando (e seio, e boca, e voz, e canto e discos e mercado e, e, e...). Máquinas sendo produzidas, ao mesmo tempo, como produtos e como produtoras de um fluxo. Mas as somas de máquinas umas depois das outras, embora façam linhas, não são lineares e sim caóticas, rizomáticas, não iniciadas, nem terminadas. Garganta e/ou boca e/ou canto e/ou fábrica de discos e/ou dinheiro, pois garganta e/ou vírus e/ou dor e/ou indústria farmacêutica e/ou poder médico ... mais ainda, boca e/ou vômito e/ou leite e/ou grito.

Entramos assim em mais um tipo de corte operado pelo corpo: o corte-separação, ou síntese disjuntiva de registro (canto ou fala, chute ou passo, sonho ou cochilo). O corpo opera sentidos por paradoxos, ou seja, por esquisitices, *nonsenses*, sentidos estranhos uns aos outros e, entretanto, concomitantes, paralelos, parceiros, habitantes de um mesmo processo, gramas da mesma estepe. Por isso, no corte-separação ocorre uma disjunção inclusiva. Enquanto os pulmões expulsam um fluxo de ar, opera-se uma diferenciação que separa este ar e o transforma em voz, ou em grito, ou em canto. Se, por um lado, voz e canto e grito e ar, por outro, ao mesmo tempo, num movimento de desacoplamento, voz ou canto ou grito. O ar é cortado, separado de sua maquinação "oxigênica" e incluída em sua maquinação melódica. Disjuntar para promover a inclusão. Interrupção do fluxo não tem nada a ver com repressão, mas com aberturas. Se o corte conectivo produz máquinas novas por operações de adição e multiplicação, o corte disjuntivo produz novidades por divisão e subtração. No corpo, é dessa maneira que se faz o registro, por uma disjunção, uma interrupção. O que fica marcado no corpo como memória é uma potência, uma possibilidade de conexão, não uma imagem refletida – é um rastro, ou um odor apenas – quando se anda de bicicleta, sabe-se como se faz para a conexão com a bicicleta funcionar e por isso mesmo não é preciso continuar carregando a bicicleta consigo. A operação de registro elabora um código louco que determina onde, o que e como cortar. Cada máquina-órgão vai conceber o mundo segundo seu regime e seu funcionamento: o olho, que dá sentido a tudo em termos de ver, embora muitas vezes possa funcionar segundo outros códigos. Por exemplo, no corpo bulímico, boca e ânus confundem suas máquinas e um órgão toma o regime de

INCONSCIENTE-MULTIPLICIDADE **265**

outro. De todo modo, o registro desgruda dos produtos e aferroa-se a um modo de poder funcionar, os processos em detrimento dos fins. A disjunção recobre a conexão e libera a máquina a novos possíveis, novas conexões, obriga o órgão a aceitar seus devires. Os sentidos são marcados na carne, e "a carne é uma espécie de escrita viva onde as forças imprimem 'vibrações' e cavam 'caminhos', o sentido nela se desdobra e nela se perde..." (Lins, 2002, p. 71).

A toda subtração e a toda divisão, existe, no entanto, um resto, um resíduo. O fluxo entra então no terceiro tipo de corte maquínico realizado pelo corpo, o corte-resto, a síntese-cojuntiva de consumo. É a produção de um rosto, de uma consciência, do eu, de um sujeito: são as mãos calejadas dos artistas marciais, os joanetes nos pés das bailarinas, a libélula saída da larva, a rocha tornada ferro, o arroto da criança que se empanturrou de leite. Na síntese de consumo, as produções são lançadas ao mundo para serem esgotadas e levadas ao seu limite, que é a transformação. O que essa síntese produz é um sintoma, uma redundância que reafirma a máquina, repete pretendendo afirmar a diferença. Uma sobrancelha franzida para chorar ou ranger os dentes. Só é preciso deixar claro, os três cortes e sínteses são contemporâneos, trançam-se entre si, de modo que um produz o outro, fazendo-se uns aos outros produto-produtor, interrompendo-se para registrar e abrir de novo, repetindo como afirmação da diferença. A produção é imediatamente registro e consumo. O resto, o sujeito e o rosto são coágulos, conjunções sempre remetendo a paisagens, sintomas de multiplicidades "anteriores" que perdem sua potência ao serem encerrados e reduzidos em si. E, paradoxalmente, o corte-resto serve ainda para se produzir. O sujeito e o rosto são arenosos, superfícies marcianas, lunares, inumanas, a toda hora reiniciadas – de maneira alguma reiniciar é regredir sobre uma memória antiga – e impelidas a desgastar e picar seus relevos, seus vales, suas sombras, e rios: o vento apaga as pegadas do deserto de areia e redesenha as dunas, a areia e a pele sempre são tornadas lisas de novo, um velho não cansa de ser um novo velho. Não fazer *close* numa cratera, pois a própria superfície desfaz o *close* e faz-se a si mesmo como *close* de uma multiplicidade, foco de uma singularidade diferenciante. "A desterritorialização do corpo produz necessariamente a territorialização no rosto" (Deleuze & Guattari, 1996, p.49), e o rosto lança a repetição como singularidade – um rosto. Fachada de linhas indizíveis, agidas assim que produzidas, consumidas ou propagadas ao longe assim que emitidas. O corpo enraba os nomes e os sentidos prontos, e a redundância das máscaras é tão necessária quanto menos é fundante e essencial aos agenciamentos.

O plano intensivo de composição e produção é uma malha, o campo extensivo dos efeitos e restos é outra; a malha intensiva é invisível, a extensiva se faz concreta. Porém, ambas têm o mesmo estatuto de realidade, uma produz a outra, as duas malhas se emaranham, se tecem, cada uma é linha e ponto de uma só vez, formando uma estepe plana, toda trançada de ventos invisíveis intensivos e pedregulhos concretos extensivos: neurônios, pele, pulsos eletroquímicos, sensações. Tal como a luz o corpo possui um funcionamento que une, ao mesmo tempo, matéria e vibração, invisível e palpável, virtual e atual, onda e energia. "O corpo é vontade em ação" (Lins, 1999, p.49).

Maquinação desejante = corpo transorgânico = CsO

Máquina, portanto, é desejante, maquínico-desejante. Por isso se diferencia a máquina desejante corpo das máquinas técnicas. Estas últimas produzem da mesma forma, mas nunca por diferença. Além disso, máquinas técnicas não são autopoiéticas, quer dizer, autoprodutivas, sempre se separam definitivamente de seus produtos e apenas repetem os produtos que produzem. Máquinas técnicas são compostas pelas mesmas peças que as máquinas desejantes. A diferença entre esses dois tipos de máquinas não é de natureza, mas de regime: o silício está presente nos computadores, bem como em nosso organismo. A diferença está na relação de forças sob o qual é produtivo.

O orgânico possui, como potência primeira, a capacidade de dobrar, de seguir sempre dobrando, desdobrando e redobrando

(Deleuze, 2000, p.23). O maquínico do corpo está em sua capacidade de combinar quase que de forma infinita um número limitado de seus componentes, um finito-ilimitado. Pouco importam as regras e o número de elementos de um jogo de futebol, as possibilidades de jogadas, dribles e criações são quase infinitas. Não ter dois corações e sim fazer que o baixo-ventre pulse com a intensidade do coração. Mas o corpo em devir, o corpo máquina ou, melhor dizendo, o corpo maquínico, requer que suas dobras possam ser levadas com a alegria e crueldade. Assim, segundo as dobras que se propõe articular, é necessário que certos órgãos sejam eliminados, sejam inutilizados ou, pelo menos, transformados. Açoitado pelos devires, o corpo é obrigado a desfazer-se dos órgãos e, de certa forma, essa é sua característica mais orgânica, pois desfazer-se dos órgãos implica necessariamente produzir outras relações de corte e fluxo, outros modos de fazer funcionar os órgãos, outras dobras que possibilitem inventar e criar órgãos. Na realidade, o orgânico caracteriza-se justamente por sua capacidade de continuar espontaneamente dobrando em todas as direções, acoplando-se a outros corpos: as tatuagens e os *piercings*, o músico e o piano. Deixar o corpo alegrar-se é permitir que o orgânico possa ser em si mesmo sua diferença maior, quer dizer, fazer que se dobre em inorgânico, ou melhor, a-orgânico, transorgânico. Certos cortes são feitos e certos fluxos podem passar, ou seja, afirma-se o caráter produtivo do corpo. Desse modo, o limite não é o do possível, mas o do produtivo. O orgânico está pronto, é uma base de estabilidade organizada, absurdamente agitada. Para fazer que o orgânico mova-se em sua plena potência, é preciso congelá-lo por um instante, fazê-lo cair ao zero, de modo que se possa ter noção de que articulação se deve desarticular, flexibilizar, alongar ou lançar a outras direções e, assim, a outros sentidos. O corpo só pode criar, como cria um artista, ou um caligrafista zen, quando se permite desapegar dos órgãos, desprover-se deles e, dessa forma, liberá-los a novas maneiras de funcionar, maneiras produzidas na imanência, segundo as forças possíveis dos encontros e dos agenciamentos. Não quer dizer, entretanto, que os órgãos não sejam vitais, mas que o organismo torna inviável a vitalidade que os órgãos são capazes de ter ao poderem funcionar segundo imperativo do devir. O devir é sempre uma relação, ou seja, é produzido toda vez que corpos se encontram. No espaço entre os dedos do pianista e o piano é que se produz uma música. Assim, é sempre dos encontros que surge o imperativo de se produzir um novo corpo, agora, compatível com aquele acoplamento. Esse imperativo, deve-se lembrar, não obedece a qualquer regra anterior, *a priori*, não tem nenhuma relação com alguma falta fundante ou instalada no passado e pretende não poder ser circunscrita em qualquer sistema de sentidos determinados. É bom esclarecer, não é precisamente contra o orgânico que o corpo devém, mas contra o organismo, ou ainda, contra um certo organicismo que nos constitui como sujeitos imersos em relações de poder e que a todo instante entrevêem um juiz celestial dos encontros. Dobrar um quadrado e constituir um triângulo articulado, continuar abrindo um lado e fechando ou unindo outras faces ou, ainda, como no origami, poder dobrar sobre duas faces já antes dobradas ou dobrar em forma de balão, constituindo dobras arejadas por um vazio-maquínico, um vazio que funciona no conjunto de dobras. Um fluxo é um contínuo de dobras, um contínuo de diferenciações, de disjunções e descontinuidades. Aliás, o que não é o corpo senão um *bricolage* de dobras – a mucosa bucal que dobrada para fora criou os lábios, brônquios e alvéolos, as articulações musculares e ósseas, a boca e o ânus, dobras de uma mesma matriz embrionária – dobras de dobras.

Por isso, um corpo que devém é o corpo dos paradoxos, um Corpo sem Órgãos (CsO). Paradoxo do orgânico devindo de dobras transorgânicas, já que necessitado de uma parada, um corte disjuntivo. O orgânico só pode ser orgânico na medida em que a dobra é impelida pela parada antiprodutiva do corte disjuntivo. É preciso um grau de intensidade zero para se fabricar um Corpo sem Órgãos. Esse grau zero é a parada antiprodutiva. O Corpo sem Órgãos é essa parada paradoxal que, ao ser antiprodutiva, lança o corpo a novidades maquínicas. Um Corpo sem Órgãos – e não o Corpo sem Órgãos – é sempre singular, ao mesmo tempo único e coletivo, relativo a uma multiplicidade de intensidades, peças, fluxos, povos e matilhas. É o paradoxo do orgânico, em detrimento da *doxa* dura do organismo. Organismo e orgânico hoje se confundem numa certa ficção que o saber sanitarista médico produziu. No entanto, o sentido imanente do corpo é produzir um plano zerado de intensidade sobre o qual se vai passar uma multiplicidade de peças e acoplamentos em função da síntese conectiva. A parada que abre fissuras novas ao devir, abre o corpo a novas conexões. A parada que alisa a superfície do corpo, ou a parada que faz do corpo justamente uma superfície imanente, o fora imediato do desejo produtivo. Mas é também na superfície do Corpo sem Órgãos que fica registrada toda a produção desejante.

O corpo nunca é um organismo, pois o próprio organismo é um Corpo sem Órgãos que maquina determinadas intensidades biológicas, médico-científicas, fisiológicas, e até vitais. O organismo é o Corpo sem Órgãos inimigo do corpo, aquele que traz o limite transcendente aos encontros entre os corpos. O Corpo sem Órgãos é o desarranjo das máquinas, é a própria desterritorialização. "As máquinas desejantes só andam desarranjadas, desarranjando-se sem cessar" (Deleuze & Guattari, 1976, p.22). O Corpo sem Órgãos não é o zero porque é a origem, onde vivem as representações e projeções, ele é, na realidade, o corpo "involuído", desfeito de discriminações, de morais, de formas finais, é aquilo que sobra quando todos os rostos, sintomas e estratos foram retirados, é puro devir e intensidade: zero inocente de qualquer valor moral, de qualquer forma, pleno de potências e virtualidades. Entende-se o Corpo sem Órgãos, então, como corpo das singularidades impessoais, não-individuais. Assim, ao desejante que atravessa o corpo, não cabe nenhuma noção instituída, dentre as quais as três maiores são a noção de falta no desejo, a de prazer como fim do desejo e a de ideal transcendente. Nenhum agenciamento se move pela falta. Não é porque algo nos falta que elegemos objetos de amor. As intensidades de amor já estão nos habitando quando elegemos um objeto que seja sua conexão produtiva. A falta cria o medo de não ter, porque confunde desejar com possuir e faz supor que a produção de um objeto seja exterior ao desejo. Aos agenciamentos, nada falta, e, por isso, vazio não é o mesmo que falta. O desejo e o corpo são pura positividade.

A única vocação das máquinas desejantes é a produção do real, e o Corpo sem Órgãos e suas intensidade são a matéria de que é feito o real. A dor do masoquista nada tem a ver com certa ausência fundante ou ressentida, posto que o encontro com certos fluxos é sempre o encontro com um desconhecido, com um novo corpo, uma nova intensidade, de algo que nunca existiu. Além disso, a superfície do Corpo sem Órgãos é sempre lisa, ainda não formada, não-preenchida, de tal maneira que, se não há nada já enrugando sua face, não há falta. Um Corpo sem Órgãos é pleno por seu vazio, um *mushin* (nãomente: conceito zen, relativo, entre outras coisas, à imanência); potente por sua possibilidade de produzir-se como dobra estrangeira aos pedregulhos já fabricados. Essa mesma dor, ou outra qualquer que seja habitante de algum encontro, também não tem dívida com o prazer, com o prazer catártico, sublimado, deslocado, ou impossível. O desejo mantém-se sempre próximo das condições de efetuação real, seguindo-as e criando-as. O prazer-descarga não é o objetivo de um Corpo sem Órgãos. As máquinas desejantes não precisam de nenhuma mediação, como uma operação psíquica ou manobra defensiva. "Não existe, de um lado, a produção social de realidade e, de outro, a produção desejante de fantasmas" (idem, p.46). O prazer é ainda o meio do caminho e, de todo modo, sempre se está no meio, na passagem, no caminho de fluxos nos quais se embarca, fazendose um feixe desses fluxos e do qual se desapega, fazendo-se apenas um ponto de um rizoma. Um surfista só pode acompanhar um fluxo de água e então deixá-lo e ser deixado por ela. O prazer do surfe é só uma passagem, nunca seu fim. O desejo não tem como objetos, pessoas ou coisas, mas universos, meios inteiros que ele atravessa, potências fluidas de afetar e ser afetado. Um corpo surfista constrói-se na passagem, na abertura à fabricação de uma máquina específica, de um mundo e de um sistema material todo. Por isso, o ideal exterior, transcendente e impossível ao agenciamento proposto por um corpo, é uma falácia sabotadora das máquinas desejantes. O organismo é uma dessas falácias, o gozo é também um desses boatos, tal como o bem e o mal. Em alguns corpos, os fluxos só podem passar quando são constituídas superfícies sensíveis à dor, ao sofrimento.

Em superfícies como essas, é comum que a culpa tente impor-se como atravessamento de boicote da potência. A culpa do organismo rasteja ressentida, querendo ser ela mesma a dor, querendo confundir-se com a dor. Mas no masoquista, por exemplo, seu corpo só pode produzir quando se abre passagem à dor, dor não-culpada, dor que se ri da culpa.

O corpo é uma superfície que faz suas cores por escorrimento, propagação. O corpo cresce pelas bordas, na largura plana, sem nada por trás de véus ou ideologias, escondidas nas profundezas, nem acima; apenas uma superfície que se multiplica a si mesma até que se torna ela mesma algo diverso, estranho a si. Conexões engatilhadas umas nas outras, levando o corpo a seu limiar de máxima potência, seu fora mais próprio, que são os acontecimentos incorporais, ou os fluxos que não se detêm no corpo, atravessam-no, tocam-no e escorrem. As transformações referem-se ao corpo, passam por ele de maneira concreta, mas, na mesma intensidade, escapam a ele, escorrem para fora, desdobram-se. Fazem-se acoplamentos e estes são feitos passando pelo corpo, mas é ainda um mundo todo que se move quando isso acontece, uma multiplicidade inteira chacoalha e se produz, o real sofre a enxertia de novas peças: o líquido incorporal que produz com seus pés estalantes de uma dançarina de sapateado.

Ademais, junto do organismo existem outros dois grandes corpos duros que pretendem falsear a potência de efetuação do corpo e mediar os encontros, são mais dois estratos: a significância e a subjetivação, ou a "interpretose" (Domingues, 2004, p.84). Duas outras máquinas rochosas que rebatem toda a produção do desejante sobre sentidos prontos, emitidos por ciências e especialistas. A significação é o buraco quadrado dentro da qual se vive tentando empurrar os agenciamentos e as "n" articulações propostas pelo corpo e pelos fluxos incorporais. Já a subjetivação é o instrumento que se usa para fazer girar em círculos fechados as significações. A significação é uma máquina rígida e a subjetivação é a obsessão por interpretar, é o seu modo de funcionamento. O organismo entra nesse triângulo solidificado como ponta superior que vai emparelhar, biológico, com natural, e com o significado desvendado pela interpretação. Em

272 HÉLIO REBELLO CARDOSO JR.

outras palavras, organismo, significação e subjetivação se articulam naturalizando os sentidos racionalistas, representativos e metafísicos, remetendo tudo ao sujeito, ao sintoma, e transformando todo corpo em corpo sujeitado, escravo. As máquinas desejantes não querem dizer nada, não representam nada, elas são exatamente o Corpo sem Órgãos que produzem, onde até a projeção é também uma produção, apenas uma peça entre outras. Para as máquinas, até mesmo as falhas são produtos, são elementos funcionais, pois um Corpo sem Órgãos é produzido como um todo, mas um todo povoado de heterogenias. Nunca se totalizam as partes que compõem um Corpo sem Órgãos mesmo este sendo um todo, um agenciamento completo, onde nada falta.

Contra isso, contra os sentidos exteriores aos agenciamentos, tem-se o Corpo sem Órgãos como máquina de guerra. Aliás, não se tem, nem se é um corpo, mas se está, a todo momento, fabricando um corpo, produzindo e se afirmando um corpo. Inclusive, fabrica-se coletivamente, no sujeito indefinido e no verbo em gerúndio. Não se deseja sem que se crie um Corpo sem Órgãos (Deleuze & Guattari, 1996, p.9). Um Corpo sem Órgãos se faz segundo a arte da experimentação. A experimentação como manobra nunca já existente e, no entanto, manobra do instante-já, sempre em vias de ser criada, na imanência. A experimentação é a parceira facilitadora da fabricação de um Corpo sem Órgãos. Os encontros se fazem por combinação de diferenças e, então, por uma ação de *bricoleurs* (Deleuze & Guattari, 1976, p.15), que fazem coabitar, num mesmo plano, uma coletividade sem par e sempre acompanhada de potências de efetuação. Nessa tarefa produtiva, está implicado o desfazimento de relações desgastadas e caducas, mesmo que sejam as mais comezinhas e simples. No mesmo sentido, envolve-se uma ação inventiva. De um lado, poder experimentar embriagar-se com água pura, inebriar-se apenas alterando o fluxo de ar; de lado, transitar por entre as secreções de fumaças xamânicas nunca vistas ou traçar linhas de devir entre odores e movimentos animais, minerais, moleculares. De todo modo, poder arrancar novidade do comum calcificado, como é a cerimônia do chá zen e, ao mesmo tempo, lançar esse comum a combi-

INCONSCIENTE-MULTIPLICIDADE **273**

nações a tal ponto diferenciais, que quase demasiadamente intensas, tal como Kafka e seus jejuns e exposições ao vento gelado e Artaud e o *peyotl*. Na arte da experimentação, necessariamente se desfaz o organismo, desarticulam-se as relações estratificadas e colocam-se em funcionamento circuitos, conjunções, superposições e adição de um "outro" assignificante, sem-nome e sem face. Uma máquina não é nada revolucionária se não adquire pelo menos a mesma intensidade de potência de corte e fluxo das máquinas coercitivas.

Nesse sentido, nessa superfície lisa de experimentações em que se faz o corpo, é preciso injetar pequenas e precisas doses de prudência. A prudência é uma regra imanente à experimentação, isto é, nunca preexiste, mas é sempre necessária. A própria prudência deve ser inventiva, deve ser nômade, pois o limite não é o ponto perigoso que já se sabe, mas um outro lugar no qual se decide habitar ou não. O limite é um lugar deslocado, estrangeiro, em que se encontra o exato ponto de mutação, de dobra e de desvio. A prudência é apenas uma arte micropolítica de cuidado com a novidade, e o limite é um lugar em que se sente o campo de forças dessa novidade. Limite não é um ponto a que se chega por inflamento quantitativo, mas um lugar que se cria por movimentação qualitativa. A experimentação, portanto, se faz como biopolítica menor, ou uma *política da biopotência* que é (Pelbart, 2002, p.134), ou arte micropolítica do corpo, arte de criar vida apoiando-se na capacidade inventiva do corpo.

O Corpo sem Órgãos é o corpo dos encontros, é um campo de afecções, de partículas e, desse modo, é um corpo que levanta novos problemas, novas questões despontadas na imanência dos encontros. Por isso, um coro pode ainda estar preso, embotado em territórios cristalizados e fechados, capturado por relações de poder estratificadas, intermediadas pela moral, pelo organismo, pela falta, pela culpa, pela imprudência, pelo transcendente ideal: um corpo canceroso, com suas células enlouquecidas, um corpo fascista, um corpo neurótico, um corpo anoréxico, ou ainda um corpo "cardíaco" com seu coração duro.

Uma torção útil da noção de sintoma

Essa conceituação diferencial do corpo aponta para uma nova maneira de compreender a noção de sintoma. Num olhar pautado no pensamento da diferença, o sintoma aparece como um ponto de singularidade habitante de um Corpo sem Órgãos, é uma rugosidade intensiva que se salienta de dentro de um campo de afectos, uma pequena aresta. Os sintomas estão normalmente relacionados com um jogo de poderes e de saberes, os quais são capazes e autorizados a dissociar sintomas até então reunidos e reagrupar outros que estavam dissociados até o momento. Dessa forma, a intervenção de um saber especialista sobre os corpos faz aparecer quadros clínicos inteiramente novos. Quando se nomeiam alguns sintomas, está se dando um nome próprio a um conjunto de singularidades e alterando-as, transformando-as em algo diverso, não necessariamente pior, mas, pelo menos, estranho à sua constituição primeira.

Um conjunto de sintomas aparece, então, como uma multiplicidade, dentro da qual figura o poder exercido pelos saberes sanitaristas científicos. Então, é necessário que se tenha o cuidado de não traçar um tipo de ação precipitada, na qual se tire o direito dos corpos de afirmarem suas singularidades dentro dos novos funcionamentos e questionamentos que colocam em movimento. Um "diagnóstico" da diferença consistiria na sensibilização para com os elementos que fazem de um corpo uma multiplicidade singular, inventora de uma nova linguagem e de um novo modo de expressão do desejo. Dessa forma, um sintoma é eminentemente coletivo, social, habitante de uma matilha, conectado à multidão e, portanto, tem sempre um caráter de abertura conectiva, tem sempre uma força disjuntiva a atravessar-lhe. O sintoma de um corpo funciona às vezes como protesto, como denúncia de uma problemática social e coletiva, ou seja, não é só um agenciamento individual e egóico, é um ecossistema. Todo um ambiente abriga um sintoma e, nesse meio, ele possui um nicho, um lugar funcional que o define como máquina de um Corpo sem Órgãos. Isso quer dizer que um sintoma conduz sempre a um território existencial, e, se esse território é cortado, por exemplo, por uma análise patologizante dos significantes predeterminados, esse lugar de vida do sintoma já muda completamente.

O fato é que o sintoma deve ser desnaturalizado, isto é, desconectado daquilo que o fixa e enrijece e posto no âmbito da produção. Precisa-se deslocar o sintoma do sujeito egóico para lançá-lo à sua dimensão impessoal, coletiva e complexa. Há sempre novas conexões possíveis a um sintoma, o coágulo não cessa de ser açoitado por nova pele. Disso decorre que um sintoma pode ser um agenciamento de denúncia da perda da capacidade de correr sobre novos fluxos, pode ser um protesto contra algum sufocamento provocado pelos estratos, ou ainda, pode ser visto como uma ponte que nos conduz a outras terras, a mundos ímpares, ainda passíveis de serem construídos. Em cada sintoma reside um caráter atual, no sentido de que traz ao âmbito do visível um campo problemático, mas também há um componente virtual, que indicaria uma saída criativa para o que se põe em questão. Assim, um sintoma deve ter sempre sua capacidade conectiva revisitada e reativada. O sintoma, onde muitas vezes o trabalho de análise pára, deve ser apenas o começo da multiplicação de sentidos, da proliferação de diferenças não definíveis por interpretações e padrões de significados. Não se deve conceber o sintoma como causa nodal, e sim como mais uma aspereza que pode nos levar a algo realmente importante, inclusive porque, sem essa disposição à abertura, corre-se o risco de produzir uma analítica repetitiva, ensimesmada e iatrogênica, ou seja, reprodutora do problema que se propõe a dissolver.

Corpo operador – prática de uma *Micropolítica do corpo*

Dessa maneira, uma prática que priorize a potência criativa do desejo requer que nos aproximemos do ponto de contato desse desejo maquínico com seu fora imediato, qual seja, o corpo, suas conexões e fluxos incorpóreos. Qualquer outra instância seria transcendente, pois o corpo é esse ponto de cruzamento imanente de todas as peças que compõem o real (Cardoso Jr., 2002, p.189).

Assim, entendemos por prática uma política de aproximação do desejo com aquilo que ele pode, ou seja, do corpo com sua ação produtiva real. É a isso que chamamos *corporeizar a prática*, já que se trata justamente de realizar uma ação efetiva sobre os campos problemáticos, em delicada e intensa ressonância com a produção concreta e não-mediada que caracteriza a potência "essencial" do corpo. Afinal, o que não é um sintoma, senão o anúncio de que um corpo está se distanciando daquilo que pode? Se, por um lado, a atenção sobre o corpo e seus moveres constitui um lugar maior de exercício de poder e se é sempre primeiramente pelo corpo que se pretendeu dominar, por exemplo, as crianças e os doentes mentais (Foucault, 2000, p.147); por outro, é nesse interstício múltiplo que se podem suscitar iniciativas de contra-ataque e torção dos processos que a todo tempo tentam definir o que o corpo deve ser e ainda o que não pode fazer. A própria diversidade de ações pela qual o poder age no corpo é que nos permite fazer um uso outro do lugar de exercício de poder por excelência, desta vez, parceiro dos devires e da alegria da vida. Trata-se de sensibilizar a potência do corpo, a qual a todo instante se aposta estancar e modelar pelo próprio corpo. Dentro da psicologia, essa política se torna possível pela prática clínica, esta concebida como território privilegiado de produção de dobras e desvios dos estratos. Ademais, entende-se que a clínica não se limite a um trabalho feito apenas em um consultório particular, fechado, individualizado, mas a todas as práticas que preconizem problematizar os efeitos de embotamento ou criação do desejo dentro de um campo de relações e maquinações. Nesse sentido, a clínica configura-se como uma prática coletiva, social, política e possível de ser realizada em instituições também. A clínica é tomada então como máquina micropolítica que trabalha em favor da natureza primeira da vida, a potência criativa.

Na prática de uma micropolítica do corpo, desta corporeização da prática, portanto, é importante se perguntar como uma máquina desejante compõe com um corpo social, com uma coletividade, e

INCONSCIENTE-MULTIPLICIDADE **277**

não simplesmente referendar todos os processos a estratos biológicos naturalizados. É preciso saber que tipo de Corpo sem Órgãos se faz dentro de um campo de forças, quais são as intensidades que o habitam e como é o conjunto de todos os Corpos sem Órgãos que constituem um plano de consistência. Esse plano, então, é formado também por aquilo que o Corpo sem Órgãos rejeita e discrimina, não apenas por aquilo que o constitui de fato (Deleuze & Guattari, 1996, p.29). Desse modo, é interessante que se possam ter pequenos exemplos e vislumbres dos possíveis dentro de uma prática da diferença.

Em pequenos apontamentos e comentários, Guattari nos oferece rápidas imagens de possibilidades duma prática de uma Filosofia da Imanência. Em *Revolução molecular* (Guattari, 1981, p.114), traz a sua análise crítica de uma história ocorrida na Inglaterra, mais precisamente em Kingsley Hall, subúrbio de Londres. Conta-se que, em 1965, reuniram-se nessa região cabeças da antipsiquiatria e "doentes", liderados por Ronald Laing, com a proposta de se deixar manifestar abertamente a loucura. A intenção era liberar a loucura presente em cada um, para que fossem eliminados sintomas e inibições de todo o tipo. Graças a isso, Kingsley Hall viria a ser uma espécie de ilha liberada em meio a uma sociedade inglesa extremamente normalizada. Preconizava-se questionar as práticas tradicionais da psiquiatria e todas as instituições repressivas. Guattari confirma que realmente haviam conseguido construir uma nova forma de atendimento, pois respirava-se um ar de experimentação livre de regras em cada canto da casa, algo que beirava a vertigem. De fato, todos os envolvidos no trabalho estavam sendo levados para um modo de funcionamento que ia além de suas existências privadas e egocêntricas. Em decorrência disso, a casa possuía uma vida noturna muito agitada, e a circulação livre dos usuários passou a incomodar profundamente a vizinhança local. As crianças do bairro começaram a apedrejar as vidraças, eclodiram protestos contra a vida noturna e os policiais aproveitavam o menor pretexto para levar os pensionistas para os hospitais psiquiátricos mais tradicionais. Entretanto, afirma Guattari que a maior ameaça a Kingsley Hall viria de dentro da

278 HÉLIO REBELLO CARDOSO JR.

própria casa. Na opinião de Guattari, Kingsley Hall se libertara dos constrangimentos mais simples e óbvios, mas não conseguira livrar-se dos julgamentos predeterminados e fixados das análises do desejo da falta. A casa de Kingsley Hall estava ainda demasiadamente contaminada pelas análises familialistas, naturalizantes de um desejo culpado e faltoso. Nesse contexto, uma ex-enfermeira usuária da instituição, que havia sido tachada de esquizofrênica, trataria justamente de fazer abalar e tremer este último estrato petrificado da prática em Kingsley Hall. As abordagens e os tratamentos dos psiquiatras "antipsiquiatristas" não estavam sendo capazes de enxergar a própria falência. Sua própria ação se voltaria contra eles mesmos, pois Mary Barnes, a ex-enfermeira, ao ser analisada segundo o paradigma psicanalítico do desejo enraizado na família, fazia protestar ardilosamente contra esse familialismo, levando ao pé da letra as recomendações de regressões de seus médicos. No dizer de Guattari, ela fazia suas viagens à infância à maneira de um petardo, quer dizer, lançava-se na mais profunda infantilização de seus afetos, tratando os médicos como pais, andando nua, coberta de excrementos e deixando de comer. Mary Barnes chegara muitas vezes perto da morte por inanição, já que uma criança não podia alimentar-se sozinha. Era preciso dar-lhe de mamar na mamadeira, limpar-lhe o corpo sujo de fezes e urina. Todos começaram a desesperar-se com seus atos, chegando-se a cogitar levá-la de volta ao hospital psiquiátrico. Por outro lado, quando de suas voltas ao "mundo adulto", os problemas não diminuíam, já que ela aceitava relacionar-se apenas com um ou outro médico, os quais venerava como deuses ou como amantes. Mary Barnes, em seus agenciamentos desterritorializantes, usava as melhores armas de seus antipsiquiatras contra eles mesmos. Nas palavras de Guattari, será ela que colocará os verdadeiros problemas. Enquanto os médicos procuravam causas da ordem do significante, das fantasias profundas, dos nós internos, Mary Barnes encontraria nesse exato aparelho as linhas de fuga mais intensas. Ela arrancaria do familialismo as partículas mais desestabilizantes e ruidosas para a realidade culpabilizante em que estava sendo forçada a viver.

INCONSCIENTE-MULTIPLICIDADE **279**

Essa máquina de análise dura fazia negar a realidade social de uma forma mágica, evitando conexões com fluxos reais, restando apenas o sistema edipiano, ou o retraimento solitário como territórios de vida. Era justamente este o movimento feito pela análise do desejo da falta de Kingsley Hall: negavam os problemas e as questões concretas escancaradas por Mary Barnes e novamente recolocavam tudo sobre a máquina interpretativa das representações e fantasias de forma cada vez mais violenta. Enquanto as análises tentavam colar as expressões de Mary em seu ego e em sua família interior, ela derramava sobre o mundo sua reivindicação por territórios que comportassem a sua produção povoada de devires. As fezes, os choros de bebê eram apenas formas de amarrar corpo, desejo e social, ou seja, colocar as forças desejantes em seu lugar primeiro, que é o mundo, a relação com outros corpos. Afirmamos mais uma vez o que dissemos anteriormente: o desejo é uma maquinação constante com o social, ele não pertence a nenhuma interioridade, mas opera na dobra com um fora, com a diferença, em imanência com a realidade concreta. Não há nada a ser descoberto nos corpos, o desejo está para ser construído. No mesmo instante em que o interpretacionismo de Kingsley Hall entrava em ação, Mary Barnes o derrubava por terra, suas fezes e choramingos eram o próprio rosto calcificado da instituição. Os dejetos de Mary eram de fato os dejetos e restos da produção de Kingsley Hall. Mary era mais uma das peças da máquina interpretacionista e, como tal, por um lado, funcionava reproduzindo aquilo que faziam com ela; por outro, colocava tudo em xeque e desafiava a casa a abrir-se a novas formas de trabalhar. A ex-enfermeira era uma força de esvaziamento, de parada antiprodutiva dentro da proposta de Kingsley Hall.

Em nossa prática de estágio dentro de um asilo para idosos (no qual trabalhamos realizando acompanhamentos terapêuticos), presenciamos algo semelhante. Costumávamos levar os idosos do asilo a lugares desconhecidos por eles, que lhes despertavam curiosidade; outras vezes íamos a lugares da cidade que havia muito tempo que não iam, mas que diziam ser marcantes, disparadores de afetos especiais. Num de nossos passeios, levamos um pequeno grupo de idosos a uma grande floricultura, pois queriam ter novamente o prazer de ver as cores e sentir o cheiro das flores. Uma das senhoras que levamos sempre se queixava de enxergar mal, por conta de alguma doença nos olhos e, desse modo, muitas vezes demorava um pouco para reconhecer nossos rostos. No entanto, ao chegarmos à floricultura, essa senhora foi capaz de distinguir com muita riqueza de detalhes as diferenças muito sutis que existiam entre as flores de mesma espécie, entre pintas, desenhos, manchas, formas e riscos diferentes que compunham as flores iguais no tipo, mas diversas no rosto. Ficamos impressionados, assim como ela própria. O fato é que, talvez, o sintoma e a doença nos olhos não fossem partículas pertencentes apenas ao corpo biológico e privado dessa senhora, mas ao maquinismo ao qual estava se articulando aquele corpo. A cegueira era precisamente a colocação no campo do visível de algo que atravessava todo o asilo, a situação de exclusão que era produzida e negada sob o signo da solidariedade, a tutela enclausurada a que se submetiam os idosos. Tamanha a exclusão, que não se era mais capaz de reconhecer aqueles que vinham de fora, a novidade havia se tornado cada vez menos presente e experienciável. Mas, no fora e no novo, o funcionamento cristalizado do idoso asilado perde força, o sintoma conecta-se, revela suas aberturas processuais e mostra os desvios possíveis, aponta novas perguntas, protesta os verdadeiros problemas da velhice, que não são problemas de natureza orgânica, não são doenças dos órgãos, mas das intensidades sem lugar de passagem e construção. Portanto, não se trata de um tipo de cura fantástica de alguma manifestação psicossomática, pois o ponto não é a cura, mas o desvio, a linha de fuga que foi possível entrever. Não se pretendia, como na cura, aplainar as diferenças, mas aflorá-las de modo a criar e produzir. O olho é sempre já um olhar, uma máquina conectada à produção social desejante e, mudando-se os acoplamentos, muda-se o funcionamento. Nas conversas triviais com os idosos do asilo foi que descobrimos o gosto por flores. Quando se diz "gosto de flores..." se está falando de pequenas territorialidades que compõem uma vida, são devires que se emitem, afectos que pedem lugar livre no mundo.

Outra situação próxima é comentada muito brevemente por Guattari (1992, p.26) em *Caosmose*. Ele nos diz que, quando um paciente, bloqueado por seus próprios problemas, fala, sem dar muita importância, que tem vontade de retomar as aulas de direção, pois há anos não dirige, é preciso estar atento, pois tem-se aí uma singularidade despontando, uma pequena dobra que pode muito bem funcionar como disparador de linhas de fuga, de clivagens no regime desejante do paciente. São detalhes que poderiam passar despercebidos, mas de importância intensiva muito grande, que não apenas modificará o comportamento imediato do paciente, mas abrirá novos campos de virtualidade. Nunca se sabe onde vão parar os acontecimentos, mas é possível que, dando superfície de realização a uma fala, se chegue a retomar contato com pessoas esquecidas, com antigas paisagens, ou com uma confiança enfraquecida. É preciso romper com uma neutralidade dita científica e agarrar-se a essas vozes minoritárias. Mesmo dentro do risco de um engano, às vezes, temos de dizer sim a um murmúrio como este, pois pode ser que algo realmente significativo venha a acontecer. De algum modo, é necessário que se possibilitem pequenos fracassos dos estratos que atuam sobre o corpo e o sucesso de minorias anônimas (Themudo, 2002, p.284), que estejam sendo secretadas pelos poros periféricos do corpo, "fazer funcionar o acontecimento como portador eventual de uma nova constelação de universos de referência" (Guattari, 1992, p.30).

Conosco, em um atendimento clínico, um evento semelhante nos ocorreu, quando um paciente chegou com a queixa de que sentia uma ansiedade muito forte que lhe provocava taquicardias, suores, irritação... Numa de nossas primeiras sessões, perguntamos, então, o que ele mesmo era capaz de fazer por si, além de medicar-se, quando de seus acessos de ansiedade. Ele nos disse que a única coisa que lhe fazia sentir-se melhor era tomar um banho, ficar por alguns minutos debaixo da água. Uma pergunta aparentemente sem sentido com uma resposta ainda mais banal que, no entanto, pôde ser apreendida como um bom analisador, pois pudemos ver que existia algo na água, ou no banho, que compunha de forma produtiva com esse corpo. As moléculas de água faziam vibrar alguma diferença, talvez um indicativo de um corpo que pudesse ser constituído a partir dali. Por isso, propusemos que o rapaz procurasse ampliar essa conexão com a água que havia percebido ser boa. Sugerimos uma experimentação: entrar numa escola de natação, ou em alguma atividade que envolvesse seu corpo em água. Não buscávamos, com isso, algum tipo de cura, nem de desvelamento de uma causa pela qual o rapaz sofria de ansiedade, e sim dar passagem às possibilidades que o próprio corpo colocava como pontos de escape. Queríamos experimentar os lugares de dobra que o próprio corpo apontava, não produzindo uma remodelação de sua corporeidade, mas um cuidado para consigo e uma prática de si. Poderíamos, com tal intervenção, aguçar o corpo para certas sensações que talvez fossem levá-lo a outras estepes e outros universos de referência, intensificando o caráter produtivo do desejo. Talvez, um contato com o mundo aquático viesse a ser o início da produção de um novo funcionamento, uma maquinação mais flexível, rica em fluxos, como a própria água. O início de uma terra aquática. Era apenas uma experimentação. O trabalho clínico estava apenas começando, e o rapaz, feliz ou infelizmente, não se dispôs a seguir nossa sugestão. De todo modo, era preciso que enxergássemos alguma abertura à situação totalizada e determinada em que se punha o rapaz. Uma tentativa como essa poderia levar a lugares novos, ou não, poderia promover novos sentidos, ou não. Mas nossa atuação é sempre periférica, como a de um acupuntor, que apenas toca alguns pontos e deixa que o próprio corpo mova suas forças autoprodutivas. Num caso como esse, o trabalho de análise deixa de ser uma interpretação de conteúdos latentes preexistentes no sintoma e transforma-se numa invenção de novos focos suscetíveis de bifurcar a existência. Quiçá a mesma água, que até aquele momento só podia estar presente na forma de suores apreensivos, pudesse ganhar uma nova utilização maquínica. A experimentação invariavelmente constitui uma prática livre desprovida de fins localizados de antemão e provedora de acontecimentos inesperados que, de todo modo, fogem a qualquer forma de significação e ação sobre o corpo. O encontro entre corpos sempre gera transformações incorporais, pois é toda uma realidade que se transforma.

Em outra situação, deparamos na clínica com uma garota de 23 anos que possuía todo um histórico de violência doméstica. Apanhava do pai, do irmão, e os dois maridos que tivera também a violentavam. Essa garota, absolutamente submissa, amedrontada e distante de sua potência, estava também reproduzindo a violência que sofria em seu filho de seis anos. Sua situação era de muita impotência e dependência do marido. Entretanto, em meio à aparência sempre dolorida, muito deprimida e malcuidada que carregava, era notável a delicadeza com que tinha cuidado e pintado as unhas. Então, numa das sessões, quando veio muito nervosa, chorando irritada com a situação de opressão que vivia em casa, pedimos que expressasse minimante a raiva que sentia das relações que a violentavam. Demos-lhe uma almofada, e a surpresa foi que começou a arranhar e agarrar com força o tecido da almofada, fazendo movimentos para rasgá-la. Nesse contexto, em que a vida aparece completamente aprisionada e despotencializada, chamou-nos a atenção a importância intensiva que tinham as unhas, os dedos e as mãos para essa garota: zonas de intensidade, lugares em que o corpo podia construir algo de afirmativo à vida. Por isso, na tentativa de constituirmos um mínimo de autonomia e autoconsistência a ela, sugerimos que procurasse alguma maneira de ter uma renda própria e, para tal, falamos de trabalhar como manicure, já que tinha boa habilidade com isso. Aqui, trata-se de possibilitar não só a promoção de alguma autonomia, mas ainda de localizar elementos concretos que podem efetivamente compor com a transformação de seu modo de subjetivação. A isso foi que denominamos aproximar um corpo dos agenciamentos imediatamente passíveis de ganharem contornos reais e objetivos, os quais só são prováveis de acontecer quando uma multiplicidade de forças entra em operação. Durante um curto tempo, enquanto a garota se dispôs a vir às sessões, estivemos trabalhando em cima da possibilidade de ela trabalhar e confiar em alguma habilidade e capacidade autogestiva sua. Infelizmente, não pudemos acompanhar a sua vida por muito mais tempo, pois estávamos prestes a concluir a graduação. De qualquer forma, é necessário colocar em jogo uma complexidade de peças que possam exatamente produzir uma máquina intensa, capaz de guerrear de igual para igual com as forças de diminuição da vida. Um cuidadoso e paciente trabalho de constituição de um corpo mais seguro teria de ser feito, com um movimento de acolhimento ativo, não galgado em piedade, porém na confiança de a potência da vida produzir suas próprias saídas. É interessante dizer aqui que, depois da sessão em que tentamos lidar com os sentimentos de ódio que pediam lugar, a garota passou a simular situações de suicídio que faziam toda a família se mover, incluindo marido, sogros, cunhados e filhos. Pode-se dizer que eram encenações histéricas, entretanto, melhor que isso, temos de perceber que, em meio à submissão silenciosa em que aceitava apanhar calada, começava-se a traçar ali linhas de reação e protestos concretos contra um jogo fascista de dominação. Ainda que de forma crua e extremista, a garota começava a tentar romper com a violência e a produzir um modo próprio de expressão.

Em outro comentário, Guattari (1992, p.17) conta que, dentro de La Borde, instituição de saúde mental em que trabalhou por bastante tempo, muitos doentes psicóticos de origem rural, de meio pobre, eram levados a participar de atividades que antes escapavam completamente a seus universos existenciais, tais como artes plásticas, oficinas de vídeo, teatro e música. Burocratas e intelectuais eram afetados por trabalhos mais materiais, como culinária, jardinagem, hipismo e cerâmica. Diz Guattari que o importante é a transformação do regime de sensibilidade, que se ofereçam formas diversificadas de compor a corporeidade, saindo de impasses repetitivos e criando Corpos sem Órgãos heterogêneos. Opera-se aí uma nomadização em que o paciente transita de um bloco de afectos para outros, justamente inventando esses outros blocos. Torna-se necessário estar atento às aberturas a lugares estrangeiros, que marcam a passagem não para um fora do corpo em oposição a uma interioridade, mas um fora de uma maquinação desejante, fora de um modo de afectar e ser afectado, ou ainda, na vizinhança entre uma planície e outra. Nisso, faz-se do corpo uma máquina de guerra, uma máquina que funciona exteriormente aos modos de relação estatizados, burocratizados e fixados em universos caducos, já desgastados. O corpo torna-se realmente um lugar privilegiado de ação micropolítica. Não é, certamente, com pessoas ou objetos definidos que o corpo tende a investir, mas em zonas intensivas, em modulações vibratórias e tons, não importando se são tons animais, minerais ou humanos.

Num outro trecho de *Caosmose*, Guattari (1992, p.83) se refere a uma cantora, paciente sua que, depois da morte da mãe, perde a parte alta da tessitura de sua voz, condenando-a a uma parada brutal no exercício de sua profissão. Diante de um acontecimento complexo, no qual o corpo está diretamente envolvido, poderíamos muito bem dizer que fora acionado algum mecanismo culpado de autopunição. Muitas explicações prontas facilmente seriam apresentadas nessa situação. Sem dúvida, algum componente da relação com a mãe estava envolvido, porém Guattari diz que o mais significativo foi notar que a paciente começou a envolver-se numa série de novas atividades, contatos e relações pessoais. *Houve, então, seguida à perda de um agenciamento existencial, a abertura de novos campos de possível* (idem, ibid.). Mais que buscar causas iniciais do acontecimento, o trabalho de uma análise *esquizo* consiste em localizar, nas próprias expressões da vida, as linhas de produção e escape a uma fixação do olhar em conceituações patologizantes. Se todo corpo é já um Corpo sem Órgãos, então fica claro, nesse exemplo, que todas as conexões são absolutamente remanejáveis, são nomadizáveis. O órgão vocal é polifônico e, mais ainda, policromático, poliaromático, não fica limitado à sua função orgânica e, uma vez que é capaz de cantar, é capaz também de mudar de modo vibratório. A mudança de apenas uma peça no corpo é suficiente para transformar o todo que a envolve.

Guattari destaca a importância que se deve dar à complexidade do processo desejante num relato de um paciente seu, feito em *Micropolítica* (Guattari & Rolnik, 2000, p.246). Trata-se de um rapaz que, classificado como esquizofrênico, vivia havia muito tempo entre internações em hospitais psiquiátricos e o desgastado território familial. Quando chegou para ser acompanhado por Guattari, o rapaz, de aproximadamente 35 anos, estava vivendo com seus pais, já idosos, numa situação de extrema dependência, atravessada por relações muito conflituosas e, por vezes, violentas. O território

286 HÉLIO REBELLO CARDOSO JR.

familial era demasiadamente fechado, e algumas poucas aberturas eram um clube esportivo, um outro clube de pingue-pongue e as sessões psicoterápicas. Os encontros com Guattari também tinham certo ar de mesmice e repetição. A partir de certo momento, o território familial, que parecia tão calcificado, começou a desagregar-se completamente, perdendo poder. O rapaz passou a ficar o tempo todo trancado no quarto, sem fazer mais nada, e sua mãe adoecera gravemente. Numa das poucas vezes em que saiu de casa, o rapaz foi procurar uma prostituta e acabou ferido, brigando com um cafetão. Em decorrência, foi parar na polícia, recebendo novas ameaças de internação. Então, nesse impasse total, Guattari decide tentar algo um tanto arriscado. Propôs que o rapaz saísse de casa definitivamente e procurasse um alojamento em que pudesse viver e fazer um mínimo de planos de vida. Guattari reconhece que era uma sugestão bastante incerta, pois não havia garantia alguma de mudanças. Parecia haver mais riscos de se chegar a uma catástrofe total. Por isso, Guattari tratara de não deixar dúvida alguma no rapaz a respeito de sua incerteza. Também era preciso deixar claro, como em todas as intervenções que citamos, que não era ali algum tipo de recomendação terapêutica. Então, primeiramente se convocou a família e negociou-se um mínimo de dinheiro necessário para agenciar a saída do rapaz, bem como uma trégua nas hostilidades e ameaças de internação. Esclarecia-se ainda que era uma experiência, apenas uma tentativa.

Dado isso, Guattari chama a atenção para as inúmeras questões que despontam a partir de tal ação. Segundo o autor, era preciso estar atento às condições financeiras reais que os pais do rapaz tinham para oferecer, pois era necessário que fossem agenciados seguros sociais, pensão de invalidez, fundos para o aluguel de um apartamento etc. Além disso, a pergunta principal era se o rapaz, quando estivesse num quarto, mais só do que nunca, deixaria que seus modos e sua percepção do espaço e das relações sociais ruíssem completamente, ou se, ao contrário, embarcaria em algum outro processo. Inicialmente, ao ficar sozinho, o rapaz começou a conectar-se com pequenos barulhos da vizinhança, com os quais passaria a ter alguns problemas. Porém, a situação se transformaria rapidamente, pois as repetitivas histórias familiais cederam lugar para desenhos e descrições do que o rapaz sentia quando ouvia barulhos. Começa também a tentar estabelecer frágeis, mas novos, contatos sociais, a escrever diariamente textos muito mais ricos e, ainda, inscreve-se num clube de judô. Mais tarde o rapaz dá um jeito de ser contratado por uma empresa de seguros, o que, infelizmente, não dá muito certo, pois pagava-se muito pouco e o trabalho consistia em bater à porta de pessoas desconhecidas para propor-lhes coisas desinteressantes. Investe, assim, num curso de Direito, que leva adiante, mesmo com muitas dificuldades. Pois bem, para Guattari, o que interessa é que, a partir de um tal agenciamento, as relações com a família se transformam sensivelmente, e, mais que isso, promove-se uma série de aberturas na vida do rapaz e se conquista um pouco de estabilidade. A solidão permitiu que o rapaz começasse a produzir seus modos singulares de expressão, algo antes impossível de ser feito dentro do território familiar e muito menos dentro das sessões psicoterápicas e hospitais psiquiátricos. No exato instante em que fora lançado a uma multiplicidade de elementos e a uma abertura, outrora inexistentes, o rapaz pôde fabricar agenciamentos e acoplamentos inteiramente novos. "Nesse novo agenciamento solitário, ele começou a forjar um modo de expressão, a desenvolvê-lo, a criar uma espécie de cartografia de seu próprio universo..." (Guattari, 2000, p.243). Paradoxalmente, acentuando-se uma situação de isolamento, de vazio e de parada, pôde-se abrir caminho para a entrada de novos componentes de subjetivação. Dessa maneira, Guattari reafirma que a clínica é sempre um trabalho político, social e institucional, ainda que se dê num espaço funcionalmente chamado privado.

Dessa maneira, quando uma garota é internada por ter perdido temporariamente o controle das pernas (ficando paralisada, sem poder andar) logo depois de o marido ter se suicidado violentamente, é preciso estar atento não apenas para as questões internas ao corpo, mas às complexas conexões em que se agenciou tal paralisia. Neste caso específico, com o qual deparamos num hospital público em que trabalhamos, o casal vivia numa casa de aluguel e pretendia comprá-la. Por conta de um engodo, de falta de informações e de condições financeiras ruins, eles acabaram perdendo a casa, motivo último que levou o marido a suicidar-se. Destaca-se também que, segundo falas dos parentes, a garota costumava ter, tanto com o marido quanto com a família, relações de extrema dependência afetiva, beirando até a infantilização. Assim, diante do ocorrido, ela recusava-se com todas as forças a acreditar na morte do marido, dizendo que queria voltar para casa para cuidar dele. Encontramos aqui componentes de ordem econômica, bem como de relação de casal, de caráter pessoal, elementos somáticos, enfim, uma complexidade de partículas emaranhando-se em torno de um sintoma específico. O fato é que, de alguma forma, o problema da paralisia nas pernas levantava, acima de tudo, questões de como continuar realmente caminhando, de como sustentar sobre aquelas mesmas pernas os valores e os modos de relação constituídos até então. Não crer na morte do marido poderia ser também não suportar sair do lugar que costumava ocupar nas relações? Um mundo chegara ao fim e outro teria de ser construído, outros passos teriam de ser dados por outras pernas, que também estavam em vias de serem tecidas. São suposições que o corpo faz aparecer e que estão atravessadas por toda a complexidade de forças presentes naquele instante. O indivíduo que temos diante de nós não é, freqüentemente, senão o "terminal" de todo um conjunto de agenciamentos sociais (Guattari, 2000, p.251). Assim, é necessário sempre procurar compreender o conjunto das articulações, o conjunto dos agenciamentos, sem cortar a realidade em pedaços, sem isolar sintomas, mas transrelacioná-los.

Então, ao nos encontrarmos, como foi em um de nossos casos de estágio em clínica, com um paciente que sofria de disfunção erétil (antes chamada de impotência), temos de nos perguntar não sobre a função do falo, do seu poder, mas sobre a potência, sobre a capacidade de continuar sendo afetado pela vida. O problema é sabermos como uma rede de fluxos e componentes acaba tendo como terminal um agenciamento como este. Como é, qual é a impotência que tem esse sentido? Com o que se relaciona? Esse senhor se queixava também de não poder mais jogar futebol, como gostava, nem trabalhar em maquinaria rural pesada como costumava fazer, pois tinha também um problema em uma das veias do coração, que prejudicava sensivelmente a circulação sangüínea. São dados que chamam a atenção, pois as próprias sessões psicoterápicas pareciam inférteis e desvitalizadas, também influenciadas por um modo de funcionamento que maquinava produzindo sempre paradas, e estas, não mais as paradas disjuntivas, eram na realidade simples paralisações duras, interrupções prematuras de fluxos. Não era, nesse sentido, um sofrimento meramente orgânico, mas um comprometimento de fluxos e máquinas, um Corpo sem Órgãos feito em cima de intensidades de interrupção. Um corpo que transpõe, sim, estratos orgânicos, mas, estranhamente, de forma a petrificar os fluxos, perdendo a potência e a capacidade de conectar-se. Forma-se um processo que se repete sobre si mesmo e prolifera nas demais relações. Disso decorre que se fica impedido de entrar em contato com os processos de singularização. Há um estreitamento do possível. Se, de algum modo, processos como esse se fecham sobre o orgânico, também se fecham às possibilidades de se encontrar, no próprio acontecimento, algumas pequenas diferenças. Por isso, não parar o futebol, mas dar à parada um lugar de potência, como jogar na função de zagueiro ou goleiro, tirando a parada do lugar de dor inútil e lançando-a a um lugar de criação. Enxerta-se o corte conectivo de produção sobre o agenciamento. No mesmo sentido, quando fomos perguntados, em uma apresentação deste trabalho num evento, como se conceberia um desejo que não fosse fundado desde sempre como desejo da falta, já que, por exemplo, uma criança que perde a mãe sempre sentirá a dor dessa perda, precisamos nos atrever a lançar as questões a lugares mais novos. Então, nessa ocasião, dissemos que realmente acreditávamos na dor da perda da mãe, mas talvez fosse mais proveitoso relacionar essa dor não mais a uma falta naturalizada e impassível de ganhar outros terrenos, e sim com algo que possa compor com outros elementos, de maneira a se tornar produtiva, potencializadora da vida. Falamos sobre tirar da dor partículas mais afectáveis que pudessem levar uma tal pessoa a ser um ótimo músico, por exemplo.

Consideração final: "Um pouco de possível, senão eu sufoco"

Evidentemente, num caso que não passava de um exemplo, não tínhamos muito o que falar, uma vez que a questão é justamente ir ao encontro das problemáticas, desprendido de conceituações fixadas e concebidas na transcendência dos agenciamentos. Falamos, enfim, não de modelizações homogeneizantes das existências, mas de formas de afectar a capacidade conectiva dos corpos, de possibilitar a experimentação ativa que faz do corpo um máquina inventiva de guerra contra os significantes, as culpas e faltas paralisantes. Nunca se sabe onde vai dar um ou outro agenciamento, pois dificilmente se sabe de onde ele veio. Só somos capazes de ter contato com alguma forma de saída dos impasses quando consideramos o corpo como uma multiplicidade que ultrapassa formações enrijecidas, capaz sempre de nos surpreender com sua produção desejante de novas vias, mesmo que estejam dentro de configurações de força extremamente estranguladas.

Este trabalho não pretendeu definir nem demonstrar "como se faz" uma prática da diferença e do corpo. Nosso intuito foi o de trazer à visibilidade alguns vislumbres de ações possíveis quando há a pretensão de embasar as intervenções necessárias num olhar *esquizo*. Em razão disso, utilizamos apenas alguns comentários esparsos e pouco detalhados. Não quisemos correr o risco de ter este trabalho tomado como exemplo a ser seguido, mas como possibilidade a ser considerada diante de uma tarefa positiva da Filosofia da Diferença, a tarefa de realmente criar modos de ação potentes sobre a realidade. Freqüentemente vemos muitos trabalhos galgados no pensamento de Deleuze e Guattari. Porém, no mais das vezes, os escritos são recheados de análises diferenciais críticas que, por um certo vício paradigmático de outra ordem, se encerram nessa tarefa desconstrutora, sem trazer igual preocupação com um compromisso criativo da prática. Foi exatamente isso que este trabalho pretendeu pôr em movimento, ainda que de forma derradeira e um pouco ingênua. É necessário também um pouco de possível para não se sufocar nas percepções do quanto a vida pode estar sendo o tempo todo mortificada. Sabemos que nossa iniciativa é arriscada e digna de críticas e polêmicas, tanto no tocante a seu modo de análise quanto no que tange à prática. Mesmo assim, há de se considerar que precisamos construir novidades em nossas práticas, mais do que nos determos em análises críticas desincumbidas de um compromisso de ação efetiva sobre a realidade de que se trata. Permitir que o corpo estivesse o mais próximo possível de sua mais nobre potência – a realização do real e a produção afirmativa do desejo – é o que estivemos tentando concretizar. Desse modo, este trabalho pretende mais afetar os que, como nós, são "aprendizes de feiticeiros" numa arte da esquizoanálise, já que são estes os que mais anseiam por poder inventá-la a cada encontro.

Referências bibliográficas

CARDOSO JR., H.R. Foucault e Deleuze em co-participação no plano conceitual. In: *Imagens de Foucault e Deleuze*. Ressonâncias nietzschianas. Rio de Janeiro: DP&A, 2002.

DELEUZE, G. Desejo e prazer. In: *Cadernos de Subjetividades*. São Paulo: PUC, n. especial, jun. 1996.

_____. *A dobra*: Leibiniz e o barroco. Campinas: Papirus, 2000.

DELEUZE, G., GUATTARI, F. *O anti-Édipo*. Capitalismo e esquizofrenia. Rio de Janeiro: Imago, 1976.

_____. *Mil platôs*. Capitalismo e esquizofrenia. Rio de Janeiro: Editora 34, 1996. v.3.

DOMINGUES, R. P. Estudo do conceito de inconsciente no pensamento de Gilles Deleuze e Félix Gattari: um olhar sobre a infância como mapa de devires em alguns casos clínicos da psicanálise infantil, 2004. Extraído de relatório de pesquisa de iniciação científica apresentado à Fapesp (n° do processo: 02/13581-7).

FOUCAULT, M. Poder-corpo. In: _____. *Microfísica do poder*. Rio de Janeiro: Graal, 2000.

GIL, J. O corpo paradoxal. In: LINS, D., GADELHA, S. (Org.) *Nietzsche e Deleuze*. O que pode o corpo. Rio de Janeiro: Relume Dumará, 2002.

GUATTARI, F. *Revolução molecular*: pulsações políticas do desejo. São Paulo: Brasiliense, 1981.

_____. *Caosmose*: um novo paradigma estético. Rio de Janeiro: Editora 34, 1992.

GUATTARI, F., ROLNIK, S. *Micropolítica*: cartografias do desejo. Petrópolis: Vozes, 2000.

LINS, D. *Antonin Artaud*: o artesão do Corpo sem Órgãos. Rio de Janeiro: Relume Dumará, 1999.

LINS, D. A metafísica da carne: que pode o corpo. In: LINS, D., GADELHA, S. (Org.) *Nietzsche e Deleuze*. Que pode o corpo. Rio de Janeiro: Relume Dumará, 2002.

ORLANDI, L. B. L. *Corporeidades em minidesfile*. 2002. (Artigo não publicado.)

PELBART, P.P. *Vida capital*: ensaios de biopolítica. São Paulo: Iluminuras, 2003.

THEMUDO, T.S. O que pode o corpo social? Deleuze e a Comunidade. In: LINS, D., GADELHA, S. (Org.) *Nietzsche e Deleuze*. Que pode o corpo. Rio de Janeiro: Relume Dumará, 2002.

SOBRE O LIVRO

Formato: 14 x 21 cm
Mancha: 23,7 x 42,5 paicas
Tipologia: Horley Old Style 10,5/14
Papel: Offset 75 g/m² (miolo)
Cartão Supremo 250 g/m² (capa)
1ª edição: 2007

EQUIPE DE REALIZAÇÃO

Coordenação Geral
Marcos Keith Takahashi

Impressão e acabamento